江西财经大学财税与公共管理学院
尚公文库

U0499469

肖 慜 ◎ 著

教育中的领导力和管理：理论和实践

江西省教育厅科学技术研究项目（GJJ2200514）
江西省社会科学『十四五』（2023年）基金项目（23GL35）

中国财经出版传媒集团
经济科学出版社
Economic Science Press
·北 京·

图书在版编目（CIP）数据

教育中的领导力和管理：理论和实践/肖懋著.
北京：经济科学出版社，2025.1. -- ISBN 978-7
-5218-6276-8

I. G647

中国国家版本馆 CIP 数据核字第 2024FZ0476 号

责任编辑：许洪川　顾瑞兰
责任校对：王苗苗
责任印制：邱　天

教育中的领导力和管理：理论和实践
JIAOYU ZHONG DE LINGDAOLI HE GUANLI：LILUN HE SHIJIAN
肖　懋　著

经济科学出版社出版、发行　新华书店经销
社址：北京市海淀区阜成路甲 28 号　邮编：100142
总编部电话：010-88191217　发行部电话：010-88191522
网址：www. esp. com. cn
电子邮箱：esp@ esp. com. cn
天猫网店：经济科学出版社旗舰店
网址：http：//jjkxcbs. tmall. com
固安华明印业有限公司印装
710×1000　16 开　16.25 印张　270000 字
2025 年 1 月第 1 版　2025 年 1 月第 1 次印刷
ISBN 978-7-5218-6276-8　定价：68.00 元
（图书出现印装问题，本社负责调换。电话：010-88191545）
（版权所有　侵权必究　打击盗版　举报热线：010-88191661
QQ：2242791300　营销中心电话：010-88191537
电子邮箱：dbts@ esp. com. cn）

总　序

习近平总书记在哲学社会科学工作座谈会上指出，一个国家的发展水平，既取决于自然科学发展水平，也取决于哲学社会科学发展水平。坚持和发展中国特色社会主义，需要不断在理论和实践上进行探索，用发展着的理论指导发展着的实践。在这个过程中，哲学社会科学具有不可替代的重要地位，哲学社会科学工作者具有不可替代的重要作用。

习近平新时代中国特色社会主义思想，为我国哲学社会科学的发展提供了理论指南。党的十九大宣告："经过长期努力，中国特色社会主义进入了新时代，这是我国发展新的历史方位。"中国特色社会主义进入新时代，意味着近代以来久经磨难的中华民族迎来了从站起来、富起来到强起来的伟大飞跃。新时代是中国特色社会主义承前启后、继往开来的时代，是全面建成小康社会进而全面建设社会主义现代化强国的时代，是中国人民过上更加美好生活、实现共同富裕的时代。

江西财经大学历来重视哲学社会科学研究，尤其是在经济学和管理学领域投入了大量的研究力量，取得了丰硕的研究成果。财税与公共管理学院是江西财经大学办学历史较为悠久的学院，学院最早可追溯至江西省立商业学校（1923 年）财政信贷科，历经近百年的积淀和传承，现已形成应用经济和公共管理比翼齐飞的学科发展格局。教师是办学之基、学院之本。近年来，该学院科研成果丰硕，学科优势凸显，已培育出一支创新能力强、学术水平高的教学科研队伍。正因为有了这样一支敬业勤业精业、求真求实求新的教师队伍，在教育与学术研究领域勤于耕耘、勇于探索，形成了一批高质量、经受得住历史检验的成果，学院的事业发展才有了强大的根基。

为增进学术交流，财税与公共管理学院推出面向应用经济学科的"财税文库"和面向公共管理学科的"尚公文库"，遴选了一批高质量成果收录进两大文库。本次出版的财政学、公共管理两类专著中，既有资深教授的成果，也有年轻骨干教师的新作；既有视野开阔的理论研究，也有对策精准的应用研究。这反映了学院强劲的创新能力，体现着教研队伍老中青的衔接与共进。

　　繁荣发展哲学社会科学，要激发哲学社会科学工作者的热情与智慧，推进学科体系、学术观点、科研方法创新。我相信，本次"财税文库"和"尚公文库"的出版，必将进一步推动财税与公共管理相关领域的学术交流和深入探讨，为我国应用经济、公共管理学科的发展作出积极贡献。展望未来，期待财税与公共管理学院教师，以更加昂扬的斗志，在实现中华民族伟大复兴的历史征程中，在实现"百年名校"江财梦的孜孜追求中，有更大的作为，为学校事业振兴作出新的更大贡献。

江西财经大学党委书记

2019 年 9 月

目　录

第一章

教育中的领导力和管理：作用和影响

领导力和管理对任何组织来说都是至关重要的。尽管在组织运营中，这两者并不是同一个概念，且各自承担着不同的功能，但它们对推动整个组织和实现组织目标都发挥着重要作用（Hallinger et al.，2018；Harris et al.，2015；Harris et al.，2014）。

教育机构与其他组织一样，是一个动态的系统。领导者和管理者需要共同努力，推动组织的前进与发展。如图 1.1 所示，福兰（Fullan，2009）将教育系统划分为三个相互关联的层次：国家层面、地区层面和学校社区层面。在这一模型的基础上，教育系统发展的"战略核心"由能力建设取代了以往的问责制。

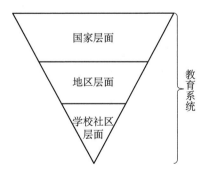

图 1.1　教育系统三层次模型

资料来源：福兰（Fullan，2009）。

教育中的领导力

通过作用和职能的概念框架来理解和定义领导力是一种最佳方式。这个概念可以用来描述一名领导者在组织环境中的表现，或者说，什么样的人才能称得上是领导者。基于这一框架，领导力可以用简单的词汇来概括，比如"行为""角色"，甚至"想法"。一个人开始采取行动成为领导者，源于他或她何时开始主动承担领导责任（Adams et al.，2017）。

在21世纪，对领导力的理解已经从关注个体表现出的领导行为转变为关注组织发展的概念。学者们认识到，仅用"领导"一词来描述领导力过于简单。在实际操作中，不可能存在单一的领导方式，正如没有两个完全相同的领导者或组织。另外，任何组织要想发展，完全忽视领导力是不可能的（Perera et al.，2015）。正如前文所述，一些自然主义者认为，人类天生具有主动承担责任和推动组织进步的倾向，这些行为构成了领导力的核心（Eacott，2011；Musgrave，2013；Posner and Kouzes，2012；Thrupp and Willmott，2003）。

在教育领域，领导力通常被视为体制改革的关键因素（Jones et al.，2015；Bush，2016；Fullan，2009a；Kugelmass and Ainscow，2004）。莱斯伍德等（Leithwood et al.，2008）认为，教育机构要达成其目标，需要强大的学校领导力。他们还强调，就提升教学效果而言，提升领导才能比改进教学实践更为重要。学校领导者如何持续、动态地影响教育系统，取决于其学校的发展目标与周围社会环境的目标是否一致（Fullan，2009b），否则将导致学校发展的失败。

为了实现这些目标，各种领导力模型不断被学者们开发，以适应特定的背景和环境（Harris et al.，2016）。在领导力理论发展的初期，这些模型理想化地定义了符合西方教育体系（尤其是美国）要求的领导力。随着20世纪80年代美国学校改革政策的实施，领导力研究在美国蓬勃发展。然而，随着学者们将视野扩展到美国以外的国家和地区，这些模型开始显得捉襟见肘。目前，英国、南非和亚太地区的学者们已经发展了许多不同的学校领导力理论（Hallinger，2009）。

领导力在教育中的作用和影响

学者们通过不同的形式对领导力进行了概念化，从而进一步定义了学校领导人在其所在社区中的角色（Harris et al.，2016）。特别是在教育教学改革中，这些领导者的教育理念被传播、传达，并转化为指导改革的价值观（Bush，2007；Fullan，2009a）。

在一些学者看来，领导力可以理解为"影响力"，但这一概念过于中性，无法解释或指导领导者在推动组织过程中应追求的目标或采取的行动。因此，一些学者发展了替代的领导结构，以更好地描述领导力，例如，关注领导者是否具有坚定的个人和职业价值观（Bush，2003）。

基于这一假设，教育领导者在教育系统中的角色可以由三个要素来描述：影响力、价值观和愿景（Bush，2003）。然而，仅凭这些要素仍不足以确定什么是领导力。哈林格（Hallinger，2009）将校长的功能归结为带领学校追求教育系统和社区的目标。例如，校长通过各种实验方法改革学校教学，这种领导现象在 20 世纪 80 年代的美国教育改革中尤为典型。哈林格（Hallinger，2003）将这种现象描述为：

1. 在学校营造共同的使命感。
2. 培养高期望的环境氛围。
3. 建立学校的奖惩机制。
4. 组织和提供大量学术、教研活动。
5. 提升校长在学校中的曝光度，并形成特定的价值观。

随着时间的推移，学术界对学校目标的关注逐渐缩小到与学生绩效相关的特定期望（Gumus et al.，2016；Hallinger and Bryant，2013；Robinson，2007）。21 世纪以来，学者们开始关注学校如何提升学生的培养效果，从而催生了大量研究组织结构、领导能力与学生绩效关系的学术成果（Ainscow et al.，2006；Baldy et al.，2014）。

在学校环境中，布什（Bush，2016）认为，通过为教师提供发展机会可以提升教学效果。因此，一名关注教学过程和质量，并能够明确沟通目标和妥善管理课程的领导者，不仅可以显著提升学生的表现，还能营造有益的学校整体氛围（Hallinger，2009；Robinson，2007）。

领导力的另一个要素是它对组织结果的影响（Jones et al.，2015）。莱斯伍德和桑（Leithwood and Sun，2012）发现，不同的领导实践通过不同途径影响学生的培养效果。这种影响源于领导力的运作层面，即通过对现有教学实践进行有意义的改革来增强组织能力（Hallinger，2003；Leithwood et al.，2008）。

从变革的角度来看，理想的愿景是通过特定的领导角色来引导，例如，对学生或教师提供智力刺激，激励他们实现预期目标（Bass，1991；Leithwood and Jantzi，2006）。莱斯伍德和詹齐（Leithwood and Jantzi，2005）将这种领导力定义为一种激励人们在实践中尝试改进的手段。

将领导能力归因于某一个具体个人是领导力研究中的常见错误。一些学者提出，从领导力研究的新视角出发，需要根据不同角色采取不同的能力提升策略，以共同形成集体愿景（Hallinger，2003；Harris et al.，2016）。斯皮兰等（Spillane et al.，1999）将领导力定义为"行动和过程"的整体系统，而不是某个负责人的正式职位。

> 由于个体和环境的相互关系，人类活动分布在人类、创造物和情境的交互网络中。因此，研究领导力实践的适当分析单元应是活动本身（Spillane et al.，1999）。

这意味着，教育领导不仅是校长的事，还包括所有利益相关者的合作努力，这些利益相关者可能包括教师、学生和家长等（Leithwood et al.，2008）。这与早期教育领导力的概念不同，从分享愿景到管理课程，学校领导的所有权力曾集中在校长身上。而现在的教育领导力则是学校各方在"权力和决策分享"过程中的一个方面（Harris，2011）。

领导力的影响、实践或过程在中心和外围关系中均可共享，是推动教育系统前进的驱动因素。通过将领导力纳入管理程序，可以在特定影响范围内实现组织领导的交互作用与程序制定的平衡。

教育行政、管理和领导力

对教育管理和领导力的研究源于更广泛的教育行政领域（Hallinger et al.，2018；Adams et al.，2017）。伊格德（Eacott，2011）提出，传统的行政管理概念如何细化为管理技术和领导力影响这些更具体领域。从社会学角度看，作为组织的学校往往也遵循一种自然的流动，这种流动源于官僚主义的本质，从而导致了价值观和管理进程的产生。

然而，在官僚化的世界中，强调形式属性的具体化以支持组织中的积极方面，如秩序、和谐、效率和效能。在这种组织中，每个人都是下属，都可能为此而牺牲（Samier，2008）。

欧洲教育行政发展的历史视角源自早期对其他领域管理实践的研究。然而，它并非突然出现于20世纪初的管理学理论或二战后商业领域及其他机构中的蓬勃发展。随着教育改革政策和政治环境的不断变化，甘特（Gunter，2008）认为：

> 为了确保改革的顺利进行，需要有一个人在现场执行并亲自负责。校长正是这样的角色，他将负责改进学校，作为最重要的老师，他们的工作是在帐篷里贯彻实行当地的改革举措。

据此，马斯格雷夫（Musgrave，2003）将工业革命时期英国的教育发展描述为由国家层面制定的政策所驱动的动态政治。议会和教育机构的改革对教师如何进行教学以及学生如何学习等产生了多米诺效应（Gathorne-Hardy，2014；Gunter，2008；Musgrave，2013）。随着工业化的发展，19世纪的经济环境改变了公立学校的体系，校长在学校管理和课程管理方面的角色也因此出现。

> 尽管家庭仍然是当时教育体系的主流，但19世纪早期对公立学校名额的需求不断增加。例如，在英国的什鲁斯伯里·巴特勒博士（Dr. Butler），担任校长从1798年到1836年，在社会需求不断提高的情况下，引入了一些非"古典"课程（Musgrave，2013）。什鲁斯伯里学校是一所典型的英国19世纪教会学校，专注于传授"古典"知识。巴特勒博士被认为是在学校管理中引入"班长制"的创始人之一。

随着时代的变迁，近代社会对教育体制的期望越来越高，这些政策变化引发了对教育管理的新一轮研究热潮。随着国际标准化考试技术的提出，欧洲各国的学校变得更加自主，学校体制改革的重点开始转移到如何提升学生的学习成效上（Gunter，2008）。根据哈林格（Hallinger，1992）的报告，20世纪80年代的美国也经历了类似的变革，学校校长们的关注点从仅管理学生人数开始转向如何提升学生的成绩。

因此，学校行政人员开始将自己定位为一方面负责执行国家政策，另一方面在监测教学水平的过程中不断调整整个学校的体制系统的角色。随着对如何提升学生学习效果和改革学校体制的追求，教育行政的重点由管理转向领导力（Harris et al.，2017a；Harris et al.，2017b；Bolam，2004；Eacott，2011；Hallinger and Chen，2015）。

赫克和哈林格（Heck and Hallinger，2005）注意到，1990～2000年初，在巴斯和阿沃利奥（Bass and Avolio，1990）开发出多因素领导力的测量工具之后，教育领导力的实证研究开始大量涌现，为现代教育领导力的研究提供了新的视角。从管理的角度看，学校校长，尤其是美国的校长，采取了一种以价值和目标为导向的风格，以培养学生各方面的能力，同时营造积极的文化氛围（Hallinger，2009；Kafka，2009）。

斯泰恩（Steyn，2014）认为，成功领导力的特质包括"协作"和"远见"。这些特质使学校领导者能够应对挑战并持续推动学校实现更高水平。在亚太地区，学校领导者主要致力于能力建设和建设专业学习社区，已经跳出了传统的管理教学模式（Hallinger and Chen，2015；Jones et al.，2015；Robinson，2007）。

从历史二元论的角度来看，管理是工业化的产物。在全球化时代，教育行政管理研究中出现了一种对新兴领域的关注，即如何实现学校教学效果并满足制度目标——教育领导力。因此，教育学中的领导力和管理这两个领域不仅是不同时代的产物，还是一种打破它们之间边界的方法。

教育中的管理

管理（management）作为一个过程，指的是用来维持现有工作并发展新工作的系统程序（Bolam，2004；Bush，2003）。令人惊讶的是，这种对"管理"一词的权威解释将其与组织中微妙的、愿景驱动的"领导"一词区分开来，尤其是在教育机构中。

教育管理的概念通常指管理者如何在学校内部系统与外部系统之间进行运

作。关于教育机构的管理要素，存在多种观点。伯拉姆（Bolam，2004）认为，管理不是一门独立的学科，而是一个跨学科维度的研究领域，涉及社会学、经济学、法学和心理学等多个领域，但不仅限于此。

桑尼儿（Sanier，2008）认为，"管理"是行政人员通过"政治和官僚手段"实现其目标的方法，这使学校管理人员的主要工作内容变成了制定政策和程序。尽管存在这些概念上的分歧，布什（Bush，2003）通过从教育机构中利益相关者的角色出发，缩小了这些差异。

管理在教育中的作用和影响

在教育环境中，管理在制定、执行和维护行政机关的政策和程序中发挥着至关重要的作用。而领导则被广泛认为是一种抽象的影响力，学校管理的概念紧密地与校长的职位和头衔捆绑在一起（Dimmock，2013）。学校管理的特定作用通常是维护已推行的政策，并确保组织按照最高管理者的预设目标正常运作（Bolam，2004；Bush，2003）。

这种以管理者为中心进行资源管理的理念，过度简化了管理在组织中的作用。自20世纪初以来，在英国的教育环境中，学者们已经认识到，组织架构是决定管理角色赋予哪位学校领导者的关键（Musgrave，2013）。政策和程序的管理与已建立的组织流程相结合，以确保这些行政人员执行的流程与利益相关者制定的规范一致。

因此，教育管理的效果不仅来源于学校管理者，还包括教师、学生和家长等所有利益相关者在这些标准化程序下的反应和互动。除了关注学校的内部动态外，教育管理者还需要兼顾与外部环境相关的各种因素，例如，学校教育如何与地区和国家的要求相匹配（Fullan，2009b）。由此可以推断，教育管理是一种在教育系统中实现无缝联系和协调，并实时将当前组织目标与所有成员明确共享的过程。

布什（Bush，2007）强调了在传统管理概念中增加与组织目标相关内容的必要性。与教育领导的某些定义类似，教育管理原则上植根于学校的特定目标。此外，学校管理者的管理风格也与他们所持有的个人或职业价值观有关，这些价值观基于学校的使命和愿景。

然而，学校管理者的目标指向可持续改革的组织机制，涵盖政策制定、工作条件和整体学习环境等各个方面（Gunter，2008）。如果没有明确的目标，教育管理者最终将成为缺乏道德考量和方向的威权主义官僚（Gumus et al.，2016；Heck and Hallinger，2005；Samier，2008）。此外，教育管理的目标可以划分为三个交织的维度：体制、机构和个人（Bolam，2004）。在体制改革中，霍普金斯和他的同事们（Hopkins et al.，2014）将管理实践划分为不同阶段，建议在学校"管理变革"的核心进程中采用宏观的"综合方法"。

教育机构管理者应关注组织文化，在接触利益相关者之前检查教育机构的一般环境和历史（Bush，2003；Hopkins et al.，2014）。斯拉普和威尔默特（Thrupp and Willmott，2003）强调了当前商业、政治和经济趋势的影响。这些趋势塑造了公立和私立学校环境中的管理原则：

> 发展全球市场，并随之调整教育制度，以适应经济和技术的需要。同时，公共教育部门应该始终关注其他部门的发展实践，以及时调整教育政策。

由此可见，教育行政人员的职能不仅涵盖如何保证和实现教学目标，还涉及处理学校的财政和社会关系，远远超出教育学科的研究范畴。因此，伯拉姆（Bolam，2004）认为，教育管理的研究应通过以下因素的控制，限制在社会科学领域内的教育学范畴：

1. 教学和学习。

2. 个人特质和背景压力。

3. 教育领导力的培养和发展。

这种简化将教育学研究人员置于管理和领导之间的连锁关系中。

章节小结

本章试图清晰地描述两个在教育中紧密相关的概念，但显而易见，无论是"领导"还是"管理"，都在教育系统的发展中发挥着关键作用。虽然它们之间存在重叠之处，但教育领导者和管理者并不能简单地画上等号，他们对组织运作过程的作用和影响依旧存在着显著差异。

阅读思考

1. 教育中的领导力和管理有哪些不同的特点?

2. 目标在领导力和管理中如何发挥作用?

3. 教育领导者和管理者如何影响学校系统的发展?

参考文献

［1］Adams, D. , Kutty, G. R. , & Zabidi, Z. M. （2017）"Educational leadership for the 21st century. " International Online Journal of Educational Leadership, 1（1）：1 − 4.

［2］Ainscow, M. , Muijs, D. , & West, M. （2006）"Collaboration as a strategy for improving schools in challenging circumstances. " Improving Schools, 9（3）：192 − 202.

［3］Baldy, T. , Green, R. , Raiford, S. , Tsemunhu, R. , & Lyons, M. （2014）"Organisational structure and school performance：The relationship in select Florida and South Georgia elementary schools. " National Teacher Education Journal, 7（1）.

［4］Bass, B. M. （1991）"From transactional to transformational leadership：Learning to share the vision. " Organisational Dynamics, 18（3）：19 − 31.

［5］Bolam, R. （2004）"Educational administration, leadership and management. " Educational Management, 2：17.

［6］Bush, T. （2003）"Theories of educational leadership and management. " London：Sage.

［7］Bush, T. （2007）"Educational leadership and management：Theory, policy and practice. " South African Journal of Education, 27（3）：391 − 406.

［8］Bush, T. （2016）"School improvement through government agencies：

Loose or tight coupling?" Improving Schools.

［9］ Eacott, S. （2011） "New look leaders or a new look at leadership?" International Journal of Educational Management, 25 （2）: 134 – 143.

［10］ Fullan, M. （2009a） "Introduction to challenge of change: Purposeful action at work. " In Challenge of Change, Corwin Press.

［11］ Fullan, M. （2009b） "Large-scale reform comes of age. " Journal of Educational Change, 10 （2 – 3）: 101 – 113.

［12］ Gumus, S. , Bellibas, M. S. , Esen, M. , & Gumus, E. （2016） "A systematic review of studies on leadership models in educational research from 1980 to 2014. " Educational Management Administration & Leadership, 46 （1）: 25 – 48.

［13］ Gunter, H. M. （2008） "Policy and workforce reform in England. " Educational Management Administration & Leadership, 36 （2）: 253 – 270.

［14］ Hallinger, P. , Adams, D. , Harris, A. , & Suzette Jones, M. （2018） "Review of conceptual models and methodologies in research on principal instructional leadership in Malaysia: A case of knowledge construction in a developing society. " Journal of Educational Administration, 56 （1）: 104 – 126.

［15］ Hallinger, P. （2003） "Leading educational change: Reflections on the practice of instructional and transformational leadership. " Cambridge Journal of Education, 33 （3）: 329 – 352.

［16］ Hallinger, P. （2009） "Leadership for the 21st century schools: From instructional leadership to leadership for learning. " The Hong Kong Institute of Education. http: //its. web. ied. edu. hk/vod/hallinger. htm.

［17］ Hallinger, P. , & Bryant, D. A. （2013） "Accelerating knowledge production on educational leadership and management in East Asia: A strategic analysis. " School Leadership & Management, 33 （3）: 202 – 223.

［18］ Harris, A. （2011） "Distributed leadership: Implications for the role of the principal. " Journal of Management Development, 31 （1）: 7 – 17.

［19］ Harris, A. , Jones, M. , & Adams, D. （2016） "Qualified to lead? A comparative, contextual and cultural view of educational policy borrowing. " Educational Research, 58 (2): 166 – 178.

[20] Harris, A., Adams, D., Jones, M. S., & Muniandy, V. (2015) "System effectiveness and improvement: The importance of theory and context. " School Effectiveness and School Improvement, 26 (1): 1 – 3.

[21] Harris, A., Jones, M. S., Adams, D., Perera, C. J., & Sharma, S. (2014) "High-performing education systems in Asia: Leadership art meets implementation science. " Asia-Pacific Education Researcher, 23 (4): 861 – 869.

[22] Heck, R. H., & Hallinger, P. (2005) "The study of educational leadership and management: Where does the field stand today?" Educational Management Administration & Leadership, 33 (2): 229 – 244.

[23] Hopkins, D., Stringfield, S., Harris, A., Stoll, L., & Mackay, T. (2014) "School and system improvement: A narrative state-of-the-art review. " School Effectiveness and School Improvement, 25 (2): 257 – 281.

[24] Jones, M., Adams, D., Hwee Joo, M. T., Muniandy, V., Perera, C. J., & Harris, A. (2015) "Contemporary challenges and changes: principals' leadership practices in Malaysia. " Asia Pacific Journal of Education, 35 (3): 353 – 365.

[25] Kugelmass, J., & Ainscow, M. (2004) "Leadership for inclusion: A comparison of international practices. " Journal of Research in Special Educational Needs, 4 (3): 133 – 141.

[26] Leithwood, K., Harris, A., & Hopkins, D. (2008) "Seven strong claims about successful school leadership. " School Leadership and Management, 28 (1): 27 – 42.

[27] Leithwood, K., & Jantzi, D. (2005) "Transformational leadership. " The Essentials of School Leadership, 31 – 43.

[28] Leithwood, K., & Jantzi, D. (2006) "Transformational school leadership for large-scale reform: Effects on students, teachers, and their classroom practices. " School Effectiveness and School Improvement, 17 (2): 201 – 227.

[29] Leithwood, K., & Sun, J. (2012) "The nature and effects of transfor-

national school leadership: A meta-analytic review of unpublished research. " Educational Administration Quarterly, 48 (3): 387 – 423.

[30] Musgrave, P. W. (2013) "Society and Education in England since 1800. " (Vol. 26): Routledge.

[31] Perera, C. J. , Adams, D. and Muniandy, V. (2015) "Principal Preparation and Professional Development in Malaysia: Exploring Key Influences and Current Practice. " In A. Harris and M. Jones (eds.) "Leading Futures: Global Perspectives on Educational Leadership. " 125 – 137.

[32] Posner, B. Z. , & Kouzes, J. M. (2012) "The leadership challenge: How to make extraordinary things happen in organisations. " SanFrancisco: Jossey-Bass.

[33] Robinson, V. (2007) "The impact of leadership on student outcomes: Making sense of the evidence. " The Leadership Challenge-Improving Learning in Schools, 5.

[34] Samier, E. (2008) "The problem of passive evil in educational administration: Moral implications of doing nothing. " International Studies in Educational Administration (Commonwealth Council for Educational Administration & Management), 36 (1).

[35] Spillane, J. P. , Halverson, R. , & Diamond, J. B. (1999) "Distributed leadership: Toward a theory of school leadership practice. " Evanston Illinois: Institute for Policy Research, Northwestern University.

[36] Thrupp, M. , & Willmott, R. (2003) "Educational management in managerialist times. " London: McGraw-Hill Education.

第二章 /

教育中的领导力和管理：天壤之别

如第一章所述，虽然领导力和管理在教育体系中至关重要，但它们似乎处于两个极端（Tan and Adams，2018）。领导者和管理者的不同作用和影响决定了他们各自的道路。这些作用和影响进一步区分了他们：领导力和管理的职能可能源于其特定体系和结构。

教育领导力和管理涉及不同的意识形态，尽管有一些重叠，但在哲学上存在不可调和的差异。领导力和管理的职能与影响力相关，但学校领导者的影响力主要体现在其价值观，而不是组织地位（Bush，2003）。

伊格德（Eacott，2011）提出，教育领导力和管理要么是重叠的，要么是冲突的两种意识形态。现有方法尚未能将这两个领域完全独立区分开来，而是通过参照教育外部因素，在领导和管理之间建立联系。

霍普金斯等（Hopkins et al.，2014）提到，需求管理和能力建设通过良好的领导力和管理共同构成学校的组织动力。这个现代化的概念结束了关于教育中领导力和管理是否对立的争论。因此，可以假设，在教育机构中，领导力和管理是同时运作的，以实现组织的制度化目标。

> 为了使学校或大学有效运作并达成其教育目标，领导力和管理需要被给予同等重视。尽管清晰的愿景对确定变革的性质和方向至关重要，但确保创新得到有效实施同样重要（Bush，2003）。

无论领导和管理在教育机构中是否扮演模棱两可的角色，都不能忽视将它们在原则上区分开的相互竞争的因素。一般来说，持相反观点的学者认为，领导者通过影响力、动机和行动推动变革，而管理者则保持和维护现有的组织架构和职能（Bush，2003；Hopkins et al.，2014）。尽管学术界一直在努力在这两个概念之间建立联系，但它们仍然像光谱中的光线一样，随着时间的推移而形成各自的独立思想。

领导力—管理光谱模型

使用设计的模型来呈现甚至量化领导力和管理的理论模型进一步强调了这些原理的二元属性。哈林格（Hallinger，2011b）基于哈林格和墨菲（Hallinger and Murphy，1984）设计的校长教学管理评级量表（PIMRS）收集的数据进行了元分析研究设计，综合评估了学校校长所使用的管理和领导方法。

多年来，校长在促进学习方面的作用引起了教育领导力和教育管理两个方面学者的关注。随着人们对教师领导能力的日益浓厚兴趣，教学领导能力逐渐成为学术舞台的核心（Hallinger，2011b）。

根据学校领导者或管理者的角色以及其对利益相关者和环境的影响，布什（Bush，2007）对新兴的教育领导力和管理模式进行了分类。这种分类法清晰地划分了教育中的领导力和管理。

然而，伊格德（Eacott，2015）认为，这两者应该是相关的，而不是一个二元对立的理论。因此，与其将领导力和管理的角色进行类型上的划分，不如将布什（Bush，2007）提出的分类模型改造成一个光谱模型，用以说明领导力和管理之间既相关又独特的特质关系，如图 2.1 所示。

图 2.1　领导力—管理光谱模型

正如前文提到的，组织目标将领导和管理角色紧密联系在一起，以提供强烈的方向感和目标。图 2.1 展示了布什（Bush，2007）提出的跨越组织目标的交叉连续统一体模型，并将这些特质转化为不同的角色。

例如，虽然正式模型和管理模型位于光谱的中间，并且直接与组织目标相连，但它们是不同的模型。前者主要关注职位体系的建立，而后者则关注整个组织的周期性功能（Bolam，2004；Bush，2007；Leithwood and Jantzi，2005）。这些组织模型离组织目标越远，就越能反映学校领导者或管理者的个人风格或偏好，无论是道德模型还是文化模型。

学者们提出了许多理论来描述教育领域的管理或领导行为，有些差异很大，但有些则有重叠之处。更复杂的是，一些相似的模型有着不同的名称，而在某些情况下，学者们使用相同的术语来表示不同的方法。当前的教育管理和教育领导理论模型缺乏清晰度，因为它们都是从广泛的学科中"借鉴"而来（Cuthbert，1984）。然而，随着时间的推移和情境的细分，如今无论是管理还是领导领域，理论模型的数量都十分庞大。表 2.1 列出了目前学术界较为常用的教育管理和教育领导的理论模型。

表 2.1	教育组织管理—领导力模型列表
布什（Bush，2003）的管理模型	布什和格洛弗（Bush and Glover，2002）的领导力模型
正式模型（formal　model）	管理型领导模型（managerial　model）
合议制模型（collegial　model）	参与式领导模型（participative　model）
	变革型领导模型（transformational　model）
	交际型领导模型（interpersonal　model）
政治模型（political　model）	交易型领导模型（transactional　model）
主观模型（subjective　model）	后现代领导模型（post-modern　model）
模糊模型（ambiguity　model）	权变领导模型（contingency　model）
文化模型（cultural　model）	道德领导模型（moral　model）
	指导型领导模型（instructional　model）

教育领导理论和管理理论的影响

随着学者们的深入研究，尤其是对英国、美国和亚太地区学校改革的研究，成功经验不再仅仅归功于系统性的管理，而是越来越多地归因于有效的领导（Bush，2016；Hallinger，2011a；Heck and Hallinger，2010）。然而，保守的理论家仍然认为管理程序是教育领导的重要组成部分，这一观点也得到了支持（Eacott，2011；Glatter，2012；Hopkins et al.，2014）。

根据教育系统的不同情境和关注点，教育管理和领导的不同影响可以通过一些特定因素的差异来体现。随着提升学习效果和确保学生达到国际考试标准成为 21 世纪大多数学校的主要目标，大量研究表明，有效的学校领导具有指导、变革和分布式等特质（Hallinger and Chen，2015；Harris，2011；Leithwood et al.，2008）。

在亚太地区，学校领导在沟通目标、促进积极、包容的氛围等方面的作用表明，领导影响力不仅影响学生的学习成果，还影响教师的满意度（Hallinger and Heck，2010；Jones et al.，2015；Lee et al.，2012）。这种由国家和学校决策者主导的组织形式开始逐渐发生转变，赋予校长、中层管理人员甚至教师参与决策、实现设想的自由。缪伊斯和哈里斯（Muijs and Harris，2006）发现，通过将权力下放给教师等重要利益相关者，建立真正的学习型社区环境，比起传统管理方法中通过强制政策实施来快速解决问题，更有可能实现长期效果。

然而，哈里斯（Harris，2006）提出，对于一些表现不佳的学校来说，改革需要"强大的管理系统"和"关注基本教学和学习实践上的一致性"。相较于领导的鼓舞词，实施规范的政策和程序对于系统性变革更加有效。

迪默克（Dimmock，2013）发现，一个自上而下的管理系统要想实现高质量发展，需要中央集权和组织重组。在充满挑战的外部环境中，校长承担着主要的管理角色，与学校社区的成员共同策划、监督政策的执行，并评估政策效果、学术研究和课程管理。更具体地说，管理解决了学校中资源、课程和人员配置等关键问题，同时也对学生的学习成效产生影响（Bolam，2004；Hallinger，2009；Thrupp and Willmott，2003）。

章节小结

天壤之别并不意味着教育领导力和管理不兼容。它们体现着教育行政管理中的两面性，同时这两面的优先级也是存在着争议的。为了让全世界的教育事业向前发展，这看似天各一方的两者依旧需要由教育领导者和管理者来融合处理。总之，无论是教育领导者的管理还是教育管理者的领导都面临着同样的挑战。

阅读思考

1. 教育行政、领导力和管理之间有什么相似和不同的地方吗？为什么？
2. 为什么会有对立的观点使教育领导力和教育管理两极分化？
3. 教育领导力和教育管理真的是天壤之别吗？

参考文献

［1］Adams，D.，Kutty，G. R.，& Zabidi，Z. M. （2017）"Educational leadership for the 21st century." International Online Journal of Educational Leadership，1（1）：1 – 4.

［2］Bass，B. M.，& Avolio，B. J. （1990）"Transformational leadership development：Manual for the multifactor leadership questionnaire." Palo Alto，Ca：Consulting Psychologists Press.

［3］Bolam，R. （2004）"Educational administration，leadership and management." Educational Management，2：17.

［4］Bush，T. （2003）"Theories of Educational Leadership and Management." London：Sage Publications.

［5］Bush，T. （2007）"Educational leadership and management：Theory，policy and practice." South African Journal of Education，27（3）：391 – 406.

［6］Bush，T. （2016）"School improvement through government agencies：Loose or tight coupling?" Improving Schools.

［7］Dimmock，C. （2013）"School-based management and school effectiveness." New York：Routledge.

［8］Eacott，S. （2011）"New look leaders or a new look at leadership?" International Journal of Educational Management，25（2）：134 – 143.

［9］ Eacott, S. （2015） "Educational leadership relationally: A theory and methodology for educational leadership, management and administration. " Dordrecht, Netherlands: Springer.

［10］ Gathorne-Hardy, J. （2014） "The public school phenomenon: 597 – 1977. " London: Faber & Faber.

［11］ Glatter, R. （2012）. "Persistent preoccupations: The rise and rise of school autonomy and accountability in England. " Educational Management Administration & Leadership, 40 （5）: 559 – 575.

［12］ Gunter, H. M. （2008） "Policy and workforce reform in England. " Educational Management Administration & Leadership, 36 （2）: 253 – 270.

［13］ Hallinger, P. , Adams, D. , Harris, A. , & Suzette Jones, M. （2018） "Review of conceptual models and methodologies in research on principal instructional leadership in Malaysia: A case of knowledge construction in a developing society. " Journal of Educational Administration, 56 （1）: 104 – 126.

［14］ Hallinger, P. （1992） "The evolving role of American principals: From managerial to instructional to transformational leaders. " Journal of Educational Administration, 30 （3）.

［15］ Hallinger, P. （2009） "Leadership for the 21st century schools: From instructional leadership to leadership for learning. " Hong Kong: Hong Kong Institute of Education.

［16］ Hallinger, P. （2011a） "Leadership for learning: Lessons from 40 years of empirical research. " Journal of Educational Administration, 49 （2）: 125 – 142.

［17］ Hallinger, P. （2011b） "A review of three decades of doctoral studies using the principal instructional management rating scale: A lens on methodological progress in educational leadership. " Educational Administration Quarterly, 47 （2）: 271 – 306.

［18］ Hallinger, P. , & Chen, J. （2015） "Review of research on educational leadership and management in Asia: A comparative analysis of research topics and methods, 1995 – 2012. " Educational Management Administration & Leadership,

43（1）：5 – 27.

［19］Hallinger, P., & Heck, R. H.（2010）"Leadership for learning: Does collaborative leadership make a difference in school improvement?" Educational Management Administration & Leadership, 38（6）：654 – 678.

［20］Hallinger, P., & Murphy, J.（1987）"Assessing and developing principal instructional leadership." Educational leadership, 45（1）：54 – 61.

［21］Harris, Alma; Jones, Michelle; Adams, Donnie; Sumintono, Bambang and Ismail, Nashwa（2017b）"Leading Turnaround and Improvement in Low Performing Schools in Malaysia and Indonesia." THF Working Paper, Working Papers Series No. 2/2017, The Head Foundation.

［22］Harris, A.（2006）"Leading change in schools in difficulty." Journal of Educational Change, 7（1 – 2）：9 – 18.

［23］Harris, A.（2011）"Distributed leadership: Implications for the role of the principal." Journal of Management Development, 31（1）：7 – 17.

［24］Harris, A., Jones, M., Cheah, K. S. L., Devadason, E., & Adams, D.（2017a）"Exploring principals' instructional leadership practices in Malaysia: Insights and implications." Journal of Educational Administration, 55（2）：207 – 221.

［25］Heck, R. H., & Hallinger, P.（2005）"The study of educational leadership and management: Where does the field stand today?" Educational Management Administration & Leadership, 33（2）：229 – 244.

［26］Heck, R. H., & Hallinger, P.（2010）Collaborative leadership effects on school improvement: Integrating unidirectional – and reciprocal – effects models. "The Elementary School Journal," 111（2）：226 – 252.

［27］Hopkins, D., Stringfield, S., Harris, A., Stoll, L., & Mackay, T.（2014）"School and system improvement: A narrative state-of-the-art review." School Effectiveness and School Improvement, 25（2）：257 – 281.

［28］Jones, M., Adams, D., Hwee Joo, M. T., Muniandy, V., Perera, C. J., & Harris, A.（2015）"Contemporary challenges and changes: principals' leadership practices in Malaysia." Asia Pacific Journal of Education, 35（3）：353 – 365.

［29］Kafka, J. （2009）"The principalship in historical perspective." Peabody Journal of Education, 84 （3）: 318 – 330.

［30］Lee, M. , Hallinger, P. , & Walker, A. （2012）"Leadership challenges in international schools in the Asia Pacific region: Evidence from programme implementation of the International Baccalaureate." International Journal of Leadership in Education, 15 （3）: 289 – 310.

［31］Leithwood, K. , Harris, A. , & Hopkins, D. （2008）"Seven strong claims about successful school leadership." School Leadership and Management, 28 （1）: 27 – 42.

［32］Leithwood, K. , & Jantzi, D. （2005）"Transformational leadership." The Essentials of School Leadership, 31 – 43.

［33］Muijs, D. , & Harris, A. （2006）"Teacher-led school improvement: Teacher leadership in the UK." Teaching and Teacher Education, 22 （8）: 961 – 972.

［34］Musgrave, P. W. （2013）"Society and education in england since 1800 （Vol. 26）. London: Routledge.

［35］Robinson, V. （2007）"The impact of leadership on student outcomes: Making sense of the evidence." The Leadership Challenge-Improving Learning in Schools, 5.

［36］Steyn, G. M. （2014）"Exploring successful principalship in South Africa: A case study." Journal of Asian and African Studies, 49 （3）: 347 – 361.

［37］Tan, M. H. J. & Adams, D. （2018）"Malaysian student leaders' perception of their leadership styles." International Journal of Innovation and Learning, 23 （3）: 368 – 382.

［38］Thrupp, M. , & Willmott, R. （2003）"Educational management in managerialist times." London: McGraw-Hill Education.

第三章

伟人理论和特质理论：领导天赋？

"人类创造历史，而不是历史创造人类。在没有领导的时期，社会停滞不前，当有勇气、有技巧的领导者抓住机会让世界变得更好时，进步就会出现。"

——哈利·S. 杜鲁门

"真正的领导力在于引导他人走向成功。确保每个人都能做到最好，完成他们承诺的工作，并做到最好。"

——比尔·欧文

"哪里没有远见，哪里就没有希望。"

——乔治·华盛顿

领导力对不同的人有着不同的意义。上面的引文反映了三位历史人物对领导力的看法，这些看法基于他们不同的个人经历和特定的环境。领导力的本质被描述为一门科学和艺术（Nahavandi，2016；Reicher and Hopkins，2003）。它是一种艺术，因为在整个人类文明的各个时期，都存在具有远见和个性的领导者，是否具有远见和特质，是评价一个人能否成为领导者的一种标准。它又是一门科学，因为它是通过实证研究来解释甚至预测文明是如何在领导力驱动下进步的（Conger，1993；Goleman et al.，2002）。

领导力最常见的定义是一种影响和激励追随者实现特定愿景、使命、目标和任务的能力（Stogdill，1950；Winston and Patterson，2006）。一位领导者的主要作用是解决面临的问题（Boss，1978；Reiter-Palmon and Illies，2004；Zhou and George，2003）和制定决策，而这些作用在带领其追随者持续推动变革中至关重要（Westman et al.，2016）。在领导力的研究中，最早的理论研究包括伟人理论和特质理论。

领导的伟人理论和特质理论

19 世纪 40 年代，苏格兰作家托马斯·卡莱尔（Thomas Carlyle）在其著作《论英雄、英雄崇拜和历史上的英雄》（*On Heroes*，*Hero-Worship and the Heroic in History*）中提出了"伟人理论"（the great man theory）（Carlyle，1993；Harrison，2008；Lord et al.，2017）。卡莱尔认为，历史是由那些具备特殊个人特质和"神圣灵感"的英雄所塑造的："世界的历史不过是伟人的传记。"在他之前，领导力的概念主要存在于古人记录的法律、历史和宗教文本中，例如，《孙子兵法》《圣经》和《古兰经》（Black，2011；Callahan et al.，2007）。

随着科学方法的普及，领导力的研究逐渐演变成实证研究。20 世纪初，学者们开始使用领导特质理论（the trait theory of leadership）来解释理想的领导特质（Callahan et al.，2007；Rost，1993）。这个理论主要关注那些将领导者与普通人区分开的基因属性。

无论是伟人理论还是领导特质理论，它们的重点都是研究这些英雄般的领导者如何、为什么以及通过什么成为成功且有影响力的领导者（Collins，2001；Goleman，2003）。学者们致力于研究领导者如何通过其信仰、价值观、道德、知识和技能等领导能力来影响追随者。他们希望这些研究能帮助找到能够带领组织发展的可靠领导者（Barker，1997；Bennis，1989；2007）。

这两种理论也被广泛应用于对政治、宗教、商业、历史和人类文明等领域的探索性和比较研究中。随着科学的发展和世界格局的变化，尽管这两个理论在解释领导现象上具有一定的解释力，但也遭到了批评（Bennis，2007；Hoffman et al.，2011）。

内部和外部因素的相互作用将伟大的领导者与普通的领导者区分开来。因此，在后来的领导力研究中，学者们一直争论领导能力究竟是与生俱来的，还是后天培养的（Hoffman et al.，2011）。在伟人理论和特质理论的早期，学者们主要关注领导者的内部因素（如性格特质）在领导行为中的重要性，而不是外部因素（如环境）（Ogburn，1926；Xu et al.，2014）。

学者们同样解释了为什么内部因素对于创造一个能够实现个人或组织目标

的氛围至关重要（Kirkpatik and Locke，1991）。学者们已经证明，领导者的内部特质与其领导行为的外部影响之间存在因果关系（Avolio et al.，2004；Tierney et al.，1999）。在这两个理论的早期，高尔顿（Galton，1869）在其著作《世袭的天才》（*Hereditary Genius*）中提出，领导能力只属于少数具有特定或特殊特征的个体。

关于领导的伟人理论和特质理论的学术研究至今仍在进行（Hoffman et al.，2011；Organ，1996）。目前，学者们主要围绕以下两类特质进行识别和研究：

1. 人口统计学特征—任务相关特质—人际关系特质。

2. 远端（性状样）—近端（状态样）。

在对第一类特质的研究中，德鲁等（Derue et al.，2011）认为，大多数领导特质可以按人口统计学、任务能力和人际关系能力三类进行分类。在领导力差异方面，性别受到了最多的关注：在判断谁可能是更好的领导者时，男性和女性领导者似乎同样有效（Klenke，2004；Rippin，2007）。本纳德·巴斯和鲁斯·巴斯（Bass and Bass，2008）分别从任务能力和人际关系的角度对领导特质进行了研究，任务能力指个体如何处理与任务相关的事务（如执行和绩效），而人际关系特质关注领导者如何进行社交互动。对于第二类特质的研究，近端特质有助于研究人员确定领导者究竟是天生的还是后天培养的。对近端个体差异的研究表明，领导特质不一定在领导者一生中是稳定的，可能会随着时间和个人环境的改变而不断变化（Xu et al.，2014）。

"伟人理论"认为，在需要的时候，正确的领袖人物总会从人群中脱颖而出，带领大家走向成功。历史上不乏这样的实例，但赫伯特·斯宾塞（Herbert Spencer）是 20 世纪对这一理论最激烈的批评者之一。他认为，"伟人"只是其社会环境的产物，没有历史创造的社会条件，这些人也不可能成为成功的领袖。威廉·詹姆斯（William James，1896）在其主题演讲《伟人与他们的环境》（*Great Men and Their Environment*）中也提出了类似质疑。一些学者，如贾奇等（Judge et al.，2002）则认为，领导力来自领导者的个人素质，但不认为领导力只存在于人群中的"少数派"。

无论如何，人们对领导力的普遍看法仍然是那些在官僚组织中担任重要职位的人（如 CEO、主席），或在宗教中的教皇或阿訇，或在政治中的国王或总统。然而，今天的领导力并不一定指某个个体，它也可以是一群人通过合作相互支持所形成的团体。由于全球化和日益复杂的社会情境，协同作用已经改变了伟人理论的范式（Adair，1973；Cattell，1951；Edgeman and Dahlgaard，1998）。人们依赖协同作用来实现共同目标，达到个体无法实现的更高目标。因此，这些人虽然没有正式的领导职位或头衔，但在合作关系中仍然可以发挥领导作用（Linstone and Zhu，2000；Wolfe et al.，2005）。

至于领导特质理论，直到 20 世纪 40 年代末至 50 年代初才被广泛接受。当时斯托格蒂尔（Stogdill，1948）和曼（Mann，1959）等研究人员得出结论，单凭人格特质不足以预测领导者的有效性。此外，20 世纪 60 年代社会认知理论（social cognitive theory）的出现和发展，使人们认识到，领导者可能在与环境（无论是被领导者还是所面临的环境）的互动过程中产生（McCormick，2001）。大量实证研究随之而来，学者们逐渐发展出了领导风格（leadership style）、情境领导（situational leadership）和权变领导（contingency leadership theory）等概念，以替代伟人理论和特质理论。

无论是否赞同伟人理论或特质理论，值得一提的是，这些理论中的一些理念并未受到时间的影响。尽管存在质疑，自从这两个理论问世以来，学者们解释了大量世界古代史和近代史上的典型领袖人物。因此，很难对这两种理论进行准确的归纳和肯定，因为不同领导者可能表现出不同的特质，这些特质之间也不存在必然关联。如前文所述，领导力的有效性取决于内部和外部因素之间的相互作用（Xu et al.，2014），而不仅是某位领导者的内部特质。此外，领导力还与人所处的时代、生活经历和个人视角相关（Klenke，2004）。尽管如此，学者们还是试图勾勒出伟大领袖人物的一些普遍原则，如近现代史上涌现的杰出人物所体现出的这些品质：

1. 领导者必须像了解他们的人民一样了解自己。他们掌控着他们的外部环境，并会根据他们所感知到的危险和机会果断采取行动，如亚历山大大帝、拿破仑·波拿巴。

2. 领导者掌握着核心竞争力，如托马斯·爱迪生、亨利·福特。

3. 领导者随时准备作出牺牲，并为自己的行为负责，如巴顿将军、圣雄甘地。

4. 领导者是勇于冒险、能够作出艰难决定的人，如莱特兄弟、玛丽·居里。

5. 领导者是伟大的沟通者和强力的演说家，如温斯顿·丘吉尔。

6. 领导者富有魅力、充满激情，并且致力于实现他们的愿景，如马丁·路德·金、约翰·F. 肯尼迪。

7. 领导者应该是道德标杆，如亚伯拉罕·林肯、纳尔逊·曼德拉。

8. 领导者具备良好的人际交往能力，能够激励他人，如特蕾莎修女、戴安娜王妃。

9. 最后，领导者可以鼓励他人进一步拓展他们的梦想和目标，如乔治·华盛顿和卡尔·马克思。

以上仅涵盖了部分人物，学者们仍在继续对领导特质进行探索、识别和分类（House et al.，2013）。就这两个理论在实践中的应用而言，领导特质可以被用作识别组织中潜在领导者的工具。例如，人力资源人员可以将个人特质作为预测领导效能成败的指标（Judge et al.，2002）。此外，领导特质还可以用于一些领导力开发项目，如培训、指导和培养（Waldman et al.，2001）。

章节小结

我不知道成功的单一方法。但是这些年来，我发现领导力的一些特质是普遍存在的，往往是为了鼓励人们将他们的努力、才能、洞察力、热情和灵感结合起来，共同发挥作用。——2010 年，英国女王伊丽莎白二世在联合国大会上的演讲

本章节介绍了领导理论中最早的"伟人理论"和"特质理论"的起源、相似之处和特征，并阐述了学术界对这两个理论的支持和反对观点。最后，还介绍了一些在领导特质上具有代表性的人物。这两种理论自 19 世纪发展至今，人们依然相信领导力的普遍特征是可以被概括和发展的。

这两个领导理论的意义在于，使人们在政治、商业和其他领域中可以理

解、认知和发展领导力。同时，随着时间的推移和社会环境的不断变化，全球化的复杂性进一步催生了更多关于领导力的理论、概念和定义（House et al.，2013）。

阅读思考

1. 现代社会如何批判性地评价领导的伟人理论和特质理论的应用和益处？

2. 这两种理论在教育领域中面临哪些局限性和挑战？

3. 除了文中提到的这些历史人物外，能否挑选不少于 5 条本章中提到的领导特质，每条列举一位来自中国的领袖人物，并举相关事例作为佐证吗？

参考文献

［1］Adair, J. E. （1973）"Action-centred leadership." New York, NY.

［2］McGraw-Hill. Avolio, B. J., Gardner, W. L., Walumbwa, F. O., Luthans, F., & May, D. R. （2004）"Unlocking the mask：A look at the process by which authentic leaders impact follower attitudes and behaviours." The Leadership Quarterly, 15 （6）：801 - 823.

［3］Barker, R. A. （1997）"How can we train leaders if we do not know what leadership is?" Human Relations, 50 （4）：343 - 362.

［4］Bass, B. M., & Bass, R. （2008）. "The bass handbook of leadership：theory." Research, and Managerial Applications. New York：Free Press.

［5］Bennis, W. （1989）"Why leaders can't lead." San Francisco：Jossey-Bass.

［6］Bennis, W. （2007）"The challenges of leadership in the modern world：Introduction to the special issue." American Psychologist, 62 （1）：2.

［7］Black, A. （2011）"History of Islamic Political Thought：From the Prophet to the Present." Edinburgh：Edinburgh University Press.

［8］Boss, R. W. （1978）"Trust and managerial problem solving revisited."

Group & Organization Studies, 3 (3): 331 –342.

[9] Callahan, J. L. , Whitener, J. K. , & Sandlin, J. A. (2007) "The art of creating leaders: Popular culture artifacts as pathways for development. " Advances in Developing Human Resources, 9 (2): 146 – 165.

[10] Carlyle, T. (1993) "On heroes, hero-worship, and the heroic in history. " Oakland: University of California Press.

[11] Cattell, R. B. (1951) "New concepts for measuring leadership, in terms of group syntality. " Human Relations, 4 (2): 161 –184.

[12] Collins, J. C. (2001). "Cood to great: Why some companies make the leap and others don't. " New York: Random House.

[13] Derue, D. S. , Nahrgang, J. D. , Wellman, N. E. D. , & Humphrey, S. E. (2011) "Trait and behavioral theories of leadership: An integration and meta-analytic test of their relative validity. " Personnel Psychology, 64 (1): 7 –52.

[14] Goleman, D. (2003) "What makes a leader". Organizational Influence Processes, 229 –241.

[15] Goleman, D. , Boyatzis, R. E. , & McKee, A. (2002) "The new leaders: Transforming the art of leadership into the science of results. " London: Little, Brown.

[16] Harrison, C. (2018) "Leadership research and theory. " In Leadership Theory and Research, 15 – 32.

[17] Hoffman, B. J. , Woehr, D. J. , Maldagen-Youngjohn, R. , & Ryons, B. D. (2011) "Great man or great myth? A quantitative review of the relationship between individual differences and leader effectiveness. " Journal of Occupational and Organizational Psychology, 84 (2): 347 –381.

[18] House, R. J. , Dorfman, P. W. , Javidan, M. , Hanges, P. J. , & de Luque, M. F. S. (2013) "Strategic leadership across cultures: Globe study of CEO leadership behavior and effectiveness in 24 countries. " Thousand Oaks, CA: Sage.

[19] James, W. (1896) "Great men and their environment. " Atlantic Monthly, 46 (276): 441 –459.

[20] Judge, T. A., Bono, J. E., Ilies, R., & Gerhardt, M. W. (2002) "Personality and leadership: A qualitative and quantitative review." Journal of Applied Psychology, 67 (4): 765.

[21] Kirkpatick, S. A., & Locke, E. A. (1991) "Leadership: Do traits matter?" The Executive, 5 (2): 48 - 60.

[22] Klenke, K. (2004) "Women and leadership: A contextual perspective." New York: Springer.

[23] Linstone, H. A., & Zhu, Z. (2000) "Towards synergy in multiperspective management: An American-Chinese case." Human Systems Management, 19 (1): 25 - 37.

[24] Lord, R. G., Day, D. V., Zaccaro, S. J., Avolio, B. J., & Eagly, A. H. (2017) "Leadership in applied psychology: Three waves of theory and research." Journal of Applied Psychology, 102 (3): 434 - 451.

[25] Mann, R. D. (1959) "A review of the relationship between personality and performance in small groups." Psychological Bulletin, 56: 241 - 270.

[26] McCormick, M. J. (2001) "Self-efficacy and leadership effectiveness: Applying social cognitive theory to leadership." Journal of Leadership Studies, 8 (1): 22 - 33.

[27] Nahavandi, A. (2016) "The Art and Science of Leadership." London: Pearson Education.

[28] Ogburn, W. F. (1926) "The great man versus social forces." Social Forces, 5 (3): 225 - 231.

[29] Organ, D. W. (1996) "Leadership: The great man theory revisited." Business Horizons, 39 (3): 1 - 4.

[30] Reicher, S., & Hopkins, N. (2003) "On the science of the art of leadership." In "Leadership and power: Identity processes in groups and organizations." 197.

[31] Reiter-Palmon, R., & Illies, J. J. (2004) "Leadership and creativity: Understanding leadership from a creative problem-solving perspective." The

Leadership Quarterly, 15（1）: 55 – 77.

[32] Rippin, A. （2007）"Stitching up the leader: Empirically based reflections on leadership and gender. " Journal of Organizational Change Management, 20 （2）: 209 – 226.

[33] Rost, J. C. （1993）"Leadership for the twenty-first century. " Westport, CT: Greenwood Publishing Group.

[34] Spencer, H. （1869）"The study of sociology （Vol. 5）. " London: Kegan Paul, Trench, Trübner & co.

[35] Stogdill, R. M. （1948）"Personal factors associated with leadership: A survey of the literature. " Journal of Psychology, 25: 35 – 71.

[36] Stogdill, R. M. （1950）"Leadership, membership and organization. " Psychological Bulletin, 47 （1）: 1.

[37] Tierney, P. , Farmer, S. M. , & Graen, G. B. （1999）"An examination of leadership and employee creativity: The relevance of traits and relationships. " Personnel Psychology, 52 （3）: 591 – 620.

[38] Waldman, D. A. , Ramirez, G. G. , House, R. J. , & Puranam, P. （2001）"Does leadership matter? CEO leadership attributes and profitability under conditions of perceived environmental uncertainty. " Academy of Management Journal, 44 （1）: 134 – 143.

[39] Westerman, D. , Daniel, E. S. , & Bowman, N. D. （2016）"Learned risks and experienced rewards: Exploring the potential sources of students' attitudesd toward social media and face-to-face communication. " The Internet and Higher Education, 31: 52 – 57.

[40] Winston, B. E. , & Patterson, K. （2006）"An integrative definition of leadership. " International Journal of Leadership Studies, 1 （2）: 6 – 66.

[41] Wolfe, R. A. , Weick, K. E. , Usher, J. M. , Terborg, J. R. , Poppo, L. , Murrell, A. J. , & Jourdan, J. S. （2005）"Sport and organizational studies: Exploring synergy. " Journal of Management Inquiry, 14 （2）: 182 – 210.

[42] Xu, L. , Fu, P. , Xi, Y. , Zhang, L. , Zhao, X. , Cao, C. , &

Ge, J. (2014) "Adding dynamics to a static theory: How leader traits evolve and how they are expressed. " The Leadership Quarterly, 25 (6): 1095 – 1119.

[43] Zhou, J. , & George, J. M. (2003) "Awakening employee creativity: The role of leader emotional intelligence. " The Leadership Quarterly, 14 (4): 545 – 568.

第四章

教育组织中的情境领导：伺机而动

在过去的几十年中，管理学领域的学者们一直在寻找最佳的领导风格。然而，越来越多的文献表明，可能并不存在一种适用于所有情境的最佳领导风格。本章介绍了教育情境下的情境领导理论。当前研究表明，与其相信领导力来自人的特质或者天赋，那么情境领导理论的概念更加可靠，因为它要求领导者对具体情境进行理性思考，从而选择合适的反应（Graeff，1997）。因此，这种强调外部情境因素的领导力理论正在蓬勃发展。

情境领导理论

情境领导理论由保罗·赫塞（Paul Hersey）和肯·布兰查德（Ken Blanchard）提出。他们认为，领导者或管理者应根据下属的成熟度和能力水平适时调整领导风格，以达到最佳效果。这个理论模型强调，管理者和领导者需要根据特定情境确定需求，从而带领团队实现最大产出。成功的领导者是那些能够灵活调整自身领导风格，根据特定情境需求塑造自己行为的人。与领导的特质理论或其他领导行为理论不同，赫塞和布兰查德的情境领导模型认为，领导本质是一种以人为本的方法：领导者评估特定情况，并作出相应反应。也就是说，情境领导模型是一个连续统一体，认为领导者要么趋向于任务型领导，要么趋向于以人为本的领导。这个连续统一体的概念决定了领导者在这两者之间的专注程度。经过多年修正和完善，情境领导理论已有多个版本（Blanchard et al.，1993）。

赫塞和布兰查德在1977年提出了情境领导理论的最初版本，受科尔曼（Korman，1966）的启发和影响，最初版本的情境领导理论认为，领导者的角色与其他角色之间并非简单的线性关系，而可能存在"曲线"关系。他们描述领导力为领导者的任务行为、人际关系行为和追随者成熟度三个维度的相互作用结果。然而，由于格拉夫（Graeff，1981）对他们提出的假设关系的"不一致性"和概念上的"模糊性"的激烈批评，该理论在1982年被修订并重新发表。修订后的版本对理论基础进行了修改，赫塞和布兰查德阐述了任务行为、人际关系行为和追随者成熟度三者之间的曲线关联概念，同时引入了追随者成熟度下的能力和意愿程度等其他领域的成熟指标，以澄清概念上的歧义。

因此，他们引入了多个连续体来替代单一连续体，试图进一步清晰概念。但是，其他研究人员如迈纳（Miner，1988）很快发现了新问题：任务行为、关系行为与下属的四个成熟度维度结合时，存在矛盾现象。理论模型的发展之路坎坷崎岖。初版情境领导理论模型的修正，反而加剧了模型的内部不一致性，导致了第二代情境领导理论的出现。

布兰查德和他的同事们在1985年出版的《领导力和一分钟经理人》（*Leadership and The One Minute Manager*）中重新命名了情境领导理论Ⅱ。与Ⅰ代理论相比，新理论模型有了大量变化，包括对关键变量的概念定义、模型可视化的调整，以及对领导者领导行为和领导风格的全新描述。新模型如图4.1所示。

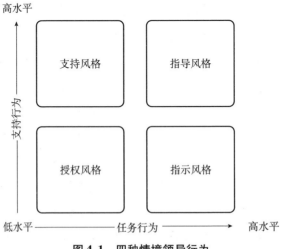

图 4.1　四种情境领导行为

情境领导模型

情境领导模型的设计旨在让领导者能够方便地识别一类情境，并据此选择合适的领导风格（Blanchard et al.，1988；Blanchard et al.，1993）。赫塞和布兰查德（Hersey and Blanchard，1993）将情境领导理论定义为"领导者的直接（任务）行为和社会情绪（人际关系）行为以及追随者贯彻执行某项职能的准备（成熟）度之间的相互作用"。图 4.1 显示了领导行为在任务/关系行为轴上移动时所呈现的不同状态。此外，该模型还显示了追随者执行领导者所期望的个人或团队努力完成的特定任务、功能或目标的准备程度。因此，领导者的任务导向和关系导向意愿与追随者的准备程度之间的相互作用导致了四种基本的情境领导风格（这些具体的风格后文还会阐述）：

1. 指示风格（低关系/高任务）。

2. 指导风格（高关系/高任务）。

3. 支持风格（低任务/高关系）。

4. 授权风格（低任务/低关系）。

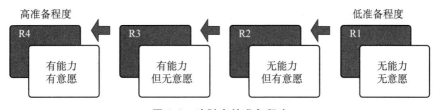

图 4.2　追随者的准备程度

图 4.2 则说明了情境领导理论的第三个组成部分：通过追随者的能力和意愿判断其是否准备好执行职能。赫塞等（Hersey et al.，1982）认为，从 R1 到 R4 这四个层次描述了追随者对于履职的准备程度。最低的 R1 级别指代那些因为缺乏知识、经验和技能因而既没有能力也不愿意执行某项任务的下属；R2 级别的下属虽然有信心并且愿意执行某项任务，但是却没有能力执行；R3 级别的下属虽然有能力去执行某项任务，但是因为缺乏信心，因此不愿意去执行；R4 级别则代表了准备程度（成熟度）最高的下属：他们既愿意接受并执行某项任务，同时对自己的能力非常有信心。

领导的指示行为和支持行为

赫塞－布兰查德模型（Hersey-Blanchard's model）的第一个组成部分就是领导者的行为：指示型和支持型。任务型领导者更多地采用指示性行为，通过单向沟通与追随者交流，给予任务的方向，例如，需要做什么？如何以及在哪里执行任务？而采用支持性行为的领导者，则通过两种方式与追随者进行沟通：通过询问、倾听来了解追随者的需求，并提供必要的反馈来帮助追随者完成任务，这是一种典型的关系导向的领导风格。

换句话说，任务导向型的领导者定义追随者的角色，提供明确的指示，搭建组织架构，并建立正式的沟通渠道（Bass and Bass，2009；Hersey and Blan-chard，1981）；而关系导向的领导者试图减少情感冲突，寻求和谐的上下级关系，表现出支持的行为并保持公平公正（Bass and Bass，2009）。

追随者的任务准备程度/成熟度

赫塞－布兰查德模型（Hersey-Blanchard's model）的第二个组成部分是追随者的成熟度水平或任务准备程度。这指的是个人准备好执行或承担特定任务的意愿和能力。当领导者采取关系行为时，追随者的准备程度会提高，足以完成任务。根据情境领导理论，领导者在与追随者互动时，应该逐步减少任务导向，增加关系导向，直到追随者达到足够的成熟度或任务准备程度。当追随者的准备程度达到一定高度时，领导者可以逐渐减少指导作用，因为此时的追随者不再需要大量监督。之后，领导者可以逐步采用授权型领导风格。

如表 4.1 所示，情境领导模型展示了领导者在四种不同情境下可以采用的对应领导风格。这些领导风格帮助领导者判断当前的形势，并采取有效的行动。

研究表明，有效的领导者会将支持和指示的行为结合使用（Graeff，1997；Shin et al.，2011；Yukl，2011；Yukl and Mahsud，2010）。此外，追随者的准备水平（工作和心理上的成熟度）决定了在特定情况下应该采用什么样的领导风格（Bass and Bass，2009；Hersey and Blanchard，1981）。

表 4.1	四种情境领导风格
S1：指示型	S1 代表了一种高任务和低关系的领导行为，其特征是单向沟通，领导者直接告诉下属：你需要在什么时候、在哪里、如何执行什么任务
S2：指导型	S2 代表了一种高任务和高关系的领导行为。这种风格下，领导者除了发号施令外，还采用了双向沟通的方式，听取下属的需求，指导他们的行为，并在心理上促使追随者自主完成任务
S3：支持型	S3 被称为支持风格，因为它代表了一种高关系和低任务导向的领导行为。这种领导风格下，领导者和追随者保持着双向沟通来共享决策过程。领导者的高关系导向行为标志着下属已经足够成熟，能够较好完成任务
S4：授权型	S4 是一种委派风格，领导者表现出较低的关系和任务导向行为。因为追随者已经准备就绪，达到了他们可以承担并且对自己的行为负责的高度成熟度水平。因此，完全可以由追随者们"自己做主"

情境领导理论的相关研究

尽管对各种领导特质进行了大量研究，但哪些特质决定了领导的有效性，学术界尚无明确答案。这催生了一种更贴近现实的领导力概念——情境领导理论，它将复杂的情境和环境因素考虑在内。

学者们广泛验证了情境领导理论的范式，阐明了情境因素如何影响领导的有效性和表现（Dionne et al.，2014）。尽管这一理论受到了质疑，但这些质疑主要针对其过于直率的特性和本能兴趣。全面研究显示，对该理论的支持程度不一，从部分支持到完全不支持，这表明该理论在实证上存在一定的不足。因此，管理学学者们开始关注该理论的基本原理。

拉尔森和文伯格（Larsson and Vinberg，2010）调查了一小群成功的公司，以确定一些基本的领导行为，并进行分类，以讨论这些行为在情境方面的理论含义。这项研究试图揭示有效的领导实践如何与内外部环境、领导实践质量、领导行为的适当性以及福利因素相关。当前可验证的部分包括结果识别、情境观点、充分性、效率、质量和履职等领导力实践方面的变量。对于情境领导理论的实证效度，学术界依旧充满争议。

情境领导理论的挑战

在验证这一理论的过程中，组织和管理研究人员遇到了如下挑战：

1. 在该模型的验证中，能够成功"匹配"的员工数量非常少。而为了尽可能准确地验证假设，又需要获得更大的样本量。因此，这一理论的潜在有效性会因为这些案例的样本量问题而受到影响。

2. 随着时间的推移，在定义一个关键的从属变量时，存在一些模糊的问题，主要体现在"成熟度"（价值负载方面）和"准备就绪"（更具体的工作能力）这两个方面。

3. 对赫西和布兰查德调查问卷在评估领导风格方面的信度和效度受到了严厉质疑（Butler and Reese，1989）。正如这一理论所描述的，一种"三方合作式"的交互作用沿着领导行为和下属的成熟度（工作准备程度）这两个维度展开。

教育环境下的情境领导力

情境领导在教育环境中是一个值得关注的问题，因为学者作为领导者，对学生的智力水平和学习能力的影响并没有预期中那么大。如果教师在课堂上创造了一个新的氛围并增加了情境兴趣，这个特定环境将影响一些学生的学习意愿。然而，由于学生的学习能力和成熟度各不相同，这为教育情境下的领导实践带来了挑战。大多数情况下，教师的发展计划主要围绕课程展开，而不是关注课堂上可能出现的各种情境因素。即使教师被要求针对不同情境进行相应的训练，但课程内容与情境的融合仍然非常困难。因此，教育改革应包括对情境领导风格起源的有效理解。

情境领导的概念在课堂上易于应用。例如，为了实现最佳学习效果，情境领导指导教师可以采用更加有效的方法，根据学生个体的发展需要调整教学方式，达到双赢的效果。例如，对于那些准备不足且缺乏专业基础的学生，教师可以采用指导的方法；而当学生具备足够的专业知识但缺乏方向或自信时，教师采用支持的方法最为有效。通过将教学方法与学生的需求和能力正确匹配，不同发展水平的情境设计教育方案可以使教师的教学效果最大化。

能够作为教育领导者的教师的要求是什么？

当一名教师牢记所在教育机构的终极目标，并开始考虑制定绩效标准和教学方法时，就开始进入领导者的角色了（Adams et al.，2018）。此外，教师必须支持学生，为他们提供成长和发展的机会，并实时关注学生的需要。赫尔西－布兰查德情境领导理论为学者们提供了几种有效的情境领导者教学风格。这些教学中的领导风格被定义为"学生自己感知到的教师对学生采取的行为模式"（Baker，1990）。

作为领导者的教师可以采用以下的情境领导教学风格：

1. 纠错式教学法。
2. 参与式教学法。
3. 授权型教学法。
4. 说服型教学法。

四种教学风格的前提是紧紧关注学生在完成教学任务、教学项目或者教学活动方面的成熟度水平。教学风格所依赖的两个维度是支持型教学行为（以学生为导向）和指导型教学行为（以教学任务为导向）。

支持型教学行为

支持型教学行为的核心是教师与学生交流的程度。因此，它被称为以学生为中心的教学风格。支持行为包括促进学生的自主活动，倾听他们遇到的问题，并在实践和心理上支持他们。

指导型教学行为

指导型教学行为的核心是教师的任务导向的程度。表现出指导型教学行为的教师积极管理学生的教学项目和作业，并计划他们作为个人或者作为一个群体如何在完成项目和作业中承担责任。这些教学实践包括做什么，什么时候做，谁来做，怎么做，以及在哪里做，等等这些与完成任务高度相关的指导。总之，这种类型的教育者重点关注于怎么保证学生完成作业或教学活动，以实现既定的教学目标。

图4.3展示了基于情境领导理论的教师角色的两个维度：关系和任务行为导向。教师的指示型行为表现在横轴上，由低到高变化，代表任务导向行为的由弱到强；而支持型行为则表现在纵轴上，同样也是由低到高变化。这两个维度的相互作用结合教师教学的核心计划（教学目标、教学本质、教学策略和教学评估）和学生的准备程度（学生的需求和学习内源动力）为他们提供了不同水平的教学风格，表4.2描述了这些不同的教学风格。

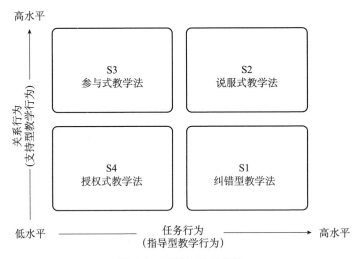

图4.3 四种情境教学法

表4.2	四种教学方法
S1 纠错型教学法	教师主要关心学术工作和具体教学目标的实现，很少关心与学生的交流。教师只关心与教学主题紧密相关的一些教学实践活动，例如，对教学/学习活动的密切监督、告诉学生应该做什么，什么人做，在哪里做，以及如何做。主要通过命令和单向的方式与学生沟通
S2 说服式教学法	教师的指导型和支持型行为均表现出较高的水平。教师在如何完成教学任务和学生的学习需求之间始终寻求一种和谐的平衡关系。这种风格的特点是与学生保持双向的沟通交流，让学生就学习本身提出问题，然后告诉他们应该做什么，由谁来做，在哪里做，怎么做，并解释为什么要做这些。教师通过提问来了解学生的能力水平，并进行相应的指导

续表

S3 参与式教学法	参与式的特点是高度关注学生学习过程中的支持型行为，而不太关注教学任务。教师通过表扬学生的成绩、倾听学生的想法、帮助学生树立信心、鼓励学生自主决策、培养良好的双向沟通、鼓励学生主动参与、对学生冒险行为的支持等
S4 授权式教学法	授权式教学法的特点在于，教师对任务的关注程度低，对学生的支持程度也较低。采用这种方式的教师最终会很高兴地帮助学生承担更大的责任。但是在教学过程中尽可能低地控制学生的活动、支持学生的表现、将教学任务和责任委派给学生，鼓励学生自主决策

如图 4.3 所示，教师决定采用哪一种教学风格主要取决于学生的学习能力和准备水平。当考虑一个特定的目标时，知道哪些因素会显著影响情境和教学风格是非常重要的，比如教师的互动行为、指示行为以及学生的准备程度。

对情境领导理论的批评

虽然情境领导理论是一个流行的领导理论概念，但对于赫西－布兰查德模型还存在不少质疑声音。首先，该理论并没有得到大量研究结果的支持，其假设并未得到实证研究的证实。随着时间的推移，追随者/下属的情况不断发生变化，追随者的"准备程度"如何从低水平发展到高水平尚不清楚。

其次，该模型并未为领导者如何在群体环境中实践提供指导（Northhouse，2007）。一种批评观点认为，这实际上是一种管理技巧，而非一种实际的领导风格；另一种批评观点则认为，该理论否认了优秀领导者在应对各种突发情境时随时调整自身反应的适应能力。实际上，很难确定是领导者因所处情境调整了自身领导行为，还是他们的领导行为改变了这些内外部环境因素。

最后，该理论可能被视为一种操纵性或强制性的"领导手段"，因为员工可能会认为在这些模式下的沟通是一种"不真实"的手段（根据被领导者评价后所决定的沟通方式），从而失去对领导者的信任。

即便存在这些批评声音，也不意味着情境领导理论是无效的，它仍然拥有大量的支持者。

章节小结

情境领导理论在不同情境下的实践具有极大的解释力。然而，由于实证效度不足，领导力文献对其的评价参差不齐。情境领导模型最核心的优势在于提出了一种通过识别追随者的准备程度和成熟度水平来决定领导者行为的有效方法，这也是领导力理论发展史上首次将注意力从"领导者"转移到"追随者"身上的尝试。

在教育环境中，情境领导模型揭示了四种不同的教学风格。每种风格都由具体情况决定，这些情况反映了学生的学习兴趣和成熟度水平。本章所讨论的风格为教师提供了灵活的教学方法以供参考。

最后，该理论模型鼓励教育机构的领导者在教学目标、教学方法以及学生学习的内在动机和准备程度之间寻求以学生为本的平衡。

阅读思考

1. 本章节所讨论的情境领导理论的主要观点是什么？
2. 情境领导的四种风格如何通过举例进行比较？
3. 如何通过实际应用情境领导理论模型来提升领导的有效性？
4. 如何改进本章提到的情境领导理论的挑战？
5. 在教育背景下，情境领导理论的重要性如何评价？

参考文献

［1］Adams，D.，A. Samat，S.，& Abu Samah，H. （2018）"Teacher leadership：Going beyond classroom. " International Online Journal of Educational Leadership，2（1）：1 - 3.

［2］Baker Ⅲ，G. A. （1990）"Teaching as Leading：Profiles of excellence in the open-door college. " Washington：The Community College Press/American Association of Community and Junior Colleges.

[3] Bass, B. M. , & Bass, R. (2009) "The bass handbook of leadership: Theory, research, and managerial applications. " New York: Simon and Schuster.

[4] Blanchard, K. H. , Hersey, P. , & Johnson, D. (1988) "Management of organisational. "

[5] Blanchard, K. H. , Zigarmi, D. , & Nelson, R. B. (1993) "Situational leadership after 25 years: A retrospective. " Journal of Leadership Studies, 1 (1): 21 –36.

[6] Butler Jr, J. K. , & Reese, R. M. (1991) "Leadership style and sales performance: A test of the situational leadership model. " Journal of Personal Selling & Sales Management, 11 (3): 37 –46.

[7] Dionne, S. D. , Gupta, A. , Sotak, K. L. , Shirreffs, K. A. , Serban, A. , Hao, C. , Kim, D. H. , & Yammarino, F. J. (2014) "A 25-year perspective on levels of analysis in leadership research. " The Leadership Quarterly, 25 (1): 6 –35.

[8] Graeff, C. L. (1981) "Some theoretical issues that undermine the utility of the Hersey Blanchard situational leadership theory: A critical view. " In "Proceedings: The relationship between theory, research, and practice. " 19th Annual Southern Management Meetings, Atlanta, 204 –206.

[9] Hersey, P. , Blanchard, K. H. , & Johnson, D. E. (1969) "Management of organisational behaviour. " Englewood Cliffs: Prentice-Hall.

[10] Hersey, P. , & Blanchard, K. H. (1977) "The management of organizational behavior. " Engelwood Cliffs, NJ: Prentice-Hall.

[11] Hersey, P. , & Blanchard, K. H. (1981) "So you want to know your leadership style?" Training and Development Journal, 35 (6): 34 –54.

[12] Hersey, P. , & Blanchard, K. (1982) "Management of organisational behaviour (4th ed.). " Englewood Cliffs, NJ: Prentice Hall.

[13] Horner, M. (1997) "Leadership theory: Past, present, and future. " Team Performance Management: An International Journal, 3 (4): 270 –287.

［14］ Korman, A. K. （1966） "Consideration, initiating structure, and organizational criteria-a review." Personnel Psychology, 19 （4）: 349 – 361.

［15］ Larsson, J., & Vinberg, S. （2010） "Leadership behaviour in successful organisations: Universal or situation-dependent?" Total Quality Management, 21 （3）: 317 – 334.

［16］ Miner, J. B. （1988） "Organisational behaviour: Performance and productivity." New York: Random House.

［17］ Northouse, P. G. （2007） "Leadership: Theories and practices （4th ed.）." Thousand Oaks, CA: Sage.

［18］ Shin, J. -H., Heath, R. L., & Lee, J. （2011） "A contingency explanation of public relations practitioner leadership styles: Situation and culture." Journal of Public Relations Research, 23 （2）: 167 – 190.

［19］ Yukl, G. （2011） "Contingency theories of effective leadership." The SAGE handbook of leadership. Thousand Oaks, CA: Sage.

［20］ Yukl, G., & Mahsud, R. （2010） "Why flexible and adaptive leadership is essential." Consulting Psychology Journal: Practice and Research, 62 （2）: 81 – 93.

第五章 /

交易型领导力：孰是孰非

交易型领导力的概念最早由德国社会学家马克斯·韦伯（MaxWeber，1947）提出，后来在1978年由美国著名政治学家詹姆斯·麦格雷戈·伯恩斯进一步发展。交易型领导理论认为，领导者通过给予追随者工资或名望来影响其服从。伯恩斯（Burns，1978）将其定义为"领导者和追随者之间进行社会变革的一种方式"。例如，领导者与下属就工作的数量和质量进行谈判，以获取聘用或晋升机会。

在组织中，交易型领导代表了领导者与追随者之间的一种交流，让每个人都能获得对自身有价值的东西（Yukl，1981）。因此，这种领导方法主要建立在领导者与追随者之间的契约精神（Avolio and Yammarino，2013）上，双方都期望完成他们之间的协议。

基于伯恩斯（Burns，1978）的定义，巴斯（Bass，1985）认为交易型领导是一种成本效益互换的过程：

> 一个交易型领导者应该是：（1）承认我们想从工作得到什么，并且保证根据我们的表现能获得相应的报酬；（2）为了交换我们的额外努力，承诺额外的奖励；（3）如果我们完成他们交办的工作，那么立即满足我们的诉求。

巴斯（Bass，1985）进一步将交易型领导者描述为那些"考虑如何提高和保持工作绩效的数量和质量，如何用一个目标去替代另一个目标，如何减少对特定行动的阻力以及如何实施决策"的人。根据伯恩斯（Burns，1978）和巴

斯（Bass，1985）的观点，交易型领导者更倾向于目标导向而不是以人为本
（Dartey-Baah，2015）。这是因为交易型领导者需要建立具体的工作方针和绩效
标准，依赖奖惩制度，以确保追随者实现绩效（Russell，2011）。

根据领导—成员交换（leader-member exchange，LMX）理论，交易型领导
者和追随者之间的所有交换都不是等价的（Dienesch and Liden，1986）。这些
交换事务包括两个级别：低质量交易和高质量交易（Graen et al.，1982；
Yukl，1989）。低质量交易涉及如工资等的交换，而高质量交易则类似于领导
者和追随者之间的人际关系的强交换（Graen et al.，1982；Landen，1985）。
与参与低质量交易的追随者相比，参与高质量交换的追随者更有可能对组织
忠诚。

交易型领导的多维结构

如图 5.1 所示，交易型领导被概念化为一个多维的结构，由权变奖励和例
外管理组成，其中，例外管理进一步被区分为主动和被动的例外管理（Bass，
1985；Bass，1997；Howell and Avolio，1993；Judge and Piccolo，2004；Nort-
house，1997）。

图 5.1　交易型领导的维度模型

权变奖励

权变奖励是指领导者和追随者的交换过程中，追随者的努力被交换为特定
的奖励（Northouse，1997；Rowold and Heinitz，2007）。换句话说，领导者需
要与追随者就需要完成的工作以及需要给予的奖励达成一致，领导者需要向追

随者清楚明确地说明需要完成哪些工作才能获得回报，完成程度不同，回报程度也不同。阿沃利奥（Avolio，1999）认为，权变奖励对交易型领导具有非常重要的解释作用，因为设定了明确的期望，并对追随者的完成情况进行奖励，是一种激励追随者实现绩效的有效方法。

例外管理

例外管理是指领导者根据下属工作出现失误的程度而采取纠错行动的一种行为（Bass，1985）。有两种例外管理类型：主动的和被动的（Bass and Avolio，1993；Hater and Bass，1988）。当领导者能够预见下属可能的失误，并且监控工作进程，对下属工作过程中可能出现失误时立即采取纠正措施，这就是主动例外管理。相反，被动例外管理的领导者只会在出现了问题，并且变得十分严重后，才会采取纠正措施来解决问题。

主动和被动进行例外管理的区别在于领导者介入的时机（Howell and Avolio，1993）。主动例外管理的领导者积极监督下属的行为，预见问题，并在问题出现之前采取纠正措施；相反，被动性例外管理的领导者等看到问题出现后才会采取行动。

交易型领导中的伦理问题

领导伦理应该从领导者的道德角度来进行讨论（Bass and Steidlmeier，2006；Bass and Riggio，2006），因为领导行为能否被追随者所接受完全受领导者的道德水平和人品所影响。领导者的道德和人品决定了其行为在追随者看来的"合法性"和"可信度"（Kanungo，2001）。当一名领导者的道德诚信受到质疑的时候，这将导致其失去追随者道德支持，无法推动追随者实现组织的目标。缺乏道德伦理的领导，组织结构将失效并且失去意义。

交易型领导具备其道德基础，因为它满足了有关各方的利益（Kanungo，2001）。交易型领导者的伦理元素见表5.1。道德品质是交易型领导者的重要元素，因为他们的一切行为都基于他们的诚实、真诚和守信，以确保他们能够按照"协议"为参与交易的每个人分配应得利益，并保证对他们的追随者采取奖惩措施时的有效性。如果他们为了追逐自身的利益，从而诱导下属的顺从行为并在交换过程中使用卑劣的控制策略，那么他们的行为就会失去道德上的合法性且失效（Kanungo and Mendonca，1996）。而何时使用这些控制策略呢？当领导者拒绝给他们的追随者任何自我管理、自我决策和自我发展的机会时，失败的领导就开始了（Kanungo，2001）。

表5.1　　　　　　　　　　　交易型领导的道德元素

动态伦理元素	伦理关注点
任务	正在做的事和雇佣下属的方法在道德上是否合法
奖惩体系	奖惩措施是否会损害自由交易，能否遵从自己的良心
意图	能否在交易过程中说真话
信任	兑现承诺
后果	所有交易参与方的伦理地位和利益是否得到尊重
正当程序	解决冲突和索赔的程序

资料来源：巴斯和里吉奥（Bass and Riggio，2006）。

学校情境中的交易型领导力

过去几十年全球化的影响导致了全球教育的不断变革（Adams et al.，2017）。由于学校中普遍存在的问责制，学校的领导者努力在各个方面和政府行政管理去进行着对比和超越（Bell and Bolam，2010）。在这方面，交易型领导力很自然地被大多数学校领导者所使用。造成这种情况的一个可能的原因是，学校领导者迫于这种问责制而被要求对目标和外部压力迅速作出反应，并需要立刻看到成效（Perera et al.，2015）。

根据史密斯和贝尔（Smith and Bell，2011）的研究，学校领导者在几种情况下都在使用交易型领导力。首先，当学校不断受到来自上级政府部门或外部机构的外部压力时，大多数领导者通过趋同奖励或者例外管理来实现当前的目标。交易型领导力可以归因于领导者为了在外部压力下实现组织目标，但是并不一定是他们喜欢的领导风格。其次，当学校领导者失去自主权或者被外部机构追究责任时，他们更加倾向于使用交易型领导。最后，新任命的学校领导者更加倾向于交易，因为他们认为自己必须在陌生的环境中采取一些"直接手段"来应对可以预期的起步阶段的困难。尽管交易型领导可能会限制学校领导者在学校的改革发展中的自主性，但是它至少可以保证这些领导者们在面临外部的一些评价标准的时候确保学校能够成功达标。

交易型领导力的争议

尽管交易型的领导者通过奖励追随者的工作成效来推动社会变革，但是对于领导者和追随者来说，交易型领导力理论都存在着争议。在这种领导理论下，领导者必须严格遵循政策和原则，因此创造力、创新性和思想的开放性等都会受到限制。交易型领导者更加关注奖励或者惩罚的外部动机，因此，使用这类领导理论的领导者大多比较平庸，对组织的有力改革很难作出较大的推动。

另外，追随者被领导者给予明确的指示，并且必须在管理监管的范围内完成工作。追随者要对工作的结果负责，违背领导者的指示可能会导致停职或者解雇的可怕结果，同时，追随者被期待能够高效和准时地完成被分配的工作。

因此，交易型领导力被认为是一种僵化的领导方式，因为工作目标和内容完全是由领导者所设定的，这种情况下会限制下属的创造力，从而剥夺了下属有可能更好地完成给定的任务的可能性。此外，交易型领导力对那些对工作充满激情、工作成效高的下属非常不友好，在这种领导风格下，这类下属的好处往往最少，因为他们的高工作表现来源于内源动力（自我激励），而不是简单地来自外部激励。

章节小结

交易型领导的重点在于强调个人利益、通过奖惩机制来形成外部动机，它在大多数学校中普遍存在，并且行之有效。然而，教育学家们对领导风格的看法各不相同，哪种领导风格在教育机构中最为有效、更加合适？应该还是取决于具体的情况和主观意愿。

阅读思考

1. 根据伯恩斯（Burns, 1978）的框架，交易型领导力的概念是如何定义的呢？

2. 你能否描述一下"交易型领导力"在学校情境中是如何实践的？可以用具体的案例来支持你的答案吗？

3. 你对于"交易型领导只会让领导者受益，而非追随者。"这句话持有怎样的看法？

参考文献

[1] Adams, D., Raman Kutty, G., & Mohd Zabidi, Z. (2017) "Educational leadership for the 21st century." International Online Journal of Educational Leadership, 1 (1): 1 –4.

[2] Avolio, B. J. (1999) "Full leadership development." Thousand Oaks, CA: Sage.

[3] Avolio, B. J., & Yammarino, F. J. (2002) "Transformational and charismatic leadership: The road ahead. (Vol. 2)." Amsterdam: JAl-Elsevier Science.

[4] Avolio, B. J., & Yammarino, F. J. (2013) "Transformational and charismatic leadership: The road ahead." London: Emerald Group Publishing.

[5] Bass, B. & Riggio, R. (2006) "Transformational Leadership (2nd ed)." Mahwah, NJ: Lawrence Erlbaum Associates.

[6] Bass, B. M. (1985) "Leadership and performance beyond expectations." New York: Free Press.

[7] Bass, B. M. (1997) "Does transactional-transformational leadership paradigm transcend organisational and national boundaries?" American Psychologist, 52 (2): 130 –139.

［8］ Bass, B. M. & Avolio, B. J. （1993）"Transformational leadership and organisational culture." Public Administration Quarterly, 17 （1）: 112 – 121.

［9］ Bass, B. M. , & Steidlmeier, P. （2006）"Ethics, character, and authentic transformational leadership behavior." Leadership Quarterly, 10 （2）: 181 – 127.

［10］ Bell, L. & Bolam, R. （2010）"Teacher professionalism and continuing professional development: Contested concepts and their implications for school leaders." In T. Bush, L. Bell. , & D. Middlewood （eds. ）"The Principles of Educational Leadership and Management （2nd ed. ）." London: Sage.

［11］ Burns, J. M. （1978）"Leadership." New York: Harper & Row.

［12］ Dartey-Baah, K. （2015）"Resilient leadership: A transformational-transactional leadership mix." Journal of Global Responsibility, 6 （1）: 99 – 112.

［13］ Dienesch, R. M. , & Liden, R. C. （1986）"Leader-member exchange model of leadership: A critique and further development." Academy of Management Review, 11: 618 – 634.

［14］ Graen, G. , Liden, R. C, & Hoel, W. （1982）"Role of leadership in the employee withdrawal process." Journal of Applied Psychology, 67: 868 – 872.

［15］ Hater, J. J. & Bass, B. M. （1988）"Superiors' evaluations and subordinates perceptions of transformational and transactional leadership." Journal of Applied Psychology, 73: 695 – 702.

［16］ Howell, J. M. & Avolio, B. J. （1993）"Transformational leadership, transactional leadership, locus of control and support for innovation: Key predictors of consolidated-business unit performance." Journal of Applied Psychology, 78: 891 – 902.

［17］ Judge, T. A. , & Piccolo, R. F. （2004）"Transformational and transactional leadership: A meta-analytic test of their relative validity." Journal of Applied Psychology, 89 （5）: 755.

［18］ Kanungo, R. N. （2001）"Ethical values of transactional and transformationalleaders." Canadian Journal of Administrative Sciences, 184 （4）: 257 – 265.

［19］ Kanungo, R. N. & Mendonca, M. （1996）"Ethical dimensions of leadership." Thousanda Oaks, CA: Sage.

［20］ Laden, F. L. （1985） "Psychology of work behavior. " Homewood: Dorsey Press.

［21］ Perera, C. J. , Adams, D. and Muniandy, V. （2015） " Principal preparation and professional development in Malaysia: Exploring key influences and current practice. " In A. Harris and M. Jones （eds. ） "Leading futures: Global perspectives on educational leadership. " SAGE press, London, 125 – 137.

［22］ Rowold, J. , & Heintz, K. （2007） "Transformational and charismatic leadership: Assessing the convergent, divergent and criterion validity of the MLQ and the CKS. " The Leadership Quarterly, 18 （2）: 121 – 133.

［23］ Russell, E. （2011） "Leadership theories and style: A traditional approach. " Unpublished Paper submitted in the General Douglas MacArthur Military Leadership Writing Competition.

［24］ Smith, P. , & Bell, L. （2011） "Transactional and transformational leadership in schools in challenging circumstances: A policy paradox. " Management in Education, 25 （2）: 58 – 61.

［25］ Weber, M. （1947） "The theory of social and economic organization. " New York: The Free Press.

［26］ Yukl, G. （1989） "Managerial leadership: A review of theory and research. " Journal of Management, 15: 251 – 289.

［27］ Yukl, G. A. （1981） "Leadership in organizations. " Englewood Cliffs, NJ: Prentice-Hall.

第六章

变革型领导力：不断进化的理论

组织必须具备强大的领导力才能达到最佳的效率。领导力为团队成员提供了方向，帮助他们理解要实现的目标，并鼓励和激励他们去努力实现。在一个群体中，领导力的作用是不可置疑的，缺乏领导力可能导致成员之间的争执和意见冲突。因此，组织若想成功，就必须对领导力的本质进行发展和有效理解。新的思维方式可以开发出全新的领导方式，以实现组织的目标，并消除生产力发展的障碍。

变革型领导力的概念最早由唐顿（Downton）在 1973 年的《反抗型领导：革命过程中的承诺和魅力》（*Rebel Leadership*：*Commitment & Charisma in a Revolutionary Process*）一书中提出。然而，许多研究人员认为，它是伯恩斯（James McGregor Burns）在 1978 年首次提出的，并由巴斯（Bernard Bass）进一步发展。从那时起，不同的作者给出了许多定义来描述变革型领导者的特征。例如，巴斯（Bass，1985）对变革型领导的定义是领导者如何影响信任、钦佩和尊重他们的追随者。这种领导风格涉及具备某种魅力特质的个人，这些特质有助于塑造他们的领导行为，并赋予他们能够领导其他人实现组织目标的能力。

与之相对应，诺特豪斯（Northouse，2001）认为，变革型领导是一个改变和转变个体的过程。因此，变革型领导者通过重视员工，一种以人为本的方式来领导组织走向成功。变革型领导者通过建立一个更加美好的未来愿景来影响追随者，激励而不是控制他们。通过变革型领导的作用模型，可以发现它有助于激发下属的智力、增强目标和行为的意义，从而满足追随者的自我实现需求，通过内在动机赋予下属权力，表现出对下属能够获得更高水平的成就以及更强集体认同的能力的信心。

在 20 世纪 80 年代末和 90 年代初，变革型领导力开始应用于教育领域，强调协作、参与和分担责任。这些实践主要针对大学的改革和行政管理的改进方面，特别是改进作为员工的教师和作为领导者的行政人员之间的关系。变革型领导是摆脱传统的旧教学型领导模式的第一步。

伯恩斯的领导力模型

1978 年，经过多年的细致研究，詹姆斯·麦格雷戈·伯恩斯（James McGregor Burns）将领导力的概念界定为交易型领导力和变革型领导力。首先，交易型领导力被视为一种上下级之间的交换关系。在实践中，交易型领导者通过社会交换进行领导——用一件事换取另一件事。例如，政治家提供工作机会来获得选票。然而，伯恩斯提出的变革型领导理论在评价领导者如何接近权力时，将重点放在了激励和价值观上，引起了广泛的关注。这将该理论和其他领导理论区分开，并提出了一个最核心的问题：什么是领导的最终目标以及为什么一个人应该成为一个领导者。

伯恩斯最关心的就是领导者激励追随者达到更高的内源动力以及道德水平的这种潜力。他认为，领导者和追随者是一种互相帮助的关系，从而以达到更高的道德和内源动力的水平。变革型领导者通过在追随者中传播更高的理想、价值观来提高现有的标准，从而刺激追随者去突破现有的能力，实现这种更高的目标。在这样做的时候，领导者可能会描述这些价值观，并用富有魅力的方法来吸引人们对照这些价值观来回看自身，发现不足并找到提升的方向。伯恩斯的观点是，变革型领导力比交易型领导力更加有效，交易型领导追求的更多的是"自私地"解决问题。

与交易型领导不同，变革型领导并不是建立在这种"予给予夺"的关系基础上的，而是建立在领导者的个性、特质、能够通过举例等充满活力的方式清晰表达愿景、能够创建富有挑战性目标从而改变现状的这些能力之上。我们认为变革型领导者是一种理想化的领导风格，它的意义在于，这类领导者是为团队、组织（或社区）的利益而工作的道德典范。伯恩斯认为，变革型领导和交易型领导是一对互斥的风格。同时，他还认为变革型领导是一个持续的过程，而不是交易型领导那种离散的交流方式。

巴斯的领导力模型

受伯恩斯的启发，伯纳德·M. 巴斯（Bernard M.Bass，1985）研究了变革型领导风格和交易型领导风格，并得出结论：这两种领导风格在组织中的确是互补的，但是却是同样重要的。组织成功的一个必要条件就是能够在这两种领导风格之间寻找一种良好的平衡。巴斯通过解释变革型领导和交易型领导的心理机制来拓展了伯恩斯的工作。注意，巴斯将伯恩斯的概念术语中的"转型"替换成为现在广泛被学术界所接受的"变革型"。他补充了伯恩斯最初的概念，用来协助解释对变革型领导的衡量标准，以及描述它如何影响追随者的动机和表现。此外，巴斯在组织中发现了另一种类型的领导风格：放任型领导，这是一种非领导的情况（Bass and Avolio，1999）。

领导者的变革型程度首先是通过他对追随者的影响来进行衡量的。这种领导者的追随者出于领导者的高尚品质而对他们充满信任、钦佩、忠诚和尊重，因而更加愿意超出预期地努力工作。巴斯明确了变革型领导力的四个基本要素：对追随者的个性化考虑、智力激励、内源动力的激励和理想化影响（Bass，1985）。

个性化考虑

这个维度是指领导者关注追随者每个个体在成就和进步方面的需求。他们尝试理解和接受个体的差异，并针对每一个个体提供持续的指导和教育，最终让所有团队的成员达到更高的专业水平。巴斯和阿沃利奥（Bass and Avolio，2009）提出，变革型领导者鼓励沟通、诚实，并懂得这些在他的领导实践中有多么重要。变革型领导者很清楚，一个有天赋的人在组织中的工作如果没有挑战，或者所承担的挑战不被信任，那么这个人极有可能会离开（Jameson，2010）。

领导者在与追随者打交道的过程中所进行的个性化考虑包括根据个体情况向他们提供建议、支持和满足个人需求，从而满足追随者的自尊和鼓励他们进行自我实现（Khan and Naidoo，2011）。还包括为追随者的个人发展提供鼓励、指导、授权、建议和反馈（Vinger and Colliers，2006）。这些特质表明变革型领导者能够倾听他们的追随者的诉求，并且在指导和推动他们成为一名成功者的过程中作为一个支持型角色而存在（Iwuh，2010）。

通过这种类似教练或者导师的角色，变革型领导者必须关注每一个追随者所获得的成就以及成长需求。当新的学习机会与一个支持型的环境相结合的时候，就会产生个性化的思考。在考量每一个下属的过程中，变革型领导者是一个有效的倾听者，能够认识并且接受下属的个人差异，并且鼓励双向沟通，不断与下属保持个性化的互动。从下属的个人利益角度来进行任务委派，是领导者培养追随者的一种方式（Tan and Adams，2018）。当然，对委派的任务进行监控是变革型领导者必须做的：他必须评估任务的进程，并且时刻确定下属是否需要额外的指导或者支持，同时，还必须让下属感受不到这种"监控"（Horn-Turpin，2009）。

智力激发

智力激发表现为变革型领导者在智力上挑战下属（追随者）的能力。这使下属知道自己在各个方面都能够得到领导的支持，从而刺激他们更加具有创造性和创新性（Iwuh，2010）。追随者们在受到来自领导的智力挑战的过程中，会齐心协力跳出现状，并为组织环境带来创新。

巴斯和里吉奥（Bass and Riggio，2006）认为，在变革型领导者领导下的组织中，人们普遍具有创造性。当组织面临挑战时，团队成员的观点、想法和创造力对寻求解决方法的过程至关重要（Jameson，2010；Herman and Warren，2014）。领导带来的智力刺激能够帮助追随者发展逻辑和个人能力，让他们在对各类情况进行准备、分析和处理的过程中尽可能找到最佳的解决方案（Khan and Naidoo，2011）。

变革型领导者通过质疑假设、重构问题以及鼓励使用新方法解决老问题等方式来鼓励追随者进行创新，激发创造力。此外，他们鼓励追随者在组织面临挑战时勇于提出新的观点以及解决问题的方法，让他们尽可能参与到解决问题的过程中去。而当下属犯错误的时候，变革型领导者也不会公开批评他们，同时，他们也不会因为观点与领导者的想法不同而遭到批评（Horn-Turpin，2009）。因此，领导者设定的愿景必须渗透到整个组织中去，组织中存在的一切都必须紧紧围绕着这个愿景所展开（Jameson，2010）。

内源动力激励

第三个维度是对下属内在动力的激励，被定义为领导者的能力需要足以能够作为下属的榜样。这种激励可以来自领导者的个人魅力。变革型领导者能够激励下属取得比他们预期更好的结果。这些领导者摒弃了交换条件的方法，通过努力扩大和提升追随者的个人利益来激励他们在个人利益之上去创造更大的群体利益（Seaver，2010）。

这种激励包括开发一个富有吸引力的愿景，并在组织中传播，同时使用符号和象征来凝聚下属，并且告诉他们怎么做才能达成这个愿景（Vinger and Colliers，2006）。激励维度解释了领导者通过识别和传达愿景和组织目标来激励人们的方式（Khan and Naidoo，2011）。这种鼓舞人心的激励是变革型领导者向追随者传达高期望，从而激励他们实现这些期望的一种领导特质（Iwuh，2010）。

变革型领导者通过创造一种激励的氛围来为下属的工作赋予意义和挑战，同时还在组织中激发团队精神、带来强烈的工作热情和乐观情绪。这样的领导者通过向追随者传播和展示组织的愿景和目标，并且通过美好的承诺来吸引追随者。（Horn-Turpin，2009）。

这种对内在动力的激励通常被称为领导者的特质之——魅力。领导者树立一个宏大的愿景（目标），对追逐这个愿景的未来表现出积极乐观的态度，并且热情地邀请追随者参与并共享成果。这种源自领导者的自信会影响追随者，让他们相信这个宏大愿景是可以实现的。这些行为激发了追随者的内在动力，让他们将自身的利益暂时放在一边，为了实现愿景而作出个人的牺牲。而领导者所提出的愿景之所以如此有吸引力，则是因为领导者提出的这些愿景是为了更多人的福祉而努力，并不是仅仅为了他们自己。

这种激励来源于领导者的一种能力：让人们看到他们工作的价值、他们服务的目的以及他们工作背后所潜在的意义。领导者对他们从事的工作充满了热情，这也进一步感染了所有团队成员。巴斯和阿沃利奥（Bass and Avolio，1994）认为，变革型领导者浑身上下都充满着希望和乐观精神。他们致力于自己的理想，并将这个理想传递到组织的各个方面。这种清晰、一致的沟通支撑着整个团队朝着实现理想愿景的方向齐心迈进（Harris et al.，2017；Jameson，2010）。

这种激励还可以被比作一种崇高的事业。它连接着追随者与领导者，以及其他受到同一事业所影响的同伴之间的关系。如果变革型领导者的前两个维度——个性化考虑和智力激励是关于领导者对追随者的影响，那么其他的两个维度——内在动力激励和理想化的影响则代表了领导者如何支持着追随者们获得他们自己的成功（Martin，2010）。

理想化影响

这个维度会在追随者中产生对领导者强烈的情感，让他们认为领导者是一个强有力的榜样，从而引发高度的认同和模仿行为。领导者表现出高度的道德品质，处处以高标准要求自己，让追随者相信他们行为的正义性，并确信他们正在做"正确的事"（Vinger and Colliers，2006）。变革型领导者的魅力和这种理想化的影响，是决定领导者成为组织中楷模的关键因素，从而吸引追随者效仿他们的行为（Iwuh，2010）。理想化的影响进一步被分为两类：理想化的特质和理想化的行为。理想化的特质与追随者对领导者的看法有关，他们认为领导者本身具有强大影响力；而理想化的行为则指追随者如何将领导者的行为理想化，使其具有影响力（Khan and Naidoo，2011）。

变革型领导者展示的行为使他们成为追随者的榜样。追随者不仅崇拜、尊重和信任他们的领导者，还倾向于高度认同并希望效仿他们。追随者认为他们的领导者具有非凡的能力、毅力和决心，愿意承担风险，并始终如一。也正是因为领导者展示出的高标准道德行为，追随者相信，他们所从事的事业一定是"正确的"（Horn-Turpin，2009；Lippstreu，2010）。

对变革型领导这一维度的研究表明，追随者可以通过信任、价值观的一致性和愿景这三个因素来识别这种理想化的影响力。甚至早期的研究也发现，信任在变革型领导的有效性中扮演重要角色（Hoehl，2008）。这种理想化的影响力也用于将积极的领导力与魅力型领导的负面效应区分开来：魅力型领导大多只让追随者扮演顺从的角色，只为自身服务。这个维度包括让追随者意识到领导者的自信和自我牺牲，从而渴望将自己与领导者紧密联系在一起，共同为组织的利益和愿景服务，这种理想化的领导者在追随者心目中享有极大尊崇。

这些被观察到的理想化影响行为为追随者提供了一个独特的视角，让他们看到自己所参与的事业有多么重要，并了解这对他人和自己有利。阿沃利奥和巴斯（Avolio and Bass，2004）共同构建了这个维度的属性和行为描述，包括追随者对领导者产生的信任、尊重和强烈希望模仿领导者以实现成功的意愿（Martin，2010）。最后，变革型领导者关注下属的个人需求、个人成长，并在参与他们的整个工作和成长过程中提供指导、指示和帮助（Lippstreu，2010）。

巴斯和阿沃利奥的全面领导理论

交易型领导者通过设定基础目标，清晰地组织和促进工作任务，并基于奖惩机制提供更佳的方式来帮助下属实现目标（Avolio，2010）。变革型领导者则为下属提供了一个超越他们自身利益的远大使命和愿景，利用他们的影响力、对下属个性化的关怀、智力激励和内源动力的激励来改变追随者。

此外，领导者鼓励追随者通过创新思维和方法来挑战现状、推动变革。不同于伯恩斯的观点，巴斯认为领导者可以同时展示变革型和交易型领导力。基于这一观点，巴斯和阿沃利奥开发了一个领导力模型，称为全面领导理论（full range leadership theory）（Gill，2010）。

这个模型的基本假设是，每个领导者都在不同水平层面上表现出三种领导风格——变革型、交易型和放任型，见表6.1（Avolio，2010）。全面领导理论是目前被研究和验证最多的领导模型之一。吉尔（Gill，2006）发现，放任型领导代表了一种领导力的缺失，导致组织绩效的降低。例外管理和权变奖励在交易型领导力中起着至关重要的作用。交易型领导者的权力来自他们的权威和责任感，包括通过牺牲个人利益来激励追随者。

另外，变革型领导者通过个性化关怀、智力激励、内源动力激励和理想化的影响等行为来促使组织获得最大成效。

表6.1 全面领导理论下的领导风格

放任型	交易型			变革型			
"放手"领导力	例外管理		权变奖励	个性化考虑	智力激励	内源动力激励	理想化影响
	主动例外管理	被动例外管理		关爱	思考	魅力	影响

　　一个有效的领导者必须具备在三种领导风格之间进行权衡的能力（Avolio，2010）。事实上，全面领导模型不仅显示了领导者的不同行为特征，还展示了他们为了在组织中实现有效领导而在各个维度和子维度上投入的程度（Avolio，2010）。然而，大部分学者还是认同这样的观点：领导者在领导实践中应该更多地践行变革型领导行为，而不是交易型领导；在使用交易型领导行为时，尽量避免采用放任型领导。

　　全面领导模型旨在增加和发展组织中的创造力和创新性（Gill，2006）。豪托拉（Hautala，2005）认为，这种领导模型可以获得员工的信任和对组织的承诺。实践中，采用这种领导模型的组织通常具有更强的生产力和盈利能力，并能很好地应对变化（Gillespie and Mann，2004）。然而，质疑也存在。例如，吉尔（Gill，2006）认为，这个模型的有效性在不同的组织中会有所不同，因为组织的愿景、价值观和领导文化等属性上的差异会影响其有效性。另一个质疑的声音是，这个领导理论模型只关注个体层面，而非组织层面。此外，由于变革型领导力和交易型领导力的测量量表低区别性，这个模型的有效性也受到质疑。

莱斯伍德的学校变革型领导力模型

　　莱斯伍德及其同事们在伯恩斯和巴斯、阿沃利奥的变革型领导模型基础上，专门为学校环境开发了一个变革型领导模型。莱斯伍德提出了目前为止与学校相关的最全面的变革型领导概念。相比之下，其他变革型领导概念要么缺少魅力维度，要么因实践情境不同而被赋予了与教育不兼容的意义。

　　莱斯伍德的模型包含六个维度：建立学校的愿景和目标、提供智力激励、提供个性化支持、专业实践和价值观的符号化、高绩效的期望以及发展参与式决策结构。它们共同构建了一个变革型领导力的统一框架，这个框架可以与学校环境中的具体领导实践以及问题解决过程相关联（Leithwood，1994）。

针对西林斯（Silins，1994）的质疑，莱斯伍德增加了变革型领导的管理组成部分，提出了另外四个维度：建立有效的人员配置实践、提供教学支持、监测学校活动和创造有效的社区关系（Leithwood，1996）。莱斯伍德将这些维度划分为四大类：设定方向、发展人才、组织架构重设和教学计划管理（Leithwood，2006）。

设定方向

莱斯伍德将设定方向描述为领导力的三个关键维度的功能：建立共同愿景、对目标达成共识以及创造高绩效预期。愿景建设是一个深思熟虑的过程，它建立在一种雄心勃勃的目标感之上，这也是一所学校需要通过多年的努力才能实现的目标。实现这一愿景需要通过制定一系列符合学校需求的具体目标来逐步实现（Perera et al.，2015）。莱斯伍德等（Leithwood, et al.，1999）断言，这些维度通常是共同推进的，只是在时间框架和范围上有所不同。

波萨科夫等（Podsakoff et al.，1990）认为，变革型领导中设定目标的方法是在员工之间为实现共同目标而努力的过程中培养合作的行为。目标设定的活动包括那些明确要实现什么愿景、激励员工去挑战和实现这些愿景和目标的活动。此外，创造高绩效的预期是确定学校方向的重要组成部分，因为实现目标的重点在于实现的过程和最终的结果。因此，变革型领导者会通过各种方式展示其对"优秀、高质量"绩效水平的渴望。

发展人才

变革型领导的第二方面是发展人才——主要关注个体（教师）的发展。这意味着领导者将重点放在直接或间接帮助教师在性格、动机、知识和技能方面的培养，这对于建立和实现学校的发展目标非常重要。这一部分主要包括个体支持、智力激励、树立和践行价值观等维度。莱斯伍德（Leithwood，1990）认为，组织的重心应该是关注其内部个体的发展，因为任何组织都是由人组成的。

波萨科夫等（Podsakoff et al.，1990）发现，对个体的支持体现了领导者对追随者的尊重以及对他们需求和个人情感的关注。值得注意的是，在莱斯伍德的变革型领导模型中，他将权变奖励置于对个体支持的范畴内，作为其一个组成部分。阿沃利奥和巴斯（Avolio and Bass，1988）将权变奖励定义为让追随者明确知道他们的努力将获得什么回报。

发展人才的第二个维度是智力激励，这是一种通过变革型领导实践来让追随者回顾他们的工作，并不断挑战新方法的行为（Podsakoff et al.，1990）。森格（Senge，1990）将这种行为描述为一种将教师从舒适区中驱赶出来，接受挑战并不断提升自我的实践方法。至于树立和践行价值观，这是发展人才的第三个维度。波萨科夫等（Podsakoff et al.，1990）将其定义为通过统一价值观，使领导者成为员工在价值导向上的榜样的领导力实践。莱斯伍德等（Leithwood et al.，1999）认为，有一些领导实践行为可以提升教师的自我效能，并激发他们的工作激情。

他们通过对变革型领导相关文献的梳理，揭示了四种类型的领导实践：对学校的承诺、关注专业成长、提升团队和个体解决问题的能力以及强化核心价值观（Rutledge，2010）。个体支持、智力激励以及树立和践行价值观都是基于人际关系的领导实践行为，变革型领导者通过这些行为影响并参与追随者的成长过程。这些领导实践的目的是与追随者建立融洽的关系，从而促进组织文化的变革和发展。

重设组织架构

在这一维度下，变革型领导者的重点将转移到如何创造和改变环境，以确保教育变革能够顺利进行。这一范畴包括了四个基本维度：文化、结构、政策和社区关系。莱斯伍德等（Leithwood et al.，1999）发现，一所学校的校园文化在其办学成效中发挥着举足轻重的作用，校园文化是指学校成员之间共享的"规范、信仰、价值观和预设"。

变革型领导在学校中的实践已经证明了由规范、信仰和价值观等组成的积极的校园文化和学校绩效之间的关系（Deal and Peterson，1999）。例如，莱斯伍德和詹齐（Leithwood and Jantzi，1999）发现，变革型领导能够显著预测积极的校园文化、良好的课堂条件和学生对学校的组织认同之间的关系。莱斯伍德等（Leithwood et al.，1999）认为，在塑造学校文化的过程中，政策的制定和执行以及建立积极的富有成效的社区关系这两个同属于领导力的因素，虽然是间接发生影响的，但同样至关重要。

莱斯伍德和詹齐（Leithwood and Jantzi，2000）认识到，变革型领导者在社区关系中发挥着至关重要的作用：在必要时通过与家长的有效沟通来协调教学和家庭之间的关系。一所学校的文化、内部结构和促进共同决策，共同组成了学校变革型领导的基本维度。雪恩（Schein，1985）总结道："领导者所做的唯一真正重要的事情，就是创造和管理文化。"变革型领导者在领导实践中尝试整合学校愿景、目标和期望，并实时考虑到学校中每一位成员的成长和需求，以带领他们共同努力，从而实现组织的变革。

管理教学计划

莱斯伍德和詹齐（Leithwood and Jantzi，1999）认为，领导者在管理上的实践在学生成果方面产生了积极的结果。因此，管理实践的重点是如何创建一个强大而稳定的基础环境，以支撑其他所有方面的领导实践。这一类的行为包括为教学计划配备教师、提供教学支持、监测学校（学术）活动，和帮助下属排除障碍。

为教学计划配备教师是一位学校领导者重要的能力：如何找到那些个人兴趣和能力与学校愿景和目标相匹配的教师（Leithwood et al.，2006）。格雷（Grey，2000）认为，条件允许的情况下，招聘和任用人才对于学校领导者是必不可少的。提供教学支持的目的是改进和评估教学，帮助教师完善课程，并提供足够的资源来支持教学过程。这些都为了提高学校的绩效，比如提升学生的培养质量。当学校面临困难的时候，学校领导首先需要做的就是改变并且创造一个专注于学术成就的环境（Leithwood et al.，2006）。

监测学校（学术）活动（报告和跟踪学生的学习情况）是学校领导的重要职责，同时也是最困难的职责之一（Grey，2000）。莱斯伍德等（Leithwood et al.，1989）发现，尤克尔（Yukl，1989）提出的11个有效的管理实践中，监控学校的运营环境是其中一项重要内容，因此，学校领导者必须随时了解学校的学术现状。

莱斯伍德等（Leithwood et al.，2006）提出，高效组织的领导者用统一价值观来确保员工能够向着组织预设的目标前进，而不迷失方向。正是通过这些手段，校长才能在学校内教师的教学职责和效果与公众（家长、媒体、利益相关集团和政府等）的期望中寻求平衡。成功的学校领导者也会利用内部缓冲机制来解决一些诸如怎么确保教师对犯错的学生执行纪律处分时不会产生"更为严重的问题"。

莱斯伍德和他的同事坚信，以上四类领导实践足以支撑一名学校领导者走向成功。但是，领导者并不是每天都在进行这些活动，相反，这些领导实践是学校领导者需要解决具体问题或者与家长、教师、学生和学校社区打交道的工具。这些领导力的核心实践为学校领导者以及未来可能的学校领导者的培养提供了一个有效的学校领导框架。

库泽斯和波斯纳的变革型领导模型

1983 年，库泽斯和波斯纳开始了一个研究项目，目的是找出领导者在各种情况下处于最佳状态的那些表现。他们进行了近 20 年的研究，认为领导力并不来自某个头衔，而是实践和行为的集合。并希望能让这些实践为未来的领导者如何达成他们的成就，或者"如何完成非凡的事情"提供指导（Kouzes and Posner，1995）。随后，他们发现，他们总结的这些实践行为似乎是变革型领导理念的重要组成部分。

他们通过对当时的领导实践进行深入研究并发展出的理论，被后来的许多研究人员认为是高效领导实践的真正代表（Taylor，2002）。这些领导实践包括了过程挑战、激发共同愿景、推动他人的行动、指明方向以及鼓舞人心（Kouzes and Posner，1995；2002）。

过程挑战

对现有程序进行挑战是优秀领导者的一项技能。通过创造新想法或认可和支持新想法，让领导者产生一种强烈希望通过将这些新想法付诸实施以挑战现有体系从而实现组织革新的意愿（Abu-Tineh et al.，2009）。他们寻找新的富有创新性的方法来推动新产品的研发、新工艺的改进和更好的服务质量，以期带动整个组织一步一步实现成功。当他们透过这些新的方法能够看到成功的希望时，就会变得勇敢、不怕冒险，并且勇于挑战现状。对现有程序进行的挑战包括对旧机制的质疑、拒绝和对新机制的重新评估，即使这会让他们承担更大的风险，他们还会鼓励自己包括下属积极推动变革。另外，伟大的领导者永远会设立一个比当前组织已经实现的目标更高的期望。例如，每一届的美国总统在争取他们的选民支持的时候，总是会抛出一个比上一届政府更高的承诺（Kouzes and Posner，2002）。

激发共同愿景

领导者时刻思考一个问题，如何将组织中的人团结在一起，为了组织的共同未来努力。有效的领导者在与他人共事的时候善于分享自己的信念，并且塑造和凝练一个组织内所有人共同关注的，未来的（而不是当下的）一个共同愿景。变革型领导者满怀激情，通过展望未来、创造一个理想化、特殊化的组织形象来激励他和组织中的所有人，共同实现这个美好的目标。他们用积极和充满希望的观点去点燃追随者的个人愿景（和组织愿景类似的个人愿景），并通过熟练地使用类似隐喻、符号化、充满魅力的语言和充沛的个人能量等方式，激发其他人对共同愿景的热情和向往（Kouzes and Posner，2002）。

驱动他人

驱动他人可以促进合作和赋权（Abu-Tineh et al.，2010）。优秀的领导者能够激发团队成员以协作的态度迈向共同的目标。他们清楚地认识到每个人的力量有限，因此鼓励每个人参与行动，以更高效地完成组织任务，并充分释放个体潜能。变革型领导者致力于建立信任和尊重的氛围，让每个人都能感受到自己的价值和能力。他们关心他人的需求和利益，让追随者感到自己在组织中有一席之地，并承担相应的责任。通过营造这种氛围，他们促进了组织成员之间相互依赖和信任的文化形成。

指明方向

领导者们需要塑造和理解自己的"声音"。指明方向意味着领导者要领先示范。变革型领导者通过自己的行为树立榜样和承诺，推动创新和变革。他们了解并擅长向追随者推广他们的道德观、价值观和信条。为了实现这一目标，他们拥有自己的哲学方法，一套衡量组织各个方面的评价体系，一套处理下属的原则方法，并且知道如何追求组织的目标，使其与众不同。这些领导者通过自己的努力和示范向追随者证明，他们的价值观和生活方式是值得效仿的。同时，言行一致是他们作为变革型领导者的基本原则（Kouzes and Posner，1995；2002）。

鼓舞人心

每个人都需要鼓励和动力来实现自己设定的目标。成功的领导者对自己和下属都有着很高的期望。这些领导者强调组织的共同愿景和目标，为每个个体的贡献和每个阶段的成功而感到欣喜。追随者对他们的信任建立在所获得的成就、奉献精神、日常行为以及对未来的前瞻性思维上。领导者通过将工作表现和奖励与认可挂钩，激发员工的内在动力。

变革型领导者擅长庆祝个人和团队取得的每一个成就，因为组织中的任何小进步都足以推动组织向成功迈进，而且这些领导者本身就是组织中的杰出榜样。通过共同庆祝取得的成就，领导者让追随者感到他们是群体的一部分，是组织中重要使命的一部分，从而增强他们对组织的归属感。擅长使用表扬和庆祝来鼓励员工的领导者，会看到他手下的员工表现越来越出色（Kouzes and Posner，1995；2002）。

变革型领导和性别

在教育机构和其他组织中，女性管理人员数量的增加使得性别问题成为研究领导行为时不可忽视的一个方面。许多研究发现，性别对领导情境的结果产生影响（Reuvers et al.，2008；Judeh，2010；Reza Zeinabadi，2013）。以下是关于"领导力和性别"的主要观点。

1. 性别特质是塑造领导观念的重要人格特征（Lord et al.，1999）。

2. 当女性拥有权力时，她们的效率与男性无异。研究发现，人们普遍认为男性更倾向于追求更具权力的职位，相比之下，他们更愿意采用"强硬"

的方式确保领导的有效性（Rosenbusch and Townsend，2004）。

3. 与男性相比，女性领导者更具有理想化的影响力，更具鼓舞人心的能力，并且更能从他人角度考虑问题。相较之下，男性更倾向于"例外管理"和"放任领导"，这两种领导风格不够积极主动，导致的领导结果也不那么有效（Bass and Avolio，1994）。

4. 领导者的个人属性，如个人特质、认知和态度等，因性别而异（Carless，1998）。

5. 社会文化中的性别平等主义对减少领导力中的性别差异起到重要作用（van Emmerick et al.，2009）。

这些研究结果表明，女性领导者更青睐于变革型领导风格，与女性价值观相关的特质在建立关系、沟通、达成共识、影响力和协作等社会化过程中得到显著体现。

变革型领导和绩效

为了让一个组织取得真正的成功并不断向前发展，领导者需要设定具有挑战性的目标，这些目标能够激发创造力并营造紧迫感。只有通过始终如一地展示关键的组织价值观和原则，并与整体战略保持高度一致，且赢得组织上下信任的领导者，才能推动建设性的变革。人们倾向于团结在充满激情、共享共同愿景和目标的领导者周围。变革型领导已经成为解释和影响员工效率的最重要的方法之一，通过激励员工获得更高水平的动机和达到更好的工作绩效（Dean and Timothy，2013）。

变革型领导者肩负着创造"远超预期"的绩效的责任，这体现在他们的创新性思维上（Copper，2011）。他们不断寻找新的技术或机会，注重工作效果而非效率，作为追随者的榜样，他们受到员工的钦佩和尊重。变革型领导者让员工感到他们具有卓越的能力和坚定不移的决心（Horn-Turpin，2009；Lippstreu，2010）。此外，变革型领导者通过赋予工作挑战和意义来激励下属，富有团队精神、热情和乐观的态度（Horn-Turpin，2009）。

巴斯和阿沃利奥（Bass and Avolio，1994）研究发现，组织在有效的变革型领导下蓬勃发展，内部员工的工作满意度更高。变革型领导者支持着组织体系的革新，促进员工才能的最大化，提升员工的专业能力从而提升组织的生产力水平。组织的发展确保了内部个体的长期成功，反过来，组织也通过员工的努力获得成就（Seaver，2010）。

当变革型领导者成为员工眼中的榜样时，追随者们会将自己的目标设置得更高。这也造就了这样的组织中，个体成员变得更加有生产力，从而提升了整个组织的生产力（Jameson，2010）。变革型领导在培养一个强调信任和团队协作的工作氛围方面非常有效，会带来较强的士气。组织内每个成员的发展确保了整体和个体的长期成功，同时也确保了个体和组织能够应对不断变化的外部环境（Dean and Timothy，2013）。

变革型领导适用于可持续发展的组织，它使组织不断创新和不断变革。变革型领导者创造的组织愿景是动态的，需要不断根据外部环境和组织情况调整和转换文化价值观，从而不断更新愿景。根据蒂奇和乌尔里希（Tichy and Ulrich，1984）的研究，组织变革的压力是巨大且持续的，而变革型领导是实现组织成功复兴的有效方式。格雷恩和尤尔 – 拜因（Graen and Uhl-Bien，1995）也报告了虽然领导—成员交换（LMX）这种简单的交易型领导力是有效的，但是这种交换不足以高效到支持组织变革。

变革型领导鼓励员工创造性地对工作进行改进，鼓励他们的所有行为和活动始终紧贴组织的愿景。同时，不断对当前的愿景和目标提出更高的要求，激发自身的才能、创造力和能力，激励和鼓励员工不断超越自我追求卓越（Jameson，2010）。如前所述，变革型领导是组织环境中促进团队目标和实现教育改革的一个强有力的理论模型（Horn-Turpin，2009）。

因此，变革型领导者可以促进能力发展，提升成员的个人承诺水平，以实现组织目标。诺斯豪斯（Northouse，2001）在对 39 项与变革型领导相关的研究进行的综述中发现，能表现出这种领导风格的人更加成功，有更好的工作成果（这一结果适用于公共和私营部门中的中高层领导者）。

换句话说，变革型领导是一种领导风格，激励员工超越自我利益，为追求组织的集体利益而表现出超出预期的表现（Ellis，2007）。变革型领导者能够意识到组织的使命或愿景，并使员工的能力和潜力提升到更高的层次，激励员工为了集体牺牲小我，成就大我（Eyler，2009；Domerchie，2011）。通过行动、思考、感受以及积极主动地利用他人资源进行学习的领导者更频繁地展现出变革型的领导行为（Agrusa，2010）。

章节小结

变革型领导的目标是快速应对外部环境的变化，并让人们发挥出最佳的状态。变革型领导者能够越过日常的短期目标去思考，强调发展和变革（Basham，2010）。因此，这种思维被称为"战略/方向性"领导，它与组织的发展方向有关。正因为这种领导力是面向变化的，在外部环境动荡的时候，组织的发展和生存将变得举步维艰，这时，作出战略性的变革来应对主要的威胁和机会就显得十分重要。要让一个组织向前发展，并取得真正的成果，就需要设定一个值得挑战、充满创造力和紧迫感的目标。只有能够通过始终如一地贯彻组织的价值规范来赢得追随者信任的领导者，才能推动建设性的变革。图 6.1对本章所讨论的理论进行了梳理和总结。

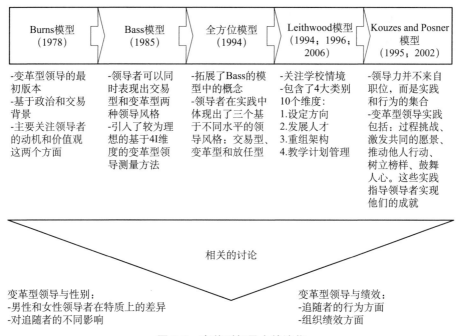

图 6.1　变革型领导力的演化

阅读思考

1. 伯恩斯、巴斯、莱斯伍德、库泽斯和波斯纳的变革型领导力模型有什么相同和不同之处？

2. 在你看来，男性和女性，谁可能是更加有效的变革型领导者？为什么？

3. 莱斯伍德的学校变革型领导模型还适用于 21 世纪的学校吗？

参考文献

［1］ Abu-Tineh， A. M.， Khasawneh， Samer A. & Omary， Aieman A. (2009) "Kouzes and posner's transformational leadership model in practice：The case of jordanian schools." Journal of Leadership Education， 7 （3）：265 – 283.

［2］ Agrusa， E. D. （2010） "Exploring the relationship between learning strategies and transformational leadership for business managers" （Doctoral dissertation）.

［3］ Arrington， C， B. （2010） "The relationship between transformational leadership and instructional coaching" （Doctoral dissertation）.

［4］ Avolio， B. （1999） "Full leadership development：Building the vital forces in organisation." Thousand Oaks， CA：Sage.

［5］ Avolio， B， J.， & Bass， B， M. （2004） "Multifactor leadership questionnaire：Manual and sampler set （3rd ed.）." Menlo Park， CA：Mind Garden.

［6］ Bartling， J.， Weber， T.， & Kelloway， E. K. （1996） "Effects of transformational leaders' training on attitudinal and financial outcomes：A field experiment." Journal of Applied Psychology， 81：827 – 832.

［7］ Basham， L. M. （2010） "Presidents as transformational or transactional leaders in higher education" （Doctoral dissertation）. Proquest Dissertation Database （25098019）.

［8］ Bass， B， M.， & Avolio， B， J. （1994） "Improving organisational effectiveness through transformational leadership." Thousand Oaks， CA：Sage.

［9］Bass, B. M. & Avolio, B. J. （1998）"Transformational leadership: Industry, military, and educational impact. " Mahwah, NJ: Erlbaum Associates.

［10］Bass, B. M. & Avolio, B. J. （2009）"Potential biases in leadership measures: How prototypes, lenience and general satisfaction relate to ratings and rankings of transformational and transactional leadership constructs. " Educational and Psychological Measurement, 49 （3）: 509 – 527.

［11］Bass, B. M. （1985）"Leadership and performance beyond expectation. " New York: Free Press.

［12］Bass, B. M. , & Riggio, R. E. （2006）"Transformational leadership. " Mahwah, NJ: Lawrence Erlbaum Associates.

［13］Button, B. （2003）"A study examining the use of transformational leadership practices for teacher development" （Master's thesis）.

［14］Butz, C. E. & Lewis, P. V. （1996）"Correlation of gender-related values of independence and relationship and leadership orientation. " Journal of Business Ethics, 15 （11）: 1141 – 1149.

［15］Butz, C. E & Lewis, P. V. （2007）"Leadership and gender: A dangerous liaison. " Leadership & Organisation Development Journal, 26 （7/8）: 574 – 590.

［16］Carless, S. A. （1998）"Gender differences in transformational leadership: An examination of superior, leader, and subordinate perspectives. " Sex roles, 39: 887 – 902.

［17］Conger, J, A. （1999）"Charismatic and transformational leadership in-Organisations: An insider's perspective on these developing streams of research. " Leadership Quarterly, 10 （2）: 145 – 180.

［18］Davies, B. （2004）"Developing the strategically focused school. " School Leadership & Management, 24 （1）: 11 – 27.

［19］Dean J. C. &Timothy P. M. （2013）"It's how you frame it: Transformational leadership and the meaning of work. " Business Horizons, 56 （3）: 351 – 360.

［20］Domerchie, E. （2011）"Emotional intelligence and transformational leadership of SPHR professionals" （Doctoral dissertation）. Proquest Dissertation

Database（3450073）.

［21］ Downton, J. V. （1973）"Rebel leadership: Commitment and charisma in the revolutionary process. " New York: Free Press.

［22］ Ellis, M, J. （2007）"The bilateral dimensions of transformational leadership in selected university constituents: An empirical study within the context of institutions of higher education" （Doctoral dissertation）. Proquest Dissertation Database（3288780）.

［23］ Eyler, J. （2009）"An exploration of principal self-efficacy beliefs abour transformational leadership behaviors（Doctoral Dissertation）. " Proquest Dissertation Database（3368525）.

［24］ Graen, G. B. , & Uhl-Bien, M. （1995）"Relationship-based approach to leadership: Development of leader-member exchange（LMX）theory of leadership over 25 years: Applying a multi-level multi-domain perspective. " Leadership Quarterly, 6: 219 –247.

［25］ Gill, R. （2006）"Theory and Practice of Leadership. " London: Sage.

［26］ Gillespie N. A & Mann L. （2004）"Transformational leadership and shared-values: The building. " Journal of Managerial Psychology, 19（6）: 588 –607.

［27］ Goewey, Dean F. （2012）"Examining the kouzes and posner leadership practices of elementary principals in central New York" （Doctoral dissertation）.

［28］ Harris, A. , Jones, M. , Cheah, K. S. L. , Devadason, E. , & Adams, D. （2017）"Exploring principals' instructional leadership practices in Malaysia: Insights and implications. " Journal of Educational Administration, 55（2）: 207 –221.

［29］ Hautal, T. M. （2006）"The relationship between personality and transformational leadership. " Journal of Management Development, 25（8）: 777 –794.

［30］ Herman H. M. & Warren C. K. （2014）"Transformational leadership and job performance: A social identity perspective. " Journal of Business Research, 67（1）: 2827 –2835.

［31］ Hoehl, S, E. （2008）"The relationship between transformational leadership and student educational outcomes as moderated by verbal and nonverbal immediacy" (Doctoral dissertation). Proquest Dissertation Database (3309288).

[32] Horn-Turpin, F, D. (2009) "A study examining the effects of transformational leadership behaviors on the factors of teaching efficacy, job satisfaction and organisational commitment as perceived by special education teachers" (Doctoral dissertation).

[33] Houlfort, N. , Koestner, R, Joussemet, M. , Nantel-Vivier, A. , & Lekes, N. (2002) "The impact of performance-contingent rewards on perceived autonomy and competence. " Motivation and Emotion, 26 (4): 279 – 295.

[34] Iwuh, P, C. (2010) "Leadership at needs: A study of the frequency in which leaders of the Nigerian national economic and empowerment development strategy (needs) exhibit transformational leadership characteristics as measured by the multifactor leadership questionnaire" (unpublished Doctoral dissertation). Capella University, Minneapolis.

[35] Jameson, C, L. (2010) "The impact of training in transformational leadership on the productivity of a dental practice. " (Doctoral dissertation).

[36] Judeh, M. (2010) "Transformational leadership: A study of gender differences in private universities. " International Review of Business Research Papers, 6 (4): 118 – 125.

[37] Khan, S, B. , & Naidoo, G. (2011) "Transformational leadership in the South African National Defense Force. " Journal of Association of Southern African Schools and Departments of Public Administration and Management. Administration-Publica, 19 (3): 1 – 31.

[38] Kouzes, J. M. , & Posner, B. Z. (1995) "The leadership challenge: How to keep getting extraordinary things done in organisations. " San Francisco, CA: Jossey-Bass.

[39] Leithwood, K. (1990) "The principals' role in teacher development. " In B. Joyce (ed.) "Changing school culture through staff development. " Alexandria, VA: Association of Supervision and Curriculum Development.

［40］ Liontos, L. B. （1993） "Transformational leadership: Profile of a high school principal." OSSC Bulletin, 36 （9）: 1 – 54.

［41］ Lippstreu, M. （2010） "Revisiting fundamental concepts of transformational leadership theory: A closer look at follower developmental processes" （Doctoral dissertation）.

［42］ Lord, R. G. , De Vader, C. L. , & Alliger, G. M. （1986） "A meta-analysis of the relation between personality traits and leadership perceptions: Procedures." Journal of Applied Psychology, 71: 402 – 410.

［43］ Martin, D. F. H. （2010） "Improving the detection of narcissistic transformational leaders with the multifactor leadership questionnaire: An item response theory analysis" （Doctoral dissertation）.

［44］ Northouse, P, G. （2001） "Leadership Theory and Practice （2nd ed）." Thousand Oaks, CA: Sage.

［45］ Perera, C. J. , Adams, D. & Muniandy, V. （2015） "Principal preparation and professional development in Malaysia: Exploring key influences and current practice." In A. Harris & M. Jones （eds. ） "Leading futures: Global perspectives on educational leadership." 125 – 137, London: Sage.

［46］ Podsakoff, P. M. , MacKenzie, S. B. , Moorman, R. H. , & Fetter, R. （1990） "Transformational leaders' behaviors and their effects on followers' trust in leader, satisfaction, and organisational citizenship behaviors." Leadership Quarterly, 1: 107 – 42.

［47］ Reza Zeinabadi, H. （2013） "Social exchange outcomes of transformational leadership: Comparing male and female principals of public primary schools in Iran." International Journal of Educational Management, 27 （7）: 730 – 743.

［48］ Reuvers, M. , van Engen, M. L. , Vinkenburg, C. J. & Wilson-Evered, E. （2008） "Transformational leadership and innovative work behaviour: Exploring the relevance of gender differences." Creativity and Innovation Management, 17 （3）: 227 – 244.

［49］ Rosenbusch, K. , & Townsend, C. （2004） "The relationship of gender and organisational setting to transformational and transactional leadership skills of selected college student leaders. " Journal of Leadership Education, 3 (3): 4 –20.

[50] Rutledge, R. D. (2010) "The effects of Transformational leadership on academic optimism within elementary schools" (Doctoral dissertation).

[51] Seaver, D. S. (2010) "Effects of transformational leadership in a cross-cultural organisation: A case study" (Unpublished PhD Thesis). Capella University, Minneapolis.

[52] Silins, H. (1994) "The relationship between transformational and transactional leadership and school improvement outcomes. " School Effectiveness and School Improvement, 5 (3): 272 –298.

[53] Sloan, R. H. (2009) "Quantitative study of the relationship between transformational and transactional leadership styles and strategic change within the State University of New York" (Unpublished Doctoral dissertation). Capella University, Minneapolis.

[54] Tan, M. H. J. & Adams, D. (2018) "Malaysian student leaders' perception of their leadership styles. " Int. J. Innovation and Learning, 23 (3): 368 – 382.

[55] Taylor, T. V. (2002) "Examination of leadership practices of principals identified asservant leaders" (Unpublished Doctoral Dissertation). University of Missouri.

[56] Van Emmerick, H. , Wendt, H. , & Euwema, M. C. (2009) "Gender ratio, societal culture, and male and female leadership. " Journal of Occupational and Organisational Psychology, 00: 1 –21.

[57] Vinger, G. , & Colliers, F. (2006) "Effective transformational leadership behaviors for managing change. " SA Journal of Human Resource Management, 4 (2): 1 –9.

第七章

教学型领导力：引导有效学习

在过去的 50 年里，全球范围内的教育机构发展迅猛（《2018 年世界发展报告》，2018）。许多国家的学生入学率已经达到 100%，世界上大多数儿童都可以接受初等教育。即使在一些落后地区，小女孩和家庭背景较差的儿童等边缘群体也得到了受教育的机会。

然而，学校教育并不等同于学习。让每一个少年儿童都能上学并不代表他们都能够获得良好的教育。换句话说，衡量教育事业是否达标的指标应该是孩子们离开学校时，是否掌握了基本的生活技能（如阅读、数学和基础科学）。这也是《2018 年世界发展报告》中所称的"学习危机"。报告指出，为了确保学习的成功，学校必须具备四个要素：准备充分的学生、积极合格的教师、具有才能的领导者/管理者，以及适当充分的教育投入。其中，学校领导者是关键角色，必须能够将这些要素串联起来。

显然，校长作为学校的最高领导者，对学生学习的影响是可以被测量的，尽管这是一种间接的影响（Hallinger，2011；Hallinger et al.，2018；Harris et al.，2017；Nettles and Herrington，2007）。研究表明，领导力至少占据了学校对学生学习影响的 20%（Barber and Mourshed，2007）。对这些影响学生学习的各种因素和变量的研究，包括校长如何将这些影响因素结合在一起，已经催生了大量关于各种领导模型的文献。

在过去的 50 年里，研究较多的领导力理论包括教学领导力、变革型领导力和交易型领导力（Leithwood and Jantzi，2005）、教师领导力（York-Barr and Duke，2004）和分布式领导力（Gronn，2003；Harris，2014；Spillane，

2006）。相比之下，教学领导力已经被证明对学生的学习成果具有"最强且受实证检验的影响力"（Hallinger，2000；Hallinger，2011；Robinson et al.，2008），并且具有长期效果（Hallinger，2008）。

本章将通过对各种教学领导力模型及其与其他领导模型的对比讨论，追溯教学领导力从 20 世纪中期至今在理论和实践上的演变历程。

教学领导力的出现

教学领导力在 20 世纪 70 年代首次在美国出现（Edmonds，1979），提出"好学校应有好的校长"（Bossert et al.，1982）。当时，关于学校领导力及其对学校改革和学生成绩影响的文献层出不穷（Leithwood et al.，2008）。这些文献的共性表明，教学领导力是"有效学校"的一个标志（Beck and Murphy，1993）。这种研究趋势普遍关注校长的领导力，尤其是教学领导力。莱特祖格和韦斯特（Reitzug and West，2011）将教学领导力定义为"校长在学校的学习、成就和指导方面发挥作用的方式"。

在 20 世纪 80 年代，研究的主要范式是关注学校的有效性（Hallinger and Heck，1998），以及如何在学校实施强有力的教学领导。哈林格和墨菲（Hallinger and Murphy，1985）致力于开发相应的概念框架和研究工具，最终形成了基于《校长教学管理评分表》（principal instructional management rating scale，PIMRS）的概念框架。

教学领导者的特质

全世界普遍认同校长在学校中扮演着教学领导者的角色（Bush，2013；Hallinger and Wang，2015；Walker and Hallinger，2015）。作为教学领导者，校长被描述为专注于教学和学习发展的强有力领导者（Hallinger，2011；Leithwood et al.，2010）。他们通常目标明确（Andrews and Soder，1987；Bossert et al.，1982；Dwyer，1986；Edmonds，1979）、积极行动，并深入参与课程和教学（Cuban，1984）。

这些校长与教师直接沟通交流，以促进教学发展（Bossert et al.，1982；Cuban，1984；Edmonds，1979；Hallinger and Heck，1996；Hallinger and Murphy，1986；Heck et al.，1990；Leithwood et al.，1990）。他们重视协调、掌控和监督教学活动，确保学校始终朝着预期的发展目标前进（Bamburg and Andrews，1990；Hallinger et al.，1996）。此外，教学领导者还需要具备教学专业知识、个人价值观、情商和沟通技能。

大量研究证明，教学领导力是提升教学水平的关键（Di Paolo and Hoy，2014），并且发展出了多种教学领导力模型。其中，最受欢迎的是哈林格和墨菲模型，该模型于1982年问世，至今已有超过500项研究在30多个国家中使用了该模型及其相关研究工具：PIMRS（Hallinger and Wang，2015）。

哈林格和墨菲的教学领导模型

哈林格和墨菲在1985年提出的教学领导模式的概念框架包括了三个维度：确定学校的使命、管理教学任务以及营造积极的校园学习氛围（Hallinger and Murphy，1985；Hallinger and Wang，2015）。图7.1展示了这三个维度如何进一步划分为10项领导职能，其中每个职能由5个项目进行测量。

确定学校使命包括两个基本功能：构建学校的目标和宣传这些目标。目标应当是通过全校上下的努力可以实现的，并且以培养学生为核心（Leithwood et al.，2008；Robinson et al.，2008）。校长通过明确学校的办学需求，协调各方利益相关者，使教师、家长和学生的注意力都集中在学生的培养成效上。这个维度代表了校长对学生学习成效的间接影响，其中，高绩效的预期目标非常重要（Brewer，1993；Hallinger et al.，1996），包括根据这些目标的内容和评价体系安排学校的教学活动（Brewer，1993）。这一维度强化了校园文化和创新的重要性（Hallinger and Heck，1998）。

第二个维度是管理教学任务，着重于发展、协调和监测教学质量，包括三个领导职能：监督和评价教学、协调课程管理和监督学生的学习进程。虽然很多学校工作人员也参与到学校的教学任务中，但校长承担着关键的领导责任（Hallinger and Murphy，1985）。

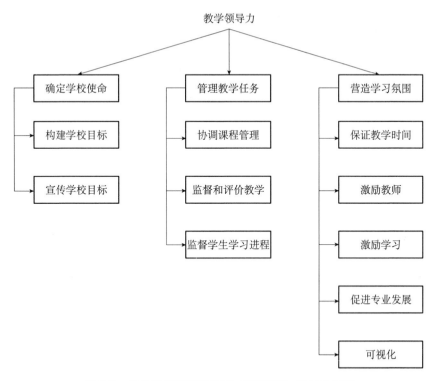

图7.1　校长教学管理评分表（PIMRS）的概念框架

资料来源：哈林格和王（Hallinger and Wang，2015）。

营造积极的学习氛围是模型的第三个维度，包含五个职能：保证教学时间、激励教师和学生、促进专业发展和保持知名度。通过建立对教师和学生的高期望和持续发展的校园文化，优质学校往往会带来更大的"学术压力"（Hallinger，2005）。校长作为教学领导者，要确保学校的条件和教学实践始终与学校使命保持一致，并营造一个有利于教学和学习的氛围。罗宾逊等（Robinson et al.，2008）的一项元分析支持了这一观点，肯定了教学领导者在构建明确、高期望的目标、与员工共享信息、保持高知名度、规划和参与专业发展等方面对学生学习策略的积极影响。

墨菲的教学领导力框架模型

墨菲（Murphy，1990）的综合教学领导力框架模型是基于对学校效力、学校改革、员工发展和组织变革的相关文献进行综合研究所凝练出的。墨菲的模型包含了4个维度，由16个子维度构成，见表7.1。

表7.1　　　　　　　　　　**墨菲的教学领导力框架模型（1990）**

构建使命和目标	促进教学质量提升和监控学生学习过程	营造学术学习氛围	创建支持型环境
– 构建学校目标 – 宣传学校目标	– 指导提升教学质量 – 监督和评价教学 – 分配和确保教学任务 – 协调课程 – 监控学生学习过程	– 营造高标准的期望 – 保持高知名度 – 激励教师和学生 – 促进专业发展	– 创建一个安全有序的学习环境 – 为学生提供有意义的活动 – 培养教工协作精神和凝聚力 – 为学校目标的实现去争取外部资源 – 建立家校联系

资料来源：迪保罗和霍伊（DiPaolo and Hoy，2014）。

第一个维度是构建学校使命和目标，包括制定学校目标并将其传达给学生、教师和家长。在制定目标时，要充分考虑学生的历史和现状，以及教师的能力，以确保目标既能反映学生的培养情况，又是一个具有挑战性的可实现目标（Murphy，1990）。宣传学校目标可以通过各种正式（如学校活动、家长座谈、通信）和非正式（如社交活动）的方式来实现。

第二个维度是促进教学质量提升和监控学生学习过程，包括监督和评价教学、分配和确保教学任务、协调课程等子维度。这个维度主要侧重于校长的管理行为，如确保教师按时上课、听课并对教师教学进行评估、确保教学计划顺利实施等。监控学生的学习过程同样重要，它反映了学校的根本任务——培养学生。通过对学生的学习过程进行量化评估和分析，可以在一定程度上反映学校的整体教学情况。

第三个维度是营造学术学习氛围。通过对教师和学生提出更高要求、保持学校或校长本人的高知名度、激励教师和学生以及促进专业发展等方法来实现（Murphy，1990）。

第四个维度是发展支持型的工作环境。校长的基本职责之一是为学生学习和教师的教学过程提供一个稳定、安全的环境。这个维度包括为学生提供有意义的学习参与机会和活动、为教工创造合作机会以提升凝聚力、不断争取外部资源以支持学校目标、在学校社区中建立良好的互动关系等。

不过，墨菲的模型是通过各种文献整理研发的，缺乏实证检验。因此，即使某位校长展示了模型中描述的所有维度，这个模型仍可能无法有效或有解释力地确定该校长是否真正体现了教学领导力。

韦伯的教学领导力模型

韦伯的模型点出了组织对教学型领导者的需要。他的核心观点是：一大群专业人员（教师）依旧需要一个单一的联系点和一个积极倡导教与学的人（Weber，1996）。这个单一的联系点就是指能够提供教学领导力的人，未必是校长，也可能是其他任何人。因此，韦伯的模型强调协作和共享领导①。这并不意味着学校不需要校长，相反，聪明的校长会在潜在的领导者中分享和培养真正的领导者（Fullan，2002）。韦伯的模型中确定了 5 个维度，见表 7.2。

表 7.2　　　　　　　　韦伯的教学领导力概念框架模型（1996）

确定学校使命	管理课程教学	营造积极学习氛围	观察和提升教学	评估教学水平
教学领导者与利益相关者共同创建属于学校共同的愿景和目标	教学领导者根据学校的共同愿景和目标来把握教学实践的方向，为教学实践提供资源、辅助支持促进教学	教学领导者通过交流和沟通，围绕学校目标的实现，营造一种积极、高期望、有序的学习环境	教学领导者通过观察教学实践以提供适时的指导，以促进专业发展	教学领导者通过规划、设计、管理和分析评估来掌握教学实践的有效性

第一个维度同样是明确学校的使命。教学领导者应让所有利益相关者参与确立学校共同使命的过程，通过这种方式，将教职工、学生和家长等利益相关者凝聚在一个共同愿景下（Ali-Mielcarek，2003）。

第二个维度是管理课程教学。教学领导者应为教师提供资源和支持，创造成功培养学生的机会。

---

① 共享领导是一种新的管理思想，该思想主张领导者和其下属成员组成的管理团队应该共同承担领导责任，鼓励下属成员的主动性。当管理团队的所有成员充分参与到领导实践中时则实现了共享领导。

第三个维度是营造积极的学习氛围。设定高期望，创建一个有利于学习和教学的有序环境，以确保所有人集中精力实现组织目标。良好的工作环境有助于激励教师，并增加他们对学校的承诺（Weber，1996）。

第四个维度是观察和提升教学。教学领导者通过观察和评估教师的教学，促进教学水平的提升，并提供持续的专业培训机会，以提升教师的教学技能和知识。

韦伯模型的最后一个维度是评估教学水平。教学领导者在课程规划、设计、管理和评价中发挥积极作用，以提升每门课的有效性。这种评估并非奖惩机制，而是为了改进和提升课程教学体系，帮助教师有效满足学生的学习需求。不断修订和改进现有的教学方案，可以更好地满足学生的学习需求。

韦伯的模型和墨菲的模型一样，都没有经过实证研究的检验。因此，目前我们还不能确定，一位学校领导者如果表现出这些行为，就能提升该校学生的成绩。

阿利格－米尔卡雷克和霍伊的教学领导整合模型

之前讨论的三个教学领导力概念框架模型（Hallinger and Murphy，1985；Murphy，1990；Weber，1996）在某些方面具有相似之处，见表 7.3。这三个模型反映了校长教学领导行为的发展。可以看出，后续模型是在前一个模型的基础上发展而来的，因此，韦伯的模型可以说是目前教学领导力模型中最全面的一个。同时，这也表明教学领导力的发展是一个逐步完善的过程，三种模型之间存在着相互的联系。近年来的一些实证研究为这三个教学领导力模型提供了实践上的支持（Alig-Mielcarek and Hoy，2005；Goldring et al.，2009；Marks and Printy，2003；Reitzug et al.，2008；Robinson，2010）。

表 7.3	教学领导力的维度			
模型	维度			
哈林格和墨菲（1985）	确定学校使命	管理教学任务	营造学习氛围	

续表

模型	维度				
墨菲（1990）	构建使命和目标	促进教学质量提升和监控学生学习过程	营造学术学习氛围	创建支持型环境	
韦伯（1996）	确定学校使命	管理课程教学	营造积极学习氛围	观察和提升教学	评估教学水平

资料来源：贾瓦斯（Jawas，2014）。

阿利格 – 米尔卡雷克（Alig-Mielcarek，2003）发现，这三种教学领导力模型都强调了三个基本的领导功能：确定并传达学校的使命和目标；监督和提供教学过程的反馈；促进学校的专业发展。

在教学领导力的第一个功能中（确定和传达学校的使命和目标），目标的设定要考虑当前学生的培养质量，特别是学生的成绩指标，教师需要利用这些数据来体现他们对学生进步的助力。同时，这些目标应该是由所有利益相关者共同参与设定的，以确保学校中的每个成员都能够认同这一共同目标。目标的设立应该比学校当前的成就要更具挑战性，从而促进提升学生培养效果。

在监督和提供指导方面，教学领导者需要参与学校的教学过程中，例如，进行课堂观察、与教师和学生交流、对教学质量进行评估，并提供相应的指导以改善教学实践和促进专业发展。促进全校的专业发展对学校的增长和发展至关重要，因为"水桶里水的多少取决于最短的那块板"（Barber and Mourshed，2007）。校长需要为教师提供有用的支持，并根据教师的需求来规划课程，以支持个性化的专业发展。

阿利格 – 米尔卡雷克（Alig-Mielcarek，2003）在她的研究中将这三个模型中相似的部分与洛克和拉珊（Locke and Latham）的目标设定理论（goal-setting theory）建立了联系。根据目标设定理论，目标越具有挑战性，就越能激励个人提高绩效。基于这个观点，阿利格 – 米尔卡雷克和霍伊（Alig-Mielcarek and Hoy，2005）共同开发了一种新的、更加简洁的教学领导模型，如图7.2所示。

事实上，校长对学生成绩的影响是间接的。正如哈林格和赫克（Hallinger and Heck，1996）所说，学校领导力与学生学习之间存在着"与学校中其他人的行为密不可分的关系"。这一联系被解释为学术压力。学术压力指的是学校被

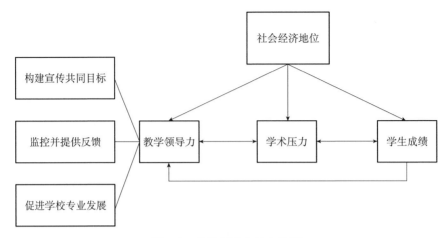

图 7.2　教学领导力综合模型

资料来源：迪保罗和霍伊（DiPaolo and Hoy，2014）。

推动向前发展的程度（Hoy and Hannum，1997），它包括为学生设定一个高但可达的目标，创设有序而认真的学习环境，有愿景、自信的教师将学生培养成人，以及尊重他人成就的勤奋学生。这些描述来自各种研究学校绩效的成果（Brookover and Lezotte，1977；Edmonds，1979；Pukey and Smith，1983）。具有"学术压力"的学校将获得更高水平的学生成绩（Goddard et al.，2000）。

根据一些关于教学领导力的研究（Hallinger et al.，1996；Hallinger and Murphy，1986），社会经济地位影响教学领导力、学术压力和学生成绩。来自低社会经济群体的学生可能是"毫无准备的学习者"（《2018 世界发展报告》），导致学习能力较弱。布什（Bush，2017）在他的社论中强调了社会经济因素对学生学习以及进一步对领导反应的影响。社会经济地位较低的社区由于资源短缺，导致学校无法充分满足办学需要，因此缺乏学术压力，进而无法培养出素质较高的学生。

通过将社会经济地位纳入阿利格 – 米尔卡雷克和霍伊的模型，教学领导力的原始模型得到了进一步的发展。

教学领导者的有效性

尽管《2018 年世界发展报告》指出全球范围内的教育水平尚未达到理想

标准，但解决 21 世纪的"学习危机"仍然有希望。校长们通过展现与教学领导力所倡导的类似行为来影响学生的学习（尽管这种影响是间接的）（Harris et al.，2017；Hallinger et al.，2018）。学生学习的核心仍然在于课堂教学，因此，在讨论教学领导者的有效性时，需要了解教师如何在课堂上影响学生的学业成长。

根据《2018 年世界发展报告》总结的迪巴罗和霍伊的模型，教学领导者可以采取以下九项基本策略来提升学校的教学质量：

1. 对所有学生都充满希望。
2. 实行共享领导，与所有利益相关者保持沟通。
3. 提供教工合作的机会。
4. 根据实际情况制订适当的教学计划。
5. 以学生为中心。
6. 解决学习过程中的障碍。
7. 加强课外学习。
8. 使用能够识别并进行干预的系统。
9. 制订辅助性教学计划，以补充标准教学计划。

教学领导力的缺陷

尽管理论上教学领导力被认为是解决 21 世纪"学习危机"的有效途径，但其仍然存在争议。库班（Cuban，1988）认为，由于学校的组织和环境限制，除非学校面临巨大的办学困难，否则校长不太可能成为一名教学领导者。这在政治集权的体制中或者自上而下的文化体系中非常常见（Hallinger and Walker，2017）。校长的精力被上下级的各种事项（任务、政策、期望、要求等）所占满，教学领导力的核心功能（监督和指导）往往没有办法实施到位。

另一种批评声音是，校长可能缺乏"技能和意愿"去实践这种亲力亲为、又富有指导力的教学领导力。在现实中，教学领导者需要成为课程教学方面的专家几乎是一个不可能的壮举，因为几乎所有学校的校长都不太可能具备他们的教师所拥有的专业知识（Barth，1990；Lambert，1998）。

如果一味认为教学领导力只来自校长，那么就排除了其他员工在学校教学过程中的贡献，如参与学校目标的规划和制订、参与教学计划的制订、共同营造的良好学习环境等。这种观点让校长在教育中扮演着孤胆英雄的角色，在现实中极少有人能够做到（Robinson et al.，2008；Lambert，2002）。

然而，最猛烈的批评是：尽管教学领导看起来对于教育如此有用，但是校长们并不了解实践教育领导力的必要性。当前对于高绩效校长的特质、技能和属性的研究依旧模糊不清（Ng，2017；Reitzug and West，2011）。布什（Bush，2011）无奈地总结："当前研究中缺乏对教育领导力的明确描述，这意味着这个概念对不同人而言有着不同的含义。"

章节小结

随着全球对教育的关注不断增加，教学领导力已经成为校长培训的重要内容（Gewirtz，2003；Huber，2003；Perera et al.，2015）。然而，随着分布式领导力（Gronn，2003；Harris et al.，2008；Spillane，2006）和变革型领导力（Leithwood，1994；Leithwood et al.，1996）在教育领域的日益应用，教学领导力的理论框架需要整合新的共享元素（Day et al.，2001；Lambert，2002；Marks and Printy，2003；Southworth，2002）。

此外，从权变理论的角度来看，将变革型领导力和分布式领导力融入教学领导力中，可以促进校长和教师之间的合作，从而改善教学过程（Marks and Printy，2003）。学校领导力的权变特质是一个"相互影响的过程"（Hallinger，2005），在这个过程中，环境、条件、领导者、决策、下属等因素之间存在着复杂的互动作用。

在此基础上，哈林格和赫克（Hallinger and Heck，1996）、哈林格和沃克（Hallinger and Walker，2017）提出了一个倡议：校长领导力必须结合学校的背景进行研究。想要成为一名学校领导者，就必须理解并处理学校背景中的各种要素，如"约束、资源和机会"（Hallinger，2005）。哈林格和李（Hallinger and Lee，2014）对泰国中学的研究发现，尽管在学校改革前后，教学领导力水平并没有增加。事实上，学校领导者的行为受到学校环境的影响。在缺乏资源或教学成效低下的学校中，需要采取自上而下的方法，因此更需要直接的教学领导力；而在高绩效的学校中，尽管教学领导力仍然重要，但与变革型领导力相比，它并不那么突出。

阅读思考

1. 校长对学生学习成绩的影响是间接的。你认为作为教学领导者的校长如何提升学生的学习成绩？

2. 什么是教学领导力？回忆你的校长是如何在这所学校实施教学领导力的，并思考校园文化如何与校长的教学领导行为相联系？

3. "提供一个有利于教学和学习的环境"是教学领导力的三个最重要的维度之一。你认为一个校长如何创造这样的环境？

参考文献

［1］Alig-Mielcarek，J. M. （2003）"A model of school success：Instructional leadership，academic press，and student achievement"（unpublished PhD dissertation），Ohio State University.

［2］Alig-Mielcarek，J. M. & Hoy，W. K. （2005）"Instructional leadership：Its nature，meaning，and influence."In C. G. Miskel & W. K. Hoy （eds.）"Educational leadership and reform."Greenwich，CT：Information Age.

［3］Andrews，R. & Soder，R. （1987）"Principal instructional leadership and school achievement."Educational Leadership，44：9－11.

［4］Bamburg，J. & Andrews，R. （1990）"School goals，principals and achievement."School Effectiveness and School Improvement，2，175－191.

［5］Barber. M. & Mourshed. M. （2007）"How the world's best performing systems comed out on top."New York：McKinsey & Company.

［6］Barth，R. （1986）"On sheep and goats and school reform."Phi Delta Kappan，68（4）：293－296.

〔7〕Barth, R.（1990）"Improving schools from within."San Francisco: Jossey Bass.

〔8〕Beck, L. G. & Murphy, J.（1993）"Understanding the principalship: Metaphorical themes: 1920s – 1990s."New York: Teachers College Press.

〔9〕Bossert, S. Dwyer, D., Rowan, B., & Lee, G.（1982）"The instructional management role of the principal."Educational Administration Quarterly, 18（3）: 34 – 64.

〔10〕Brewer, D.（1993）"Principals and student outcomes."Economics of Education Review, 12（4）: 281 – 292.

〔11〕Brookover, W., & Lezotte, L.（1977）"Changes in school characteristics coincident with changes in student achievement". East Lansing, MI: Michigan State University Press.

〔12〕Bush, T.（2011）"Theories of educational leadership and management（4th edition）."London: Sage.

〔13〕Bush, T.（2013）"Instructional leadership and leadership for learning: Global and south african perspectives."Education as Change 17（sup1）, S5 – S20.

〔14〕Bush, T.（2017）"Leadership and context: Why one-size does not fit all."Educationald Management Administration and Leadership.

〔15〕Cuban, L.（1984）"Transforming a frog into a prince: Effective schools research, policy, and practice at the district level."Harvard Educational Review, 54（2）: 128 – 151.

〔16〕Day, C., Harris, A., & Hadfield, M.（2001）"Challenging the orthodoxy of effective school leadership."International Journal of Leadership in Education, 4（1）: 39 – 56.

〔17〕DiPaolo, M. F., & Hoy, W. K.（2014）"Principal improving instruction: Supervision, evaluation, and professional development."Charlotte, NC: Information Age Publishing.

〔18〕Dwyer, D.（1986）"Understanding the principal's contribution to instruction."Peabody Journal of Education, 63（1）: 3 – 18.

［19］Edmonds, R. (1979)"Effective schools for the urban poor. " Educational Leadership, 17: 15 - 24.

［20］Fullan, M. (2002)"The change leader. " Educational Leadership, 59 (8): 16 - 20.

［21］Gewertz, C. (2003)"N. Y. C. Chancellor aims to bolster instructional leadership. " Education Week, 22 (16): 7 - 12.

［22］Goddard, R. , Hoy, W. , & Hoy, A. (2000)"Collective teacher efficacy: Its meaning, measure and impact on student achievement. " American Educational Research Journal, 37 (2): 479 - 507.

［23］Goldring, E. , Porter, A. , Murphy, J. , Elliot, S. N. , & Cravens, X. (2009)"Assessing learning-centred leadership: connections to research, professional standards and current practice. " Leadership and Policy in Schools, 8 (1): 1 - 36.

［24］Gronn, P. (2003)"The new work of educational leaders: Changing leadership practice in an era of school reform. " London: Sage.

［25］Hallinger, P. , Adams, D. , Harris, A. , & Suzette Jones, M. (2018)"Review of conceptual models and methodologies in research on principal instructional leadership in Malaysia: A case of knowledge construction in a developing society. " Journal of Educational Administration, 56 (1): 104 - 126.

［26］Hallinger, P. (2000)"A review of two decades of research on the principalship using the Principal Instructional Management Rating Scale. " Paper Presented at the Annual Meeting of the American Educational Research Association, Seattle, Washington.

［27］Hallinger, P. (2005)"Instructional leadership and the school principal: A passing fancy that refuses to fade away. " Leadership and Policy in Schools, 4: 1 - 20.

［28］Hallinger, P. (2008)"Methodologies for studying school leadership: A review of 25 years of research using the principal instructional management rating scale. " Paper Prepared for Presentation at the Annual Meeting of the Americand Educational Research Association, New York, March 2008.

［29］ Hallinger, P. & Heck, R. H. （1998） "Exploring the principal's contribution to school effectiveness: 1980 – 1995. " School Effectiveness and School Improvement, 9 （2）: 157 – 191.

［30］ Hallinger, P. & Heck, R. H. （1996） "Reassessing the principal's role in school effectiveness: A review of empirical research, 1980 – 1995. " Educational Administration Quarterly, 32: 5 – 44.

［31］ Hallinger, P. & Lee, M. （2014） "Mapping instructional leadership in Thailand: Has education reform impacted principal practice?" Educational Management Administration and Leadership, 42 （1）: 6 – 29.

［32］ Hallinger, P. & Murphy, J. （1985） "Assessing the instructional leadership behavior of principals. " Elementary School Journal, 86 （2）: 217 – 248.

［33］ Hallinger, P. , & Murphy, J. （1986） "The social context of effective schools. " American Journal of Education, 94 （3）: 328 – 355.

［34］ Hallinger, P. & Walker, A. （2017） "The west wind vs the east wind: Instructional leadership model in China. " Journal of Educational Administration, 55 （2）: 130 – 146.

［35］ Hallinger, P. & Wang, W. C. （2015） "Assessing instructional leadership with the principal Instructional management rating scale. " Dordrecht, Netherlands: Springer.

［36］ Harris, A. , Jones, M. , Cheah, K. S. L. , Devadason, E. , & Adams, D. （2017） "Exploring principals' instructional leadership practices in Malaysia: Insights and implications. " Journal of Educational Administration, 55 （2）: 207 – 221.

［37］ Harris, A. （2014） "Distributed leadership matters: Perspectives, practicalities, and potential. " London: Sage.

［38］ Harris, A. , Leithwood, K. , Day, C. , Sammons, P. & Hopkins, D. （2008） "Distributedd leadership and organizational change: Reviewing the evidence. " Journal of Educational Change, 8: 337 – 347.

［39］ Heck, R. H. , Larson, T. , & Marcoulids, G. （1990） "Instructional leadership and student achievement: Validation of a causal model. " Educational Administration Quarterly, 26 (2): 94 – 125.

［40］Hoy, W. & Hannum, J. (1997) "Middle school climate: An empirical assessment of organizational health and student achievement. " Educational Administration Quarterly, 33 (3): 290 – 311.

［41］Huber, S. (2003) "School leader development: Current trends from a global perspective. " In P. Hallinger (ed.) "Reshaping the landscape of school leadership development: A global perspective. " Liase, Netherlands: Swets & Zeitlinger.

［42］Jawas, U. (2014) "Instructional leadership in indonesian school reform: Local perspectives and practices (unpublished PhD thesis). " University of Canberra, Australia.

［43］Lambert, L. (1998) "Building leadership capacity in schools. " Alexandria, VA: Association for Supervision and curriculum Development.

［44］Lambert, L. (2002) "A framework for shared leadership. " Educational Leadership, 59 (8): 37 – 40.

［45］Leithwood, K. (1994) "Leadership in school restructuring. " Educational Administration Quarterly, 30 (4): 498 – 518.

［46］ Leithwood, K. , Anderson, S. , Mascall, B. , & Strauss, T. (2010) " School leaders' influence on student learning: The four paths. " In T. Bush, L. Bell, & D. Middlewood (eds.) "The principles of educational leadership and management. " London: Sage.

［47］ Leithwood, K. , Begley, P. & Cousins, B. (1990) "The nature, causes and consequences of principals' practices: An agenda for future research. " Journal of Educational Administration, 28 (4): 5 – 31.

［48］Leithwood, K. , Day, D. , Sammons, P. , Harris, A. , & Hopkins, D. (2008) "Sever strong claims about successful school leadership. " School Leadership and Management, 28 (1): 27 – 42.

［49］Leithwood, K. , & Jantzi, D. (2005) "A review of transformational school leadership research 1996 – 2005. " Leadership and Policy in Schools, 4

(3)：177 – 199.

[50] Leithwood, K., Tomlinson, D. & Genge, M. (1996) "Transformational school leadership." In K. Leithwood, J. Chapman, D. Corson, P. Hallinger & A Weaver-Hart (eds.) "International Handbook of Educational Leadership and Administration." New York：Kluwer.

[51] Locke, E. & Latham, G. (1990) "A theory of goal setting and task performance." Englewood Cliffs, NJ：Prentice Hall.

[52] Marks, H., & Printy, S. (2003) "Principal leadership and school performance：An integration of transformational and instructional leadership." Educational Administration Quarterly, 39 (3)：370 – 397.

[53] Murphy, J. (1990) "Principal instructional leadership." Advances in Educational Administration：Changing Perspectives on the School, 1：163 – 200.

[54] Nettles, S., & Herrington, C. (2007) "Revisiting the importance of the direct effects of school leadership on student achievement：The implications for school improvement policy." Peabody Journal of Education, 82 (4)：724 – 736.

[55] Ng, A. Y. M. (2017) "School leadership preparation in Malaysia：Aims, content and impact." Educational Management Administration and Leadership, 45 (6)：1002 – 2020.

[56] Perera, C. J., Adams, D. and Muniandy, V. (2015) "Principal preparation and professional development in Malaysia：Exploring key influences and current practice." In A. Harris and M. Jones (eds.) "Leading Futures：Global Perspectives on Educational Leadership." Sage press, London, 125 – 137.

[57] Purkey, S, & Smith, M. (1983) "Effective schools：A review." The Elementary School Journal, 83 (4)：426 – 452.

[58] Reitzug, U., West, D., & Angel, R. (2008) "Conceptualizing instructional leadership：The voices of principals." Education and Urban Society, 40 (6)：694 – 714.

[59] Robinson, V., Lloyd, C. A. & Rowe, K. (2008) "The impact of leadership and student outcomes：An analysis of the differential effects of leadership

types." Educational Administration Quarterly, 44 (5): 635 – 674.

[60] Robinson, V. (2010) "From instructional leadership to leadership capabilities: Empirical findings and methodological challenges." Leadership and Policy in Schools, 9: 1 – 26.

[61] Southworth, G. (2002) "Instructional leadership and effective primary schools." School Organisation, 10: 3 – 6.

[62] Walker, A. D. & Hallinger, P. (2015) "A synthesis of reviews of research on principal leadership in East Asia." Journal of Educational Administration, 53 (4): 554 – 570.

[63] Weber, J. (1996) "Leading the instructional program." In S. Smith & P. Piele (eds.) "School Leadership, Clearinghouse of Educational management." Eugene, Oregon, 253 – 278.

[64] World Bank (2018) "World development report 2018: Learning to realise education's promise." Washington: World Bank.

[65] York-Bar, J., & Duke, K. (2004) "What do we know about teacher leadership? Findings from two decades of scholarship." Review of Educational Research, 74 (3): 255 – 316.

第八章

分布式领导力：理论和实践

尤克尔（Yukl，2006）将领导力定义为一个影响他人理解并接受需要执行的行动的过程，以及一个促进个体或集体努力实现组织的共同目标的过程。也就是说，领导力是一个过程，在追求共同目标的过程中需要施加影响。

领导力的概念差异取决于它是来自个体还是群体，正如戈隆（Gronn，2002）所解释的，领导者可以是一个个人角色，也可以是许多人共同来扮演。领导过程涉及了一个或者多个具有不同领导水平和影响力的领导者，同时这些领导者的领导水平差异取决于追随者对他们影响力的感知和接受程度。斯皮兰（Spillane，2005）提出，分布式领导是一个由三个部分构成的互动结构，包括领导者、追随者和情境。本章将讨论有关斯皮兰的分布式领导模型的细节特征。

学校领导力正在经历一种从"半神领导"模式走出来的变革，这是一种从将一个组织的责任放在某一个人身上，转变为根据具体的情境在正式领导者和组织成员之间分配领导权的转变。哈里斯（Harris，2003）认为，领导力不再被视为一种个人的职能，而是更多地被看成是一个组织中几个个体之间的一种"分布式"的实践。这个概念在组织管理中起着重要的作用。

分布式领导力的发展

在分布式领导力提出的早期，大多数研究主要是理论假设的凝聚和发展（Bennet et al. , 2005；Harris et al. , 2007；Hopkins and Jackson, 2003；Lashway，2003；Spillane，2006）。分布式领导力的提出为审视领导者和追随者之间的关系提供了一个新的视角。此后，这一概念迅速引起了研究人员、政策制定者、改革者和教育从业者的极大关注和兴趣（Camburn et al.，2003；Heller-Firestone，1995；Copland，2003；Spillane and Zoltner-Sherr，2004）。

根据哈特利（Hartley，2007）的观点，分布式领导力的概念在教育领域中并不罕见，教育领导的重点是在领导活动中创造共同责任，同时减少对单个领导者的能力、技能和资质的关注。哈特利（Hartley，2007）还进一步提出，分布式领导力并没有被直接影响学校表现的实证证据所证明。

1954年，澳大利亚心理学家吉布（Gibb）在他的《社会心理学手册》（*Handbook of Social Psychology*）中首次提出了"分布式领导力"一词，认为其对于各种正式或非正式的团队工作都有重要影响，并探讨了这种影响的运作和过程。在对一个小团体或团队的影响力模式进行衡量时，他将这些影响力区分为集中式和分布式两类领导力。集中式领导力是指一个人为中心的领导活动，而分布式领导是在某些情况下强调在多人下分享领导的领导活动。在他的书的第二版中，吉布更进一步解释了领导者和追随者之间的交互作用：

> 领导者和追随者往往会交换角色，根据这一观点，积极的追随者总是会为领导者触发一些行为，乃至反过来影响领导者（Gibb，1968a）。

根据这一解释，可以得出结论，在需要的时候，会出现不同的领导者。在分布式领导中，每一位新领导者的影响力都不是一成不变的。梅尔尼克（Melnick，1960）用这个术语解释了团队成员对领导者角色的不同看法，分布式领导描述了一种与传统个人集权领导完全相反的一类行为，也被称为层级领导（hierarchy leadership）。

在组织动态方面，"分布式领导"一词已经被用来作为"无老板团队（bossless team）"或"自我管理团队（self-managed team）"的同义词（Barry，1991）。根据这个概念，分布式领导是一个作用和行为的集合体，可以分离、共享、互换和连续使用。因此，在一个组织中可能存在一大批领导者，每一位领导者在工作中相互补充、相互配合，共同承担领导职责。分布式领导模型认为，在每个成员都具有一定领导能力的前提下，促进他们之间的领导行为，在某些时候对组织而言非常必要。

对于分布式领导力来说，有着大量不同的解释，这个概念被定义为一个分布在个人和情境中的领导行为所组成的互动网络。虽然这个词被学术界认为是一个新的专用术语，但是在20世纪80年代末和90年代，一种共享权利的领导力已经在企业组织管理中吸引了大家的注意力。根据霍伊和米斯克尔（Hoy and Miskel，2008）的观点，共享组织领导这一基本理念是一个长期存在的理念，它一直在激发关于教育领导的新知识。这一认知也获得了各种研究的支持，研究也明确了分布式领导、共享领导（shared leadership）、合作领导（cooperative leadership）、民主领导（democratic leadership）和参与式领导（participative leadership）等这些类似概念中存在相同的部分（Wallace，1988；Gastil，1994；Vroom and Jago，1998；Pearce and Conger，2003）。

术语上的矛盾

目前的文献表明，分布式领导力这一术语经常被误用于解释其他形式的领导力实践，如共享领导和协作领导，因此，其真正含义被模糊化（Harris，2013）。一些研究人员认为，分布式领导力的概念中强调权力的分配、专业内部互动、教师的动态化的部分和共享领导力以及教师领导力存在着重叠（Hartley，2007；Sheard，2007；Duignan and Bezzina，2006；Murphy，2005）。

这种在概念上的互换使用意味着分布式领导力的实际操作定义上发生了问题，导致了最终概念定义上的模糊。根据哈里斯和斯皮兰（Harris and Spillane，2008）的说法，这个问题将会导致我们的研究迷失方向，尤其是当分布式领导这个术语被当成一个全面的术语用来解释所有形式的领导共享、领导力的增减时。

尽管如此，斯皮兰（Spillane，2006）和哈里斯（Harris，2005）等学者已经为区分分布式领导力和其他相关的领导力概念而划分了一条清晰的分界线。他们认为，分布式领导力作为一种来源于实践的理论，与其他领导力概念的主要区别在于其领导实践是基于情境的，而不是基于领导个体。

分布式领导力不是围绕着领导者的角色、职能、规范和结构的一种领导实践。哈里斯（Harris，2008）和斯皮兰等（Spillane et al.，2001）对分布式领导力提出了最现代化的解释：分布式领导力可以被理解成一种领导实践，一种根据不同的情境下，在领导者和追随者之间进行领导力分配的实践活动。这个实践的结果是由多个个体之间交互影响的。在厘清了基本概念之后，陆续有三位研究人员对分布式领导的概念框架进行了描述，他们是戈隆（Gronn）、埃尔默（Elmore）和斯皮兰（Spillane）。

戈隆的分布式领导模型

戈隆基于明茨伯格（Mintzberg，1973）和恩格斯托姆（Engestrom，1987）提出的活动理论（activity theory）的概念定义了分布式领导。活动理论是确定分布式领导的影响以及其在协调分工中发挥的作用的一种方法。戈隆之所以选择活动理论，是因为它在解释人类行为与世界之间的关系方面具有重要的意义。分布式领导可能自发地发生，也可能按照某种计划发生。戈隆（Gronn，2000）认为分布式领导是一个群体或相互作用的个人网络的一种新兴属性。在这种情况下，一群拥有专业知识和主动性的人共同努力，将会产生远大于一个人努力的结果。

活动理论的六个要素（规则、主体、工具、对象、劳动分配和社区）在三角形中以相等的距离按比例排列。这些要素始终发挥着中介作用，而不是直接作用，如图8.1所示。这意味着如主体（个体或团体）不会直接与"对象"交互，除非系统中存在"工具"或其他要素，才能够实现预期的效果。活动是集体劳动过程中的一部分。

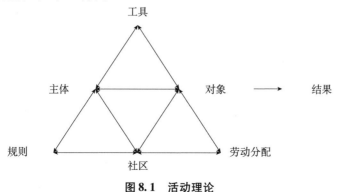

图8.1　活动理论

在体制变革的过程中，领导力也需要重新定义或重组。戈隆（Gronn，2002）描述了三种领导形式：自发协作、直观工作关系和制度化实践。自发协作指一群拥有不同技能、知识或能力的个人，聚集在一起共同完成特定的任务/项目，然后解散。直观工作关系是指两个或两个以上的个体随着时间的推移发展出密切的工作关系，直到"领导力体现在他们的关系所包含的共享角色空间中"。制度化实践代表为促进个人之间的合作而建立的持久的组织结构（如委员会和团队）。

埃尔默的分布式领导力模型

埃尔默（Elmore，2005）将分布式领导力定义为在以提高教学和学校绩效为共同文化的组织中，基于专业知识的多元性的领导力资源。这一定义将领导能力与教学改进和学校绩效结合在了一起。根据埃尔默的说法，每个学校的领导都必须将注意力放在教学的改进上。他认为，相较于个别教师或者某个校领导的单方面推动，只有当学校整体的领导力得到进一步的发展时，才能打造一个优质的教育体系。

埃尔默（Elmore，2000）采用了常规的方法来解释分布式领导力，将其描述为一个简单的领导过程，将每个团队成员的专业知识与手头的情况联系起来。这一模型的两个主要领导任务是，每位领导者必须向来自不同背景的其他领导者解释需要遵循的基础工作，以及领导者必须决定每位成员将如何承担大规模改革的责任。

埃尔默将领导的职能分为 5 类：政策、专业、制度、学校和实践。政策是指领导者制定绩效目标、评价标准和监督实现目标过程等职能；专业被定义为领导者建立一套新的教学实践标准、为教工设计发展规划和探索新组织框架等职责；制度被定义为领导者改进发展战略，为教学提供资源系统和解决非教学问题的职责；学校是指领导者在招聘和评估教师和实施学校激励机制的职能；最后，实践的职能指专业发展评估、学生工作和教师的专业实践等。

埃尔默的分布式领导框架模型基于一个基本假设：为了激发显著的改革，

领导力有必要被分配。这种情况可以通过将领导任务分配给那些拥有相应专业知识的个体来实现，比如教师将尽可能多地参与学校的决策和政策制定过程。埃尔默同时也发现领导力分配给具有不同专长的个人的方式，比领导力本身所谓的功能要更加重要。在这方面，他强调了在决定领导力分配时，能力建设和专业知识的重要性。

埃尔默（Elmore，2002）将分布式领导模型的五个基本原理阐述如下：

1. 领导力的目的是提高教学实践和效果，而不考虑职能。

2. 需要通过不断学习，以确保教学的改进。

3. 学习需要在专门的专业指导和发展下进行。

4. 领导职能和领导活动来自学习和改进所需的专门知识，而不是由体制所限定。

5. 领导权力实践需要问责制和能力的交互作用。

斯皮兰的分布式领导模型

斯皮兰基于他2004年在一个小学进行的一项领导力研究提出了分布式领导力的概念。他的研究表明，分布式领导完全是关于领导力的实践，而不是领导者的职能、功能、惯例或者结构等。

斯皮兰重申了理解分布式领导实践的重要性：这种实践源于学校领导者、追随者和即时的情境之间的一种互动，而不是领导者知识和技能的产物（Spillane，2008）。他还说明了分布式领导力是一种从领导者通过贯彻执行领导任务的能力并将其扩散到追随者的活动（Spillane，2006）。斯皮兰等（Spillane et al.，2004）认同戈隆（Gronn，2000）的观点，认为组织架构是领导者使用人为干涉来处理领导任务的象征，学校的领导包括一系列的个体，包括正式领导者、非正式领导者和追随者。这种观点将分布式领导力的重点从学校领导者和其他正式或非正式的领导者转移到领导者、追随者和具体情境上，从而形成领导实践。

斯皮兰描述了分布式领导的三个重要元素，即领导力的实践、领导者—追随者互动和情境。这种实践是学校领导者、追随者以及日常生活等方面共同互动的产物（Spillane，2006）。

分布式领导力的维度

学者们已经确定了分布式领导的不同维度。例如，埃尔默（Elmore，2002）提出了五个维度：学校的使命、愿景和目标；学校文化；决策；专业评估和发展；领导力的实践。戈登（Gordon，2005）识别出了四个维度：学校文化；学校的使命、愿景和目标；共同责任和领导力的实践。与此同时，戴维斯（Davis，2009）整合了两个测量工具（分布式领导力意愿量表，CSDE，2004；学校领导问卷，密歇根大学，2004），最终区分了7个维度。无论如何，分布式领导力的出现给组织尤其是教育组织带来了极大的推动，将领导职责从某一两个领导者身上分配到了每个成员的身上。

分布式领导力的第一个维度是设定愿景、使命和目标。库泽斯和波斯纳（Kouzes and Posner，2007）将愿景定义为任何一个学校未来的样子。学校领导者需要提出一个所有利益相关者都能理解的学校愿景。这个愿景就像领航员一样操纵着学校作出的每一个决定。为了实现学校的使命，领导者需要与员工合作，建立基于现实的、具有挑战性和可实现的目标。在以学生为中心的基础上，通过不断追逐明确而现实的教育目标，以实现学校的使命和愿景。

团队成员应该分享相同的愿景，并在信任的气氛下合作，以实现共同的目标，这就能提升学生成就。了解学校使命和愿景的教师会更加珍惜承担领导责任的机会。正如莱斯伍德和蒙哥马利（Leithwood and Montgomery，1982）发现的，教师参与学校目标的制定会促使他们作出有意义的贡献。

第二个维度与学校文化有关。文化就是一群人的生活方式、习俗、行为方式和传统等（Saphier and King，1985）。学校文化指的是使学校发挥作用的这类因素，包括信仰、价值观、行为习惯等，这些因素塑造了每个学校成员的思维、情感和行动。瑟基维安（Sergiovan，2000）将文化描述为学校中所有事物的黏合剂。因此，教育机构的文化应该与组织的愿景、使命和目标保持一致。

学校文化具体包括管理者与教师之间的合作，以形成和发展学校的愿景、使命和目标相一致的组织文化。尽管学校文化各不相同，但是这些维度仍然是有效的分布式领导力实践中不可或缺的部分（Stolp and Smith，1994），因为它们有助于保持愿景、使命和目标的共享。

第三个维度是共享领导。分布式领导鼓励组织成员共同分担责任。埃尔默（Elmore，2000）建议教育者倾向于获得特定技能的专业知识，在现实中，有一些教师由于个人兴趣，他们的技能、经验或者知识在某些领域是有效的。在这种情况下，这些教师将有机会在学校的这些领域去发挥一部分的领导作用，以承担共同的领导职责。

第四个维度与领导实践相关。领导权力的分配将提升员工的生产力。学校领导者有提升组织内部成员技能和知识、创造相同的文化期望、鼓励有效的人际关系等责任，并且需要让学校的每一个成员都明白自己对学校的共同使命所负有的个人责任。哈里斯（Harris，2003）得出的结论是，领导力的分配意味着学校领导者利用组织中的每个人的个人能力，去发展他们的领导潜力。

学校领导者的角色定位

为了解分布式领导力实践的重要性，为其开发一个理论框架是非常有必要的。研究者通过对领导活动的分析，从分布式领导力的视角进行了探索，为学校领导者在领导实践中的理解和应用提供了案例（Spillane et al.，2006）。通过识别领导力实践的维度并审视它们之间的关系，分布式领导的理论框架将帮助领导者修改他们的实践模式。以下阐述了分布式领导力视角下的学校领导者的作用。

通过愿景、任务和目标准备清晰的指示

哈里斯（Harris，2005）在对一所小学研究时发现，在一个追求共同目标且相互信任的环境中，分布式领导团队共享愿景、协同工作水平和学生成绩相关。制定学校的目标，并且将这些目标分享给学校的所有成员，有助于保持重点和观点、设置优先级、改善员工绩效和提升工作满意度。有效的领导者会在设定新的目标之前重新评估目标，并对教师和员工的任何出色的工作给予反馈或者认可。哈贝格（Habegger，2008）在对高水平学校进行的研究中发现，尽可能清晰地向学校的所有成员宣传学校的愿景是最重要的。

打造积极的校园文化

有效的领导者了解打造积极校园文化的重要性，不论是鼓励学生学习还是加强师生关系。已有研究表明，实行分布式领导的领导者一直在努力营造积极的学校文化（DuFour and Eaker，2006）。研究发现，在高水平的学校中，学校氛围通过内外部要素的互动来促进对教师的赋权（Karns，2005）。

杜福尔和埃克（DuFour and Eaker，2006）认为，积极的学校文化氛围体现了学校的共同愿景（价值观）、教学协作能力、持续改进能力、强大的专业学习社区、高度的集体责任感（学生学习）、良好的人际关系、赋权教师以及家长和社区的参与。

做好一个教学促进者

作为教学领导者，学校领导者应意识到教师对学生成就的重要影响（Harris et al.，2017；Hallinger et al.，2018）。因此，学校领导者应该设立明确的教学愿景，并与教师达成共识、进行协作，监督整个教学过程，鼓励教师的专业发展。教师应被赋予一定的自主权，以确保教学方案能够达到预期效果。路易斯等（Louis et al.，2010）研究发现，学校领导者在提升学生成绩方面总是面临挑战，因此，提高教学实践和实现共享领导应是学校的终极目标。

营造信任的氛围

研究人员已经确定"信任"是分布式领导中最关键的元素，因为它将协作、沟通和反馈等核心元素紧密联系在一起（MacBeath，2009；Smylie et al.，2007）。一项对加州一所学校的研究表明，校长通过创造机会并提供结构性支持，鼓励教师参与领导（Chrisman，2005）。这种鼓励体现在数据评估、行动研究、政策裁决和指导等方面。

学校领导者全面参与领导力分配的效果可以通过学生成绩的变化来体现。为了成功实施分布式领导，学校领导者需要了解现行教育制度，支持并协助其实施，通过激发个人或组织的承诺来显著提升学生成就。当学校领导者让更多人参与决策时，会触发一种归属感，从而提升参与者的组织承诺（Harris，

2008；Leithwood et al.，2007）。

教师领导力的作用

斯皮兰（Spillane，2006）将分布式领导定义为学校中的领导者与追随者在特定情境下（包括工具、工作程序、组织和文化结构）的互动行为。分布式领导的核心是能够支持学校领导的教师。传统上，教师领导力既可以是正式的，也可以是非正式的（Adams et al.，2018）。正式领导者如校长、副校长、学院领导和部门负责人等在学校中扮演重要角色。然而，不可忽视的是，教师领导力在分布式领导中所发挥的以下作用。

（一）教师领导者

由于教师对学生表现具有重要影响，学校应当培养教师的领导力，以提升学生的学习效果（Adams et al.，2018）。在这种情况下，领导责任并不是直接赋予教师（Harris，2008；Leithwood et al.，2004；Spillane，2006），而是通过多种方式分配给他们。当教师分享专业知识、积极参与新项目，并与同事分享实用的想法时，他们的领导行为就在学校中得以体现。

根据杜克等（Duke et al.，1980）的研究，教师参与决策使学校更加民主。教师参与领导讨论，意味着他们在学校中逐渐承担更多的领导责任，并积极发挥作用。这不仅有助于教师个人的专业发展，也提升了学校的整体决策质量和执行力。

（二）作为教学领导者的教师

教师一般是根据其专业知识和职位被选择担任教学领导者的。作为教学方面的专家，教师领导者探索基于课堂的研究，并应用这些知识来指导和帮助同事们开展有效的教学工作。教师领导者不断提升他们在教学策略方面的知识，并不断在学校中分享这些知识。

（三）专业学习社区的促进者

专业的教师领导者通过培养员工之间的关系，以及发展教师和学生的学习能力，与学习社区中的其他教师协同开展工作。

（四）课程的协调者

教师领导者与其他教师之间的互动与协调，可以增强教师解决教学问题的能力和信心。

在实际操作中，分布式领导主要关注教师作为领导者的作用，而不是具体的领导职位或职责。它是一种共享的、集体的和扩展的领导实践，能够有效提升学生的学习效果。通过激励教师和利用学校各层级的专业知识，分布式领导创造了更多变革机会，从而提高了学校的整体水平。

分布式领导强调相互依赖的互动和集体实践，而不是仅仅依靠那些拥有正式领导职位或职责的个人独立行动。

学校中分布式领导力的意义

现有的研究集中探讨了分布式领导力在教学过程（Leithwood et al.，2009）、学校发展、组织变革、教师领导力和学校领导力（Harris，2011）中的潜在影响和结果。仅靠政策和行政命令是无法满足学校需求的，单凭学校领导者自身的力量也难以实现教育系统的变革。随着社会的变化，教育机构需要更成熟的领导者（Fullan，2001），他们不仅要专注于教师能力的培养和发展，还需为教师提供领导机会，以适应社会的不断变化，并持续推动创新。

研究表明，分布式领导力对教师有显著的积极影响。例如，在合作、教师授权、决策、学校承诺、更好的专业发展、更有效的教学实践、教师的学术信心和动机以及学生的成功等方面，分布式领导力都发挥了积极作用（Barth，2001；Harris，2003；Hoy et al.，2006b；Spillane，Halverson and Diamond，2001）。哈尔皮亚等（Hulpia et al.，2009）发现，那些在学校中具有高组织承诺的教师通常是实践分布式领导力的教师。

分布式领导是教师和学校领导者之间共享领导的一种模式（Spillane，2005）。马尔扎诺等（Marzano et al.，2005）认为，将领导力分配到组织的各个层面对于推进重大变革至关重要。莱斯伍德等（Leithwood et al.，2006）认为，广泛分布的学校领导力对学习有着显著的影响。领导力不再是某一个人的责任，而是分散到许多人的身上（Jones et al.，2015），学校任务的完成是多个领导者（上下级）相互作用的结果。

分布式领导力不再仅关注领导者的特质，而是创建一个有利于共享学习和发展领导能力的环境。在学校各层级分配领导力，不仅有助于保持领导地位，还能促进整个学校的共同发展。

可能影响分布式领导力的因素

（一）促进技能

为了在学校有效实施分布式领导力，学校领导者需要明确学校的主要目标，如怎样提升学生的学习效果，并据此合理分配教师的权力。为了实现这些目标，学校领导者须具备促进教师领导能力培养的技能。学者们认为，在学校的有效进步或改革过程中，专业教师的参与是必不可少的。这些致力于提高学生学习能力的教师应该有机会参与学校的领导，而不仅是依靠行政团队来领导。

将领导权力分配给教师，赋予他们领导责任，往往能显著提升学生的学习效果。如果教师能有足够的创新空间，并获得发展的机会，那么他们将能从领导力的分配中进一步学习和成长，最终提升学校整体的教育质量。通过这种方式，学校不仅能促进教师专业发展，还能为学生的成长提供更好的支持。

（二）合作的机会

国家教学与美国未来委员会（NCTAF）在1996年的报告中指出，学校需要发展成为教师有机会合作并被视为专业人士的中心。杜福尔和埃克（DuFour and Eaker，1998）也支持这一观点，他们建议学校应成为专业学习社区的基地，让教师参与到学校改进的各个方面。要打造真正意义上的专业学习社区（professional learning community），学校领导必须将教师视为共同领导者，而非仅仅是下属。

分布式领导的方法契合了当前学校领导模式的趋势，即更加民主和共享。

莱斯伍德等（Leithwood et al., 2011）解释说，领导者应该"表现出对伟大学校社区的参与，并通过建立集体和个人能力来创造鼓励教师赋权和领导的情境"。

优秀的学校领导通常会分派责任，并组成团队来协助学校管理。这种方法是一种横向领导的形式，即领导力在组织成员之间共享。组织的影响力和决策是通过多个个体的相互作用，而不是单一领导者的指令来实现的。

（三）学校领导的支持

尽管分布式领导强调将领导权力分配给整个组织，但学校领导者仍然拥有决策权，并对学校负有最终责任。叶海亚·唐等（Yahya Don et al., 2015）研究表明，学校领导者是学校结构和文化的主要规划者。如果没有学校正式领导者的充分和积极支持，分布式领导既无法发展也无法持久（Harrison, 2005）。

现有文献表明，担任正式领导职务的人对学生学习有直接影响，同时也显著影响组织内部的学习支持情况（Harris, 2008；Leithwood and Mascall, 2008）。布什（Bush, 2011）认为，正式领导者是变革的关键，因为他们能够鼓励或阻止任何人抓住机会进行创新或变革。高绩效组织中的正式领导者通常会充分利用内部专家，为具备专业知识的个人提供变革和发展的机会和责任（Adams et al., 2017）。

（四）学校系统

在一个中央集权、等级分明的教育体系中，赋权过程具有挑战性。从教师到行政人员，往往认为对政策和程序的严格控制可能妨碍有效变革。学校管理系统中的各级权力和权威不应被视为真正的官僚主义，而是应该允许学校成员设计自己的工作结构。

（五）信任和文化

分布式领导实践可以培养出更多知识渊博的员工，这些员工不仅会维护信任和学校文化、价值观，还会主动改善教育成果。知识和责任的分配以及正式或非正式的指导角色能够通过努力保护人才不流失。

其他关于分布式领导的研究也有不同的发现。梅罗维茨（Mayrowetz，2008）以及马克和路易斯（Mark and Louis，1997）研究发现，分布式领导可能对组织产生负面影响。梅罗维茨（Mayrowetz，2008）进一步解释说，尽管教师在某些领域具备知识和专业技能，但这并不保证他们在被赋予领导责任时能成为有效的领导者。尽管如此，埃尔默（Elmore，2000）认为，分布式领导在加强学校改革和教学改进方面仍发挥着重要作用。

章节小结

分布式领导是指在组织中通过传播领导力，将其分配给被认为是相关领域专家的成员。当领导权被分配后，这些被赋权的成员被视为领导者，而未被赋权的成员则成为追随者。两者在组织的具体情境中相互作用，引导任务的完成并实现组织目标。在这种领导权分配的模式下，承担共同责任的成员将在良好的学校文化中协同工作。

在持续学习的氛围中，领导者和追随者都迫切需要改进教学实践。分布式领导的存在使教师能够发挥领导作用。关键在于如何培养教师成为领导者，使他们在分布式领导体系中发挥教学领导者的作用。这不仅有助于他们在专业学习中不断提升教学表现，还使他们能够担任协调者的角色，从而推动整体教育质量的提升。

通过分布式领导，教师不仅是执行者，还是积极的参与者和领导者。他们通过分享专业知识、参与新项目以及与同事交流实用的想法，间接提升了教学效果和学校整体水平。这样一种互动和协作的模式，不仅有助于教师自身的发展，也为学生的学习成果提供了坚实的支持。

阅读思考

1. 什么是分布式领导？在学校系统中表现为什么样子？用文字或图表描述存在于大多数学校中的典型分布式领导模式。

2. 分布式领导能否影响教师的决策？如果能，是怎么影响的？

3. 学校文化是如何与分布式领导理论联系起来的？在组织系统中，应该通过什么激励措施来鼓励人们参与分布式领导团队？

4. 你认为在21世纪，领导一所学校需要什么新技能？

参考文献

[1] Adams, D., A. Samat, S., & Abu Samah, H. (2018) "Teacher leadership: Going beyond classroom." International Online Journal of Educational Leadership, 2 (1): 1 – 3.

[2] Adams, D., Raman Kutty, G., & Mohd Zabidi, Z. (2017) "Educational leadership for the 21st century." International Online Journal of Educational Leadership, 1 (1): 1 – 4.

[3] Anderson, S. E., Moore, S., & Sun, J. (2009) "Positioning the principals in patterns of school leadership distribution." In Leithwood K., Mascall B., Strauss T. (eds.) "Distributed Leadership According to the Evidence." London: Routledge, 111 – 136.

[4] Ban Al-Ani, A. H., & Bligh, M. C. (2011) "Collaborating with 'virtual strangers' towards developing a framework for leadership in distributed teams." Leadership, 7: 219 – 249.

[5] Barth, R. S. (2006) "Improving relationships within the schoolhouse." Educational Leadership, 63 (6): 8 – 13.

[6] Barnett, K., McCormick, J., & Conners, R. (2000) "Leadership behaviour of secondary school principals, teacher outcomes and school culture." The Australian Association for Research in Education Annual Conference, Sydney, 12 (4).

[7] Bennet, N., Wise, C., Woods, P., & Harvey, A. J. (2003) "Distributed leadership in action: A study of current practice in schools." Nottingham: National College for School Leadership.

[8] Brown, K. M., Anfara, V. A., & Roney, K. (2004) "Student

achievement in high performing, suburban middle schools and low performing, urban middle schools: Plausible explanations for the differences. " Education and Urban Society, 36 (4): 428 – 456.

[9] Coleman, M. (2012) "Leadership and diversity. " Educational Management Administration & Leadership, 40: 592 – 609.

[10] Dimmock, C. (2012) "Leadership, capacity building and school improvement: Concepts, themes and impact. " Routledge, New York.

[11] DuFour, R. , & Eaker, R. (1998) "Professional learning communities at work: Best practices for enhancing student achievement. " Bloomington: National Educational Services.

[12] Duke, D. , Shower, B. , & Imber, M. (1980) "Teachers and shared decision making: The costs and benefits of involvement. " Educational Administration Quarterly, 16: 93 – 106.

[13] Elmore, R. (2000) "Building a new structure for school leadership. " Washington: The Albert Shanker Institute.

[14] Elmore, R. (2002) "Hard questions about practice. " Educational Leadership, 59 (8): 22 – 25.

[15] Elmore, R. F. (2005) "Accountable leadership. " The Educational Forum, 69 (2): 134 – 142.

[16] Engel-Silva M. , R. (2009) "The role of distributed leadership in quality educational organisations. " Doctoral Dissertation.

[17] Fullan, M. (2001) "The new meaning of educational change. (3rd ed.). " Columbia University: Teachers College Press.

[18] Fullan, M. (1998) "Leadership for the 21st century: Breaking the bonds of dependency. " Educational Leadership, 55: 6 – 11.

[19] Fullan, M. , & Hargreaves, A. (1996) "What's worth fighting for in your school?" Revised Edition. New York: Teachers College Press.

[20] Givens, K. , L. (2013) "A new look at distributive leadership in title I and non-title I schools: Does distributive leadership impact student achievement and

school culture?" Doctoral Dissertation. Florida Atlantic University.

［21］Goddard, R. D., Hoy, W. K., & Tschannen-Moran, M. (2001) "A multilevel examination of the distribution and effect of teacher trust in students and parents in urban elementary schools. " The Elementary School Journal, 102 (1): 3 – 17.

［22］Gordon, Z. V. (2005) "The effect of distributed leadership on student achievement. " Doctoral Dissertation. Central Connecticut State University.

［23］Gronn, P. (2008) "The future of distributed leadership". Journal of EducationalAdministration, 46: 141 – 158.

［24］Gronn, P. (2002) "Distributed leadership as a unit of analysis. " The Leadership Quarterly, 13: 423 – 451.

［25］Habegger, S. (2008) "The principal's role in successful schools: Creating a positive school culture. " Principal, 87 (6): 42 – 46.

［26］Hallinger, P., Adams, D., Harris, A., & Suzette Jones, M. (2018) "Review of conceptual models and methodologies in research on principal instructional leadership in Malaysia: A case of knowledge construction in a developing society. " Journal of Educational Administration, 56 (1): 104 – 126.

［27］Hallinger, P. (2011) "A review of three decades of doctoral studies using the principal instructional management rating scale: A lens on methodological progress in educational leadership. " Educational Administration Quarterly, 47 (2): 271 – 306.

［28］Hallinger, P., & Heck, R. (1996) "The principal's role in school effectiveness: A review of methodological issues, 1980 – 1995. " In K. Leithwood, J. Chapman, D. Corson, P. Hallinger, & A. Weaver-Hart (eds.) "The international handbook of educational leadership and administration. " 723 – 784, New York: Kluwer.

［29］Harris, A., Jones, M., Cheah, K. S. L., Devadason, E., & Adams, D. (2017) "Exploring principals' instructional leadership practices in Malaysia: Insights and implications. " Journal of Educational Administration, 55 (2):

207 – 221.

［30］Harris, A. （2013）"Distributed leadership: Friend or foe?" Educational Management Administration and Leadership, 41: 545.

［31］Harris, A. （2012）"Distributed leadership: implications for the role of the principal?" Journal of Management Development, 31 （1）: 7 – 17.

［32］Harris, A. , & Spillane, J. （2008）"Distributed leadership through the looking glass. " British Educational Leadership, Management & Administration Society, 22: 31 – 34.

［33］Harris, A. （2008a）"Distributed Leadership: According to the evidence. " Journal of Educational Administration. 46 （2）: 172 – 188.

［34］Harris, A. , Leithwood, K. , Day, C. , Sammons, P. , & Hopkins, D. （2007）"Distributed leadership and organisational change: Reviewing the evidence. " Journal of Education Change, 8: 337 – 347.

［35］Harris, A. （2005）"Reflections on distributed leadership. " Management in Education, 19 （1）: 10 – 12.

［36］Harris, A. （2002）"Effective leadership in schools facing challenging contexts. " School Leadership & Management, 22 （1）: 15 – 26.

［37］Harris, A. （2002b）"Distributed leadership in schools: Leading or misleading?" Educational Leadership and Management, 16 （5）: 10 – 13.

［38］Hartley, D. （2007）"The emergence of distributed leadership in education: Why now?" British Journal of Educational Studies, 55 （2）: 202 – 214.

［39］Heck, R. H. , & Hallinger, P. （2009）"Assessing the contribution of distributed leadership to school improvement and growth in math achievement. " American Educational Research Journal, 46: 659 – 689.

［40］Hoy, W. K. , & Miskel, C. G. （2008）"Educational administration: Theory, research and practice （8th ed.). " New York: McGraw Hill.

［41］Hoy, W. K. , & Tschannen-Moran, M. （1999）"Five faces of trust: An empirical confirmation in urban elementary schools. " Journal of School Leadership, 9 （3）: 184 – 208.

［42］ Hoy, W. K. & Sweetland, S. R. （2001） "Designing better schools: The meaning and measure of enabling school structures." Educational Administrative Quarterly, 37 （3）: 296 – 321.

［43］ Hoy, W. K. , & Smith, P. A. （2007）"Influence: A key to successful leadership." The International Journal of Educational Management, 21: 158 – 167.

［44］ Jacobson, S. （2011） "Leadership effects on student achievement and sustained school success." International Journal of Educational Management, 25: 133 – 144.

［45］ Jamallulail Abdul Wahab, Aida Hanim A. Hamid, Surayati Zainal, & Md Fuad MdRafik. （2013） "The Relationship between headteachers' distributed leadership practices and teachers' motivation in national primary schools." Asian Social Science, 9 （16）: 161 – 167.

［46］ James, A. J. E. , & R. Balasandran （2009） "Kepimpinan Instruksional: Satu Panduan Praktikal." Kuala Lumpur: PTS Professional.

［47］ Jones, M. , Adams, D. , Hwee Joo, M. T. , Muniandy, V. , Perera, C. J. , & Harris, A. （2015） "Contemporary challenges and changes: Principals' leadership practices in Malaysia." Asia Pacific Journal of Education, 35 （3）: 353 – 365.

［48］ Leithwood, K. , & Jantzi, D. （1999） "Transformational school leadership effects: Areproduction." School Effectiveness and School Improvement, 10: 451 – 479.

［49］ Leithwood, K. , & Jantzi, D. （2000） "The effects of transformational leadership on organisational conditions and student engagement." Journal of Educational Administration, 38 （2）: 112 – 129.

［50］ Leithwood, K. , Louis, K. S. , Anderson, S. , & Wahlstrom, K. （2004） "How leadership influences student learning." Minneapolis: Center for Applied Research and Educational Improvement.

［51］ Leithwood, K. , Mascall, B. , Strauss, T. , Sacks, R. , Memon, N. , & Yashkina, A. （2007） "Distributing Leadership to Make Schools Smarter:

Taking the Ego Out ofthe System. " Leadership and Policy in Schools, 6 （1）：37 – 67.

［52］ Leithwood, K. , & Mascall, B. （2008）"Collective leadership effects on student achievement. " Educational Administration Quarterly, 44 （4）：529 – 561.

［53］ Leithwood, K. , Jacobson, S. L. , & Ylimaki, R. M. （2011）"Converging policy trends. " In R. M. Ylimaki & S. L. Jacobson （eds. ）"U. S. and cross-national policies, practices, and preparation: Studies in educational leadership, . " 17 – 28, Dordrecht, Netherlands: Springer.

［54］ Leung, K. , B. （2008）"The scope and pattern of distributed leadership and its effects on organizational outcomes in Hong Kong secondary schools. " Doctoral Dissertation, The Chinese University of Hong Kong.

［55］ Louis, K. （2007）"Trust and improvement in schools. " Journal of Educational Change, 8 （1）：1 – 24.

［56］ Lumby, J. , & Morrison, M. （2010）"Leadership and diversity: Theory and research. " School Leadership and Management, 30 （1）：3 – 17.

［57］ Malloy, J. P. （2012）"Effect of distributed leadership on teachers' academic optimism and student achievement. " Doctoral thesis, University of Toronto.

［58］ Marzano, R. , Waters, T. , & McNulty, B. （2005）"School leadership that works. " Alexandria, VA: Association for Supervision and Curriculum Development.

［59］ Mascall, B. , Leithwood, K. , Strauss, T. , & Sacks, R. （2008）"The relationship between distributed leadership and teachers' academic optimism. " Journal of Educational Administration, 46 （2）：214 – 228.

［60］ Morrison, K. （2002）"School leadership and complexity theory. " London: Routledge Falmer.

［61］ National College for School Leadership （NCSL）（2001）"Think tank report to governing council. " Nottingham: NCSL.

［62］ Neuman, M. , & Simmons, W. （2000）"Leadership for student learning. " Phi DeltaKappan, 9 – 12.

［63］Onukwugha, P. , I. （2013）"Distributed leadership in schools, teacher practices, and student learning. " Doctoral Dissertation, Grand Canyon University.

［64］Owens, R. （2001）"Organisational behavior in education: Instructional leadership and school reform. " Needham Heights, MA: Allyn and Bacon.

［65］Phillips, D. , R. （2013）"Distributed leadership and the academic performance of international baccalaureate（IB）world schools. " Doctoral dissertation, Keiser University.

［66］Pounder, D. G. , Ogawa, R. T. , & Adams E. , A. （1995）"Leadership as an organisationwide phenomenon: Its impact on school performance. " Educational Administration Quarterly, 31（4）: 564 – 588.

［67］Ross, J. A. , & Gray, P. （2006）"School leadership and student achievement: The mediating effects of teacher beliefs. " Canadian Journal of Education, 29（3）: 798 – 822.

［68］Shorter, P. M. , & Greer, J. , T. （1997）"Leadership in empowered schools: Themes from innovative efforts. " Columbus, OH: Prentice-Hall.

［69］Silins, H. , & Mulford, B. （2002）"Leadership and school results. " In K. Leithwood, & P. Hallinger（eds. ）"Second International Handbook of Educational Leadership and Administration. ", 561 – 612.

［70］Spillane, J. P. （2005）"Distributed leadership. " The Educational Forum, 69: 143 – 150.

［71］Spillane, J. P. , Halverson, R. , & Diamond, J. B. （2004）"Towards a theory of leadership practice: A distributed perspective. " Journal of Curriculum Studies, 36: 3 – 34.

［72］Tschannen-Moran, M. , & Hoy, W. （1998）"Trust in schools: A conceptual and empirical analysis. " Journal of Educational Administration, 36（4）: 334.

［73］Wahlstrom, K. L. , & Louis, K. S. , （2008）"How teachers experience principal leadership: The roles of professional community, trust, efficacy, and shared responsibility. " Educational Administration Quarterly, 44（4）: 458 – 495.

［74］Yahya Don, Arumugam Raman & Yaakob Daud（2015）"Educational leadership competencies and Malaysia Education Plan, 2013 – 2025. " Humanities and Social Sciences Review, 4（3）: 615 – 625.

［75］York-Barr, J. , & Duke, K. （2004）"What do we know about teacher leadership? Findings from two decades of scholarship. " Review of Educational Research, 74（3）: 255 – 316.

［76］Yukl, G. , A. （2006）"Leadership in organisations（6th ed. ）. " Upper Saddle River: Prentice Hall.

［77］Yukl, G. , A. （1998）"Leadership in organisations（4th ed. ）. " Englewood Cliffs, NJ: Prentice Hall.

第九章

家长式领导力：东方魅力

在如同漫天繁星的领导力理论中，一个来自东方的领导力概念正在悄然萌发。经过漫长的探索，来自香港的樊景立教授和台湾的郑伯埙教授根据中国传统文化共同概念化了家长式领导力（Farh and Cheng，2000）。这是"一种在人治的氛围下，表现出如严父一般严明的纪律和权威，又具备慈母一般的仁慈和博爱，同时又兼具高尚的道德和廉洁"（Farh and Cheng，2000）的领导方式。

虽然家长式领导力与西方的变革型领导力、交易型领导力等主流理论相比，相关研究相对较少，但自提出以来，其理论影响力与应用范围不断扩大，展现出蓬勃发展的态势（Pellegrini and Scandura，2008）。随着这一源自东方的领导理论逐渐受到关注，越来越多的学者开始探讨其在教育领域中的应用潜力，以及其在解释教育管理者行为方面的独特价值。

家长式领导力的涌现

在过去的几十年中，学者们普遍认为，领导力作为一种全球现象，其表现与内涵深受文化背景的影响，并深深植根于各自的文化之中。在不同文化中，领导力的内涵与效果往往有显著差异（Chemers，1993；Hofstede，1980）。为此，一个名为 GLOBE（全球领导与组织行为效能）的大型跨文化项目于 2002 年启动，开始进行一系列跨区域的领导力研究（House et al.，2002）。这些研究发现，领导行为与领导效能不仅受到国家层面的文化差异影响（Javidan et al.，2006），甚至还受到个体文化偏好的影响（House et al.，2004）。

基于这些发现，学者们不得不在不同文化背景下重新审视领导理论的适用性与解释力。例如，李超平和时勘（2003；2005）在中国进行的一系列研究表明，无论是变革型领导力还是交易型领导力，在中国情境下的有效性显然不足。这促使研究者们开始探索更适合东方文化背景的领导力理论，其中家长式领导力便是一个重要的发展方向。

　　家长式领导力理论的萌芽源自三项关于中国大型家族企业领导者的定性研究（Cheng et al.，2006；Redding and Hsiao，1990；Silin，1976）以及一项理论研究（Westwood，1997）。在中国，组织通常被视为家庭，而组织中的领导者则被视为家庭中的家长。马克思·韦伯（Max Weber，1947；1968）认为，家长制作为一种传统统治体系，其权威来自追随者对领导者的服从，这种权威往往源于家庭模式（Pellegrini and Scandura，2008）。

　　然而，随着现代学者对亚洲领导者的深入研究，越来越多的学者开始质疑韦伯对家长制领导的纯粹威权观点。雷丁（Redding，1994）认为，家长式领导者不仅行使威权，还为下属提供支持、保护和关怀。辛哈（Sinha，1990）对印度的研究也发现了类似的现象：家长式领导者的"仁爱"行为源于传统社会中与父亲形象相关的价值观，这些价值观要求领导者具备"养育、关怀、可靠、权威、严格和纪律性"等要素。

　　随着家长式领导研究的深入，研究者逐步提出了两种不同的观念，这些观念尽管各有侧重，但并不互相矛盾。以艾詹（Aycan，2006）为代表的一派，基于行为和潜在意图，将家长式领导力区分为四种独立的领导风格：仁慈的家长式领导力、剥削的家长式领导力、专制领导力和权威领导力，如图9.1所示。

　　另一派则以樊景立、郑伯埙和其他学者为代表。郑伯埙（Cheng，1995）通过研究中国台湾地区企业高管的领导行为，发现家长式领导力具有两种普遍行为：立威和施恩，并据此建立了威权-仁慈二元家长式领导力模型。在雷丁（Redding，1990）和西琳（Silin，1976）等研究的基础上，结合郑伯埙（Cheng，1995）的模型，樊景立和郑伯埙（Farh and Cheng，2000）从文化分析角度，将德行领导力独立出来，提出了由威权领导、仁慈领导和德行领导三个维度组成的家长式领导力模型，也就是目前学界普遍认可的"三合会"模

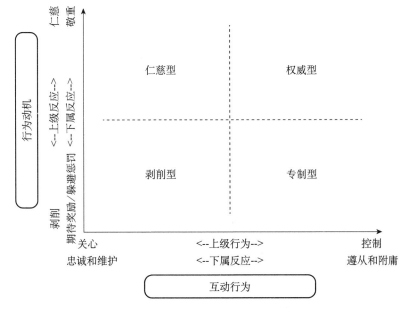

图9.1 家长式领导的四象限概念模型

资料来源：艾詹（Aycan, 2006）。

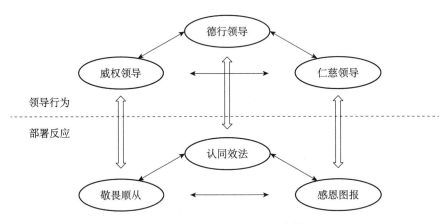

图9.2 家长式领导的三维概念模型

资料来源：樊景立和郑伯埙（Farh and Cheng, 2000）。

型，如图9.2所示。

几千年来，中国人推崇的"家文化"已经深深浸润了各类组织机构，包括成功的大型企事业单位。在中国的家庭中，父母被视为绝对的、强而有力的领导者；这种观念也延伸至中国的组织管理中，人们期望领导者能够"扮演"或承担"父母"角色（Westwood，1997）。基于这一认识，有必要深入理解家长式领导力不同维度的作用机制。

根据郑伯埙（Cheng，1995；1996）的研究，中国组织中的家长式领导具有两种主要行为类型：立威和施恩，这也构成了家长式领导力的两个重要维度：威权领导和仁慈领导。

威权领导

威权领导包括领导者通过强调个人权威和支配下属来建立威信的行为（Cheng et al.，2000）。具体而言，领导者的立威行为包括专权作风、贬低下属能力、形象整饰和教诲行为，与之相对应的是下属的顺从、服从、敬畏和羞愧行为。

仁慈领导

仁慈领导则通过个别照顾和维护下属面子的方式展现出来（Farh and Cheng，2000；Cheng et al.，2000）。郑伯埙（Cheng，1995）强调，这种仁慈不同于西方文献中的体恤（Fleishman，1953；Stogdill，1974）和支持领导力（Bowers and Seashore，1966；House and Mitchell，1974）。体恤指的是领导者表现出友善与支持下属的程度，强调对下属的关怀和重视其福祉；支持领导力则更强调领导者关心下属需求与感受的程度（Yukl，1998）。

然而，家长式领导力的仁慈维度不仅限于工作情境，甚至会扩展到下属的私人生活。此外，这种对下属的施恩行为具有长期性，同时体现出宽容与保护的特质（Cheng et al.，2000）。值得注意的是，仁慈领导的施恩行为通常发生在权力距离较大的前提下，这也引出了家长式领导力的另一个核心维度：德行领导。

德行领导

尽管郑伯埙在 2000 年之前的研究中未将德行领导单独划分出来，但这并不意味着德行领导不重要。相反，樊景立和郑伯埙（Farh and Cheng，2000）

的共同研究发现，在传统的施恩和立威框架中，领导者的德行与操守被视为理所应当的素质，因而常被忽略。然而，在华人社会中，理解伦理价值是理解人们行为的首要前提（Redding，1990）。韦斯特伍德（Westwood，1997）进一步指出，在中国组织中，德行领导具有双重意义：领导者不仅要展现符合规范与公德的行为，成为他人表率，还要明确所有领导行为的目的在于追求集体利益，而非个人利益。

新的定义

樊景立和郑伯埙（Farh and Cheng，2000）提出的家长式领导力定义已经过去 20 余年，逐渐显现出一些问题。例如，"人治的氛围"容易与差序式领导力的定义混淆（林姿莹等，2017；姜定宇和张菀真，2010）；而"父亲般的仁慈"则可能导致误解，认为家长式领导力仅适用于男性领导者。为此，林姿莹等（2014）在原有定义的基础上，进一步修订为："在关系主义的氛围下，显现出严明的纪律与角色权威，长辈般的提携照顾和道德模范感化的领导方式，以维系上下位者之间的角色秩序和集体和谐。"

教育机构中的家长式领导

在过去的 20 年中，研究者们通过大量实证研究证实，家长式领导力作为一种源自中国传统儒家文化的领导理论，不仅在中国情境下表现出色（Westwood，1997），在许多西方文化背景下也被验证具有有效性（Aycan，2000）。然而，现有的研究大多集中在商业、银行业等领域，关于家长式领导力在学校教育情境中的研究相对较为匮乏（Min et al.，2022）。因此，未来需要在教育领域中进行更多的探索，以进一步理解家长式领导力在这一特定情境中的作用和影响。

在土耳其，德利斯和柯斯对学校管理者的家长式领导实践与学校效能之间的关系进行了验证，研究结果表明，这种领导风格有助于提升学校效能（Delice and Kose，2021）。同样，学者们在墨西哥和美国也对家长式领导力的有效性进行了跨文化验证，评估了其在不同文化背景下的表现差异（Pellegrini and

Scandura，2008）。此外，斯泊萨托（Sposato，2019）指出，随着全球化进程的加速，理解家长式领导力对在不同文化背景下工作的员工至关重要，特别是在教育领域，领导者需要能够适应多样化的文化环境。

在教育机构中，校长作为领导者的角色至关重要，他们的家长式领导力实践被认为在学校管理中最为有效（Cerit，2013）。近年来，随着教育环境的不断变化，教师感受到的压力日益增加，教师的职业倦怠也成为学术界关注的焦点（Zivcicova and Gullerova，2018）。研究表明，家长式领导力可以有效缓解教师的压力和倦怠，提升教师的职业满意度和心理健康水平（Ismail et al.，2019；Kaerner and Hoening，2021）。

敏等（Min et al.，2022）认为，理解中国学校中家长式领导行为对教师发展的影响尤为重要。他们通过文献计量与内容分析，对中国学校中的家长式领导力与教师发展之间的关系进行了深入研究。结果显示，家长式领导力与变革型领导力、伦理领导和道德领导在某些方面具有相似性，尤其是在影响教师发展方面，受到"绩效""工作""健康""倦怠"等因素的共同影响。然而，在理论上仍存在需要持续探索的研究空白，有必要进一步确定这些因素对教师发展的潜在影响。

此外，他们还发现，不同维度的家长式领导力在高校管理者的实践中对教师发展产生了不同的影响。具体来说，仁慈领导和德行领导被认为有助于提高教师的工作满意度和职业承诺，而威权领导则可能通过强化学校管理促进教师发展，但也有可能限制教师的自主性和创新能力（Min et al.，2022）。

当教育面临危机时，家长式领导力也被认为是一种有效的危机应对领导力风格。肯尼博士等（Kenny et al.，2022）在对危机情境下的中国大学进行的一项案例研究中发现，家长式领导力在危机决策中发挥了重要作用，同时受到了认知冲突和情感冲突的中介影响。研究表明，在危机情境中，教育领导者需要抑制决策团队中可能产生的情感冲突，并且激发和维持适度的认知冲突，以实现高质量的危机决策。这种状态的实现需要通过保持低水平的威权领导，同时提升德行领导和仁慈领导的水平来达到。

对家长式领导力的批评

中国文化的"标签"

虽然家长式领导力是从中国本土文化中提炼而出的领导力理论，但其发展也因此受到了中国文化的限制，局限了这一理论的广度与普适性。家长式领导力的文化根基在于传统的父权主义和儒家的人治思想（Farh and Cheng，2000）。然而，这种父权主义与人治思想并不仅存在于中国文化中，而是在人类社会的不同文化中广泛存在，包括西方文化（Weber，1968）。大量来自中国情境的实证研究表明，家长式领导行为在中国各行业中普遍存在。然而，其他国家，特别是欧美的实证研究（Gumusluoglu et al.，2020；Zhu et al.，2019；He et al.，2019）提醒我们，必须结合人类社会发展中的不同文化情境，深入思考家长式领导力在全球范围内的影响与作用。不能因其源自中国文化而忽视其在各种文化情境下的广泛应用。

自身的内在矛盾

自家长式领导力的三元结构提出以来，学者们发现其三个维度之间的相关性并非正向，且这些维度与其他变量的相关性也存在矛盾。大量实证研究表明，威权领导力对追随者的影响多为负面，而仁慈领导力和德行领导力的影响往往是正面的（Cheng et al.，2002；Guo et al.，2018；Hiller et al.，2019；Cansoy et al.，2020）。

研究人员一直在尝试解决这一矛盾。近年来，部分学者，尤其是来自中亚和东南亚的学者，使用艾詹（Aycan，2006）开发的问卷，将家长式领导力作为一个整体维度进行测量。例如，在土耳其开展的许多相关研究（Arun et al.，2020；Beydilli and Kurt，2020；Öge et al.，2018）、菲律宾的商业环境（Selvarajah et al.，2020）、马来西亚的医护人员（Ahmed et al.，2018）以及南非的一所大学（McKenna，2020）中都采用了这种方法。然而，现有研究在讨论和分析家长式领导力的三个维度时，通常将它们分开处理，回避了三元结构之间的关系。这种处理方式导致相关文献过于分散，不利于研究结果的对比与整合。

实证证据不足

近几年的实证研究大多集中在检验与拓展樊景立和郑伯埙（Farh and Cheng，2000）提出的三元家长式领导力理论。这些实证研究方法各异，但主要采用横截面研究，无法得出因果结论（Bodla et al.，2019；Ahmed et al.，2018）。为了解决这一问题，王海侠等（2019）在实证方法上提出了多源、多时点和多层次的研究设计，试图通过不同阶段、不同时间点采集不同变量数据来构建因果关系。尽管他们的设计较为复杂，且时间点的选择与变量之间的因果关系是否严格对应尚需进一步验证，但他们的尝试为领导力理论研究提供了新的方法论启示。

理论机制尚存缺口

作为领导力领域中并非热点关注的理论，家长式领导力与部属之间可能的影响因素已成为学者们探索的重点，并且正处于蓬勃发展的阶段。在个体层面，研究涵盖了部属反应、部属态度、部属行为和领导行为等多个方面，如创造力、组织承诺、工作绩效、离职意愿等。同时，研究者们也广泛关注了工作创新、组织公民行为、工作满意度、不当行为、建言行为等变量（Lin et al.，2019）。尽管涉及其他结果变量的文献较少，但在个体层面的研究覆盖面相对较为全面。

然而，在团队或组织层面，非商业组织相关的研究结果变量较为稀缺，这表明家长式领导力的研究重心正在从个体层面向组织层面转移。然而，与组织管理密切相关的决策过程研究几乎是空白，只有一篇涉及决策效果的论文（Chen et al.，2015）。作为一种源自中国本土文化的领导力理论，家长式领导力如何影响中国领导者的决策过程，应成为未来研究的一个热点，也是当前家长式领导力研究领域中的一个重要空白。

家长式领导力的未来研究趋势

在更多文化下发展家长式领导力

目前，学界普遍认同家长式领导力是一种在华人文化背景下具有独特性且广泛适用的领导风格（Chen and Farh，2010）。近年的文献显示，家长式领导力在与中国文化类似的文化圈中具有较高的适用性（Lin et al.，2019）。然而，之前的研究发现，家长式领导力，特别是其中的威权领导维度，常常被西方一些领导学者误解或拒绝接受（Aryee et al.，2007），他们通常将其视为一种专制、独裁的领导风格。

尽管如此，大多数实证研究发现，威权领导与家长式领导力的其他两个维度对组织和下属的影响是相反的。而西方主流领导力理论主要关注领导过程中"有利"的因素，甚至有意忽视那些直觉上不利于领导有效性的因素。然而，领导者作为自然人，在领导过程中必然会受到消极行为的影响（Burke，2006），这些消极行为对组织的影响可能比积极行为更大（马玉凤和孙健敏，2009）。因此，回避领导的负面行为并不利于全面理解和开发领导力。

在中国文化的影响下，家长式领导力更具平衡与调和的特点。一方面，它综合了变革型领导力、交易型领导力等西方主流领导力理论的特点，通过理想化影响力成为下属行为的典范，运用团队精神凝聚和激励下属，并通过对下属甚至下属家庭的关怀换取忠诚和服从，从而带领组织前进。另一方面，它也直面领导中的"阴暗面"，通过行政权力、纪律约束、训斥和惩罚等手段控制下属，以换取服从和尊敬。

正是由于威权领导的这种特殊性，吸引了大量学者研究领导行为中的破坏性行为对组织的影响，并积累了大量成果：尽管威权领导与绩效、组织承诺、员工幸福感、创造力等个人和团队结果变量之间存在负面影响（Chiang et al.，2021；He et al.，2019；Guo et al.，2018），但它也可以大大减少组织偏差行为和越轨行为的发生（Bodla et al.，2019；Zheng et al.，2020）。威权领导的重要特征在于其权力的合法性以及文化传统的影响。在这种影响下，下属将服从权威视为"预期"行为（Farh and Cheng，2000），这意味着在任何具有等级制度或官僚主义的环境中，威权领导都是无法回避的存在。

目前对威权领导的争议主要集中在概念的模糊性，尤其是与破坏性领导的混淆。破坏性领导指的是领导行为中的一些系统性重复行为，这些行为破坏或蓄意破坏了组织的目标、任务、资源和效能，损害了下属的工作动机、幸福感或满意度，最终损害了组织的合法权益（Einarsen et al.，2007）。然而，威权领导的概念源于中国法家的思想，强调法治、等级与权威，是中国传统帝制、父权主义和律法主义在现代管理中的表现，其目的是强调规则、维护组织秩序、减少破坏性行为（无论是领导者还是下属）、加强控制，进而保护组织的有序运转。例如，威权领导往往能够减少下属的偏差行为，并增加利他行为（Zheng et al.，2020；Li et al.，2018；吴士健等，2020），这与破坏性领导有本质的区别。

一些学者已经提出了解决威权领导"污名化"的建议，认为可以通过寻找文化解释、探讨"恩威并用"的作用等方法来化解这一问题（Lin et al.，2019；黄旭，2017）。然而，从文献中可以发现，一方面，威权领导并不总是带来负面影响，概念上应与破坏性领导区分开；另一方面，黄旭（2017）指出，威权领导在东西方文化中都是一种客观存在，应深入挖掘其在不同文化背景下的功能性，正视其在组织中的调节与制衡作用。只有这样，更多的国家乃至西方学者才能真正认识到家长式领导力理论的价值及其在领导过程中的独特解释视角，从而推动领导力理论的发展。

在不同情境下验证家长式领导力

根据分布式领导理论，领导力的实践是领导者、追随者和情境三者共同作用的结果，环境是将领导者和追随者融合在一起的关键因素（Camburn et al.，2003）。这意味着，领导力的实践在不同情境下可能会产生不同的结果。例如，在中国的集体主义背景下，西方流行的变革型领导理论在中国的实践得到了一定程度的支持，但效果并不理想（李超平和时勘，2005）。不同情境会影响组织管理中的变量关系。例如，大多数学者认为威权主义领导对组织结果产生负面影响，但在特定情境下（如危机情境），威权主义领导相较于民主风格领导可能更加有效（Alsamaray，2014）。

这也表明，一个领导理论的发展需要在不同情境下进行实证研究，以更加全面地了解其影响机制。目前，家长式领导力在政府公共部门、教育等领域的实证研究仍然较少。要进一步完善家长式领导力理论，研究人员需要在不同情境下验证其不同的影响机制。

建立系统的家长式领导力理论框架

领导研究的层次是组织行为中最为复杂的议题。正如前文所述，家长式领导力的研究层次正在从个体层面向组织和团队层面提升。针对决策团队、领导团队的研究数量正在缓慢增加，但仍然存在较多研究缺口。

一些学者呼吁构建家长式领导力的全方位研究，将理论研究与应用研究相结合，构建系统的理论框架（Lin et al.，2019）。自樊景立和郑伯埙（Farh and Cheng，2000）提出家长式领导力三元模型以来，已经积累了大量的研究成果。本研究也在前人的基础上，对近几年的研究成果进行梳理和整合，总结并提炼出涉及的调节变量、中介变量和结果变量，以期展示一个相对全面和完整的家长式领导力研究全貌，指出可能存在的研究差距，呼吁研究人员对现有的研究框架进行完善，凝练系统的理论框架。这不仅为华人研究者提供了富有解释力的本土领导理论，也为更多国际学者提供了对当前社会中领导行为的全方位解读，从而为领导力研究领域拓宽视野。

章节小结

家长式领导力的提出已 20 余年，这一源自东方文化的领导力理论在众多领导力研究中展现出独特的魅力。其三元结构——威权、仁慈和道德，与西方的大部分领导理论完全不同，构建了一个适用于解释中国教育领域中领导者行为的框架。特别是在教育领域，家长式领导力为校长、教师和其他教育管理者的领导风格提供了深刻的洞察。

在中国学校环境中，家长式领导力展现出显著的文化适应性。威权领导确保了学校纪律和秩序的维持，仁慈领导通过关怀学生和教师的福祉，增强了教育共同体的凝聚力，而道德领导则为教育者树立了道德榜样，激发了学生和教师的责任感与道德追求。这种结合权威与关怀的领导方式，不仅帮助教育管理者在复杂的教学环境中做出有效决策，还促进了师生之间的信任和尊重，从而推动了学校整体教育质量的提升。

随着教育环境的不断变化，家长式领导力也面临着新的挑战和机遇。近年来的研究表明，家长式领导力能够有效应对教师职业倦怠、提升教师的专业发展和职业满意度。然而，如何在现代教育环境中平衡传统的威权领导与教师自主性、创新能力的需求，仍然是教育领导者需要面对的重要课题。

总之，家长式领导力在教育领域中已成为理解和改善教育领导行为的重要理论之一。它为教育管理者提供了在复杂且不断变化的教育环境中领导学校和教师的有效工具。未来的研究应进一步探讨家长式领导力在不同教育情境中的适用性，特别是在支持教师的专业成长、提升教育质量方面的作用。通过持续的探索和实践，这一领导方式将在教育领域中发挥更大的作用，推动全球范围内教育管理的进步。

阅读思考

1. 家长式领导力的三元结构：威权、仁慈和德行，在中国教育环境中的应用有什么独特之处？请结合实际教育情境进行分析。

2. 与其他西方领导理论相比，家长式领导力在文化适应性和有效性上有什么特点？

3. 应对教育危机时，你认为家长式领导力的哪一个维度最为关键？为什么？

4. 家长式领导力中的威权领导维度常常受到质疑，请阐述其在现代教育管理中的作用，它会带来哪些积极和消极的影响？

参考文献

［1］黄旭. 战地黄花分外香：对家长式领导研究的质疑与批判 ［J］. 管理学季刊，2017（4）：33－40.

［2］姜定宇，张菀真. 华人差序式领导与部属效能 ［J］. 本土心理学研究，2010（33）：109－177.

［3］李超平，时勘. 变革型领导与领导有效性之间关系的研究 ［J］. 心理科学，2003（1）：110－112.

［4］李超平，时勘．变革型领导的结构与测量［J］．心理学报，2005
（6）：97－105．

［5］林姿葶，郑伯埙，周丽芳．家长式领导之回顾与前瞻：再一次思考
［J］．管理学季刊，2017（4）：1－32．

［6］林姿葶，郑伯埙，周丽芳．家长式领导：回顾与前瞻［J］．本土心
理学研究，2014（42）：3－82．

［7］马玉凤，孙健敏．破坏型领导研究述评［J］．外国经济与管理，
2009，31（11）：45－51．

［8］王海侠，贾汇源，孙海龙，李爱梅．互联网连接性降低自主性的机
制与后效［J］．心理科学进展，2019，27（11）：1802－1811．

［9］吴士健，孙专专，刘新民，周忠宝．家长式领导有助于员工利他行
为吗？——基于中国情境的多重中介效应研究［J］．管理评论，2020，32
（2）：205－217．

［10］郑伯埙，周丽芳，樊景立．家长式领导量表：三元模式的建构与测
量［J］．本土心理学研究，2000，14（3）：64．

［11］郑伯埙．组织文化：概念与测量［J］．中华心理学刊，1990，32
（1）：13－60．

［12］Ahmed，F.，Naqshbandi，M. M.，Kaur，S.，& Ng，B. K.（2018）
"Roles of leadership styles and relationship-based employee governance in open serv-
ice innovation：Evidence from Malaysian service sector." Leadership & Organization
Development Journal.

［13］Arun，K.，Şen，C.，& Okun，O.（2020）"How does leadership ef-
fectiveness related to the context? Paternalistic leadership on non-financial perform-
ance within a cultural tightness-loosenessmodel?" JEEMS Journal of East European
Management Studies，25（3）：503－529．

［14］Aryee，S.，Budhwar，P. S.，& Chen，Z. X.（2002）"Trust as a me-
diator of the relationship between organizational justice and work outcomes：Test of a
social exchange model." Journal of Organizational Behavior：The International Jour-
nal of Industrial，Occupational and Organizational Psychology and Behavior，23

（3）：267 – 285.

［15］Aycan, Z. （2000）"Cross-cultural industrial and organizational psy-chology: Contributions, past developments, and future directions." Journal of cross-cultural psychology, 31 （1）：110 – 128.

［16］Aycan, Z. （2006）"Paternalism: Towards conceptual refinement and operationalization." In "Indigenous and cultural psychology: Understanding people in context （pp. 445 – 466）." Boston, MA: Springer US.

［17］Beydilli, E. T. , & Kurt, M. （2020）"Comparison of management styles of local and foreign hotel chains in Turkey: A cultural perspective." Tourism Management, 79: 104018.

［18］Bodla, A. A. , Tang, N. , Van Dick, R. , & Mir, U. R. （2019）"Authoritarian leadership, organizational citizenship behavior, and organizational deviance: Curvilinear Relationships." Leadership & Organization Development Journal.

［19］Bowers, D. G. , & Seashore, S. E. （1966）"Predicting organizational effectiveness with a four-factor theory of leadership." Administrative science quarterly, 238 – 263.

［20］Burke, C. S. , Stagl, K. C. , Klein, C. , Goodwin, G. F. , Salas, E. , & Halpin, S. M. （2006）"What type of leadership behaviors are functional in teams? A meta-analysis." The leadership quarterly, 17 （3）：288 – 307.

［21］Camburn, E. , Rowan, B. , & Taylor, J. E. （2003）"Distributed leadership in schools: The case of elementary schools adopting comprehensive school reform models." Educational evaluation and policy analysis, 25 （4）：347 – 373.

［22］Cansoy, R. , Polatcan, M. , & Parlar, H. （2020）"Paternalistic school principal behaviours and teachers' participation in decision making: The inter-mediary role of teachers' trust in principals." Research in Educational Administration and Leadership, 5 （2）：553 – 584.

［23］Cerit, Y. （2013）"Paternalist liderlik ile öğretmenlere yönelik yıldırma davranışları arasındaki ilişki." Educational Sciences: Theory & Practice, 13 （2）.

［24］Cheah, K. S. , Abdullah, Z. , & Xiao, M. （2022）"Mediating role of intra-team conflict between paternalistic leadership and decision-making among China University's CMT during COVID – 19. " International Journal of Environmental Research and Public Health, 19 （18）: 11697.

［25］Chemers, M. M. , & Ayman, R. E. （1993）"Leadership theory and research: Perspectives and directions. " Academic Press.

［26］Chen, L. , Yang, B. , & Jing, R. （2015）"Paternalistic leadership, team conflict, and TMT decision effectiveness: Interactions in the Chinese context. " Management and Organization Review, 11 （4）: 739 – 762.

［27］Cheng, B. S. （1995）"Paternalistic authority and leadership: A case study of a Taiwanese CEO. " Bulletin of the Institute of Ethnology Academic Sinica, 79 （3）: 119 – 173.

［28］Cheng, B. S. （1996）"Authoritarian-orientation value and paternalistic leadership: The concept and its measurement. " Report prepared for Taiwan's National Science Council. Taiwan, National Taiwan University （in Chinese）.

［29］Cheng, B. S. , & Jen, C. K. （2005）"The contingent model of paternalistic leadership: Subordinate dependence and leader competence. " Annual Meeting of Academy of Management.

［30］Cheng, B. S. , Farh, J. L. , & Chou, L. F. （2006）"Paternalistic leadership: Model and evidence. " Taipei: Hwa Tai Publishing.

［31］Cheng, B. S. , Huang, M. , & Chou, L. （2002）"Paternalistic leadership and its effectiveness: Evidence from Chinese organizational teams. " Journal of Psychology in Chinese Societies （Hongkong）, 3: 85 – 112.

［32］Chiang, J. T. J. , Chen, X. P. , Liu, H. , Akutsu, S. , & Wang, Z. （2021）"We have emotions but can't show them! Authoritarian leadership, emotion suppression climate, and team performance. " Human Relations, 74 （7）: 1082 – 1111.

［33］Delice, A. , & Köse, A. （2021）"Okul Yöneticilerinin Paternalist Liderlik Davranışları ve Okul Etkililiği Üzerine Korelasyonel Bir Çalışma. " Kastamonu Eğitim Dergisi.

［34］Einarsen, S. , Aasland, M. S. , & Skogstad, A. （2007）"Destructive leadership behaviour: A definition and conceptual model. " The leadership quarterly, 18 （3）: 207 - 216.

［35］Farh, J. L. , & Cheng, B. S. （2000）"A cultural analysis of paternalistic leadership in Chinese organizations. " In "Management and organizations in the Chinese context （pp. 84 - 127）. " London: Palgrave Macmillan UK.

［36］Farh, J. L. , Cheng, B. S. , Chou, L. F. , & Chu, X. P. （2014） "Authority and benevolence: Employees' responses to paternalistic leadership in China. " China's Domestic Private Firms, 230 - 260.

［37］Fleishman, E. A. （1953）"The description of supervisory behavior. " Journal of applied psychology, 37 （1）: 1.

［38］Gumusluoglu, L. , Karakitapoğlu-Aygün, Z. , & Hu, C. （2020） "Angels anddevils?: How do benevolent and authoritarian leaders differ in shaping ethical climate via justice perceptions across cultures?" Business Ethics: A European Review, 29 （2）: 388 - 402.

［39］Guo, L. , Decoster, S. , Babalola, M. T. , De Schutter, L. , Garba, O. A. , & Riisla, K. （2018）"Authoritarian leadership and employee creativity: The moderating role of psychological capital and the mediating role of fear and defensive silence. " Journal of Business Research, 92: 219 - 230.

［40］He, G. , An, R. , & Hewlin, P. F. （2019）"Paternalistic leadership and employee well-being: a moderated mediation model. " Chinese Management Studies.

［41］Hiller, N. J. , Sin, H. P. , Ponnapalli, A. R. , & Ozgen, S. （2019） "Benevolence and authority as WEIRDly unfamiliar: A multi-language meta-analysis of paternalistic leadership behaviors from 152 studies. " The Leadership Quarterly, 30 （1）: 165 - 184.

［42］Hofstede, G. （1980）"Motivation, leadership, and organization: do American theories applyabroad?" Organizational dynamics, 9 （1）: 42 - 63.

［43］House, R. J. （2004） "Culture, leadership, and organizations: The GLOBE study of 62 societies."

［44］House, R. J. Mitchell. （1974） "Path goal theory of leadership." Journal of Contemporary Business, 81 – 97.

［45］House, R., Javidan, M., Hanges, P., & Dorfman, P. （2002） "Understanding cultures and implicit leadership theories across the globe: An introduction to project GLOBE." Journal of world business, 37 （1）: 3 – 10.

［46］Ismail, S. N., Abdullah, A. S., & Abdullah, A. G. K. （2019） "The Effect of School Leaders' Authentic Leadership on Teachers' Job Stress in the Eastern Part of Peninsular Malaysia." International Journal of Instruction, 12 （2）: 67 – 80.

［47］Javidan, M., House, R. J., Dorfman, P. W., Hanges, P. J., & Sully de Luque, M. （2006） "Conceptualizing and measuring cultures and their consequences: a comparative review of GLOBE's and Hofstede's approaches. Journal of international business studies," 37: 897 – 914.

［48］Kärner, T., & Höning, J. （2021） "Teachers' experienced classroom demands and autonomic stress reactions: Results of a pilot study and implications for process-oriented research in vocational education and training." Empirical Research in Vocational Education and Training, 13: 1 – 22.

［49］Li, G., Rubenstein, A. L., Lin, W., Wang, M., & Chen, X. （2018） "The curvilinear effect of benevolent leadership on team performance: The mediating role of team action processes and the moderating role of team commitment." Personnel Psychology, 71 （3）: 369 – 397.

［50］Lin, T. T., Cheng, B. S., & Chou, L. F. （2019） "Paternalistic leadership: An indigenous concept with global significance." In "Asian indigenous psychologies in the global context." 115 – 138, Palgrave Macmillan, Cham.

［51］McKenna, S. （2020） "The Rise of the Executive Dean and the Slide into Managerialism." Educational Research for Social Change, 9 （9）: 78 – 91.

［52］Min, X., Abdullah, Z., & Cheah, K. S. （2023） "Paternalistic leadership and teachers'professional development in China. " Educational Leader (Pemimpin Pendidikan), 11 (1): 37 – 70.

［53］Pellegrini, E. K. , & Scandura, T. A. （2008）"Paternalistic leadership: A review and agenda for future research. " Journal of management, 34 （3）: 566 – 593.

［54］Redding, S. G. （1994）"Comparative management theory: jungle, zoo or fossilbed?" Organization studies, 15 （3）: 323 – 359.

［55］Redding, S. G. , & Hsiao, M. （1990）"An empirical study of overseas Chinese managerial ideology. " International Journal of Psychology, 25 （3 – 6）: 629 – 641.

［56］Selvarajah, C. , Meyer, D. , & Dahanayake, P. （2020）"Profiling the paternalistic manager: Leadership excellence in the Philippines. " Asia Pacific Business Review, 26 （4）: 425 – 452.

［57］Silin, R. H. （1976）"Leadership and values: The organization of large-scale Taiwanese enterprises (No. 62). " Harvard Univ Asia Center.

［58］Sinha, J. B. , & Sinha, D. （1990）"Role of social values in Indian organizations. " International Journal of Psychology, 25 （3 – 6）: 705 – 714.

［59］Sinjar Alsamaray, H. A. （2014）"Impact of leadership styles on crisis management according to Module H. " European Journal of Business and Management, 6 （2）.

［60］Sposato, M. （2019）"Understanding paternalistic leadership: A guide for managers considering foreign assignments. " Strategy & Leadership.

［61］Öge, E. , Cetin, M. , & Top, S. （2018）"The effects of paternalistic leadership on workplace loneliness, work family conflict and work engagement among air traffic controllers in Turkey. " Journal of Air Transport Management, 66: 25 – 35.

［62］Weber, M. （1947）"The theory of economic and social organization. " Trans. AM Henderson and Talcott Parsons. New York: Oxford University Press.

［63］Weber, M. （1968）"On charisma and institution building: Selected writings（Vol. 322）. ” University of Chicago Press.

[64] Westwood, R. （1997） “Harmony and patriarchy： The cultural basis for'paternalistic headship'among the overseas Chinese. ” Organization studies, 18 （3）： 445 – 480.

[65] Zheng, Y. , Huang, X. , Graham, L. , Redman, T. , & Hu, S. （2020） “Deterrence effects： The role of authoritarian leadership in controlling employee workplace deviance. ” Management and Organization Review, 16 （2）： 377 – 404.

[66] Zhu, W. , Zheng, X. , He, H. , Wang, G. , & Zhang, X. （2019） “Ethical leadership with both 'moral person' and 'moral manager' aspects： Scale development and cross-cultural validation. ” Journal of Business Ethics, 158 （2）： 547 – 565.

[67] Zivcicova, E. , & Gullerova, M. （2018） “Burnout syndrome among teachers. ” Economic and Social Development： Book of Proceedings, 78 – 85.

第十章

课堂内外的教师领导力

在 21 世纪，共享和分布式的决策和专业发展已成为学校发展中关键的两个因素，而教师作为教学领域的专家，在学校改革中扮演着独特的角色（Mangin and Stoelinga，2008）。在当今教育发展的背景下，教师的工作范围不再局限于课堂之内（Adams et al.，2018；Grant，2006）。为了促进学校的进步，推动课堂教学的提升，教师们同样需要参与到领导过程中去（Fairman and Mackenzie，2012）。教师领导力涉及所有参与者的互动，共同致力于提高学生学习质量的共享目标（Fullan，2004；Muijs and Harris，2007）。诺兰和帕拉佐罗（Nolan and Palazzolo，2011）认为，教师领导力可以通过教师在教学情境中的积极参与、工作满意度和职业发展的提升以及与同事的合作来激发和体现。

学校进步的领导力

传统体制下问责体系存在种种弊端，学校领导力的改革迫在眉睫（Harris et al.，2015；Pang and Wang，2016）。20 世纪 70 年代，西方掀起了一场关于"学校有效性"的运动（Edmond，1979），随后在 80 年代，教学型领导力兴起（Hallinger and Murphy，1985），将学校领导责任放在校长的肩上，将他们视为学校的主导领导者。这种"独断专行"的领导方式被认为既能提升学校的有效性，又能提高学生的学术表现（Bush，2014；Leithwood and Mascall，2008；Rhodes et al.，2008）。

然而，到了 21 世纪，更多研究显示，校长或许不再是推动学校发展和变革的唯一领导者（Adams et al.，2017；Katzenmeyer and Moller，2009；York-Barr and Duke，2004）。教育领导力被认为是"仅次于课堂教学"的对学生学习有贡献的因素（Leithwood et al.，2004）。因此，教师在课堂中扮演着至关重要的角色，并且在整个学校改进中变得越来越重要。他们通过共同设定教学目标、设计教学计划和营造有利于教学和学习的环境来展示他们的领导力（Suranna and Moss，2002；York-Barr and Duke，2004）。

教师领导力的定义

教师领导被许多人视为一个涵盖各种角色的通用术语，但对其定义尚无共识（Newmerski，2012；Wenner and Campbell，2016；York-Barr and Duke，2004）。巴斯（Barth，2001）认为，教师可以在学校中担任正式或非正式的领导角色，他对教师领导的定义是"将自己所信仰的事情付诸实践"。布什等（2016）对马来西亚和菲律宾的优秀教师研究表明，教师领导力既可以在正式职位中发挥作用，也可以在非正式职位中有所作为。在这两个国家，有领导才能的教师被任命为"优秀教师"，享有更高的薪资和声望。学校通过赋权和授予头衔来留住有才华的教师，但他们的领导角色并不明确，在很大程度上取决于他们个人对自己作为学科负责人的理解，而不是学校或教育体系明确认可的任务。正式和非正式领导者之间的界线由于含义模糊而混淆，这导致卡曾迈尔和莫勒（Katzenmeyer and Moller，2009）提出以下观点：

> 教师领导者在课堂内外发挥领导作用。教师领导者是教师学习社群的成员和贡献者。他们在持续改进教育实践方面具有影响力，并承担实现其领导成果的责任。

尽管教师领导力缺乏明确的定义，但当前的发展中越来越需要教师展示领导能力（Wenner and Campbell，2016）。

教师领导力的发展

教师领导在20世纪80年代逐渐兴起，巴斯（Barth，1990）出版的《学校：领导者的社群》及其后续文章（1991；2001）标志着这一发展。本节描述了教师领导力的发展历程以及几项研究对教师领导力的概念化。

教师领导发展的四个阶段

利特尔（Little，2000）认为，从20世纪80年代开始，学校经历了不同的阶段，这些阶段共同塑造了教师领导力的概念。席尔瓦等（Silva et al.，2000）将教师领导力的发展划分为三个阶段，庞德（Pounder，2006）则增加了第四个阶段。这些阶段是管理或组织领导、教学领导、分布式领导和（或）教师领导力以及变革型领导力，如图10.1所示。

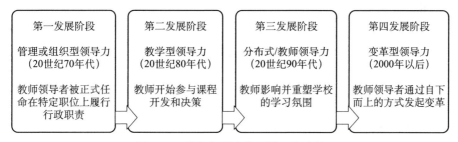

图10.1 教师领导力发展的四个阶段

第一阶段，教师领导力主要体现为管理型领导力。教师被正式任命为特定职位，如学科主任、部门主任、高级助理和年级教师。这些职位虽然赋予了权力，但其角色主要是行政性的（Reeves and Lowenhaupt，2016）。这一阶段的重点在于通过在有限时间内达到目标来提高效率和效果。

第二阶段在第一阶段的基础上进一步发展。这一阶段更加注重教学知识，教师利用其教学专长参与课程开发和改进教学方法。他们在目标设定和营造有利于教学和学习的氛围方面积极合作。这一时期为学校改革过程中共享性质的教学型领导力的发展铺平了道路（Reeves and Lowenhaupt，2016）。

第三阶段出现在20世纪90年代。这一阶段，教师通过分布式领导力在课堂内外非正式地重塑了学校氛围。教师了解自己的教学实践，并帮助同事进行探究，寻找改进学生学习的方法。在这个时期，教师领导力和分布式领导力之间的界限变得模糊。哈里斯（Harris，2003）指出，分布式领导力和教师领导力之间存在重要的联系和重叠。斯皮兰（Spillane，2005）进一步解释说，分布式领导力被视为共享领导，因为它包括了没有正式角色的教师的领导力。实际上，正如斯皮兰等（Spillane et al.，2006）强调的那样，分布式领导力不仅限于领导者的实践，而且本质上包括通过合作和协作活动进行的参与性互动。教师领导力正是建立在这一基础之上的。

第四阶段，教师通过自下而上的变革倡导变革型领导力（Pounder，2006）。根据布什（Bush，2014）的说法，"变革型领导力主要关注领导者如何对追随者施加影响，相较于教学型领导力，它更关注领导者的方向而不是影响力"。变革型领导力被视为直接影响教师动机和学校氛围的因素。在其影响下，教师不断提升专业学习能力，拥有更多的自主权和自主性（Leithwood and Jantzi，2006）。

教师领导的好处

约克巴尔和杜克（York-Barr and Duke，2004）对1980～2004年关于教师领导文献的140项研究进行了综述，确定了教师领导力的四类有益于学校的影响（见表10.1），并为进一步研究中对教师领导力的概念化提供了基础。

表10.1中列出了教师领导力对学校的好处相应的评价，表格体现了教师领导者基于现实去实现学校的目标的努力，同时也凸显了这种领导力模式在学校发展中的重要性（Ackerman and Mackenzie，2006）。此后，大量研究开始深化对教师领导概念及其在学校改进中的作用的理解（Frost，2008；Hickey and Harris，2005；Leithwood and Riehl，2003；Mayo，2002；Silva et al.，2000；Smylie，1995；Surrana and Moss，2002；York-Barr and Duke，2004）。

表 10.1	教师领导的潜在好处
好处	评价
教师参与促进了归属感	当教师积极参与、贡献并对学校事务负责时，他们会感到授权，这使教师们产生归属感，并对学校的目标产生承诺（Barth，2001）
教师知识和技能的成长促进了学习的传递和培养成效	教师领导者与学校内外的同事分享知识和技能。教师领导者本身也在不断学习和专业成长。凭借这些专业知识，教师领导者更有能力帮助和提高学生的学习（Cuban，2003；Shulman，1996）

续表

好处	评价
肯定和奖励进一步促进了教师的成长、留任和晋升	对教师领导者的工作给予认可，并伴随着教师领导者的声望，会进一步激励他们。教师领导者的机会使教师们能够脱颖而出，得到工作的认可（Barth，2001）
促进学生的学术能力提升	教师领导者是良好的榜样，在学校社区中树立了民主领导和集体责任的积极示范。教师领导者在课程和教学方面的工作提高了他们的知识和技能，从而带来学生的成就（Kelley，2011）

卡岑迈尔和莫勒的教师领导力维度

卡岑迈尔和莫勒（Katzenmeyer and Moller，2009）指出，教师决定成为教师领导者受到几个因素的影响。这些因素包括出色的教学技能、强烈的愿望看到学生学习，并且教师在生活中处于有时间和精力追求教师领导者角色的阶段。为了解决这个问题，他们开发了一项名为教师领导力的学校调查（teacher leadership school survey，TLSS）的测量工具，该工具以七个基本维度来衡量和支持教师领导力，包括发展关注点、认可度、自主权、同事关系、参与度、开放沟通能力和积极氛围营造（见表10.2）。

表 10.2　　　　　　　　　　教师领导的七个基本维度

维度	描述
发展关注点	指教师参与知识更新和教学策略的程度，以及他们鼓励同行学习的能力。教师会在一个支持性的环境中接受指导和辅导，旨在帮助他们的发展。所有教师都将得到学习机会，以在个人和专业水平上获得成长
认可度	指同事们对他们在学校改进和对学生成果的贡献所给予的认可程度。这包括同事们对他们的知识和技能的价值的尊重程度
自主权	指教师在采取主动行动并积极参与各种活动时所受到的承认程度，以建设学校未来发展的愿景为目标
同事关系	鼓励教师在关注学生学习和教学支持时进行合作与协作。教师参与讨论和分享他们的教学和学习经验，解决他们在课堂教学中遇到的问题，并与其他教师和领导者进行积极和建设性的沟通

续表

维度	描述
参与度	这意味着教师有目的地参与学校决策过程。例如，当学校领导者征求教师的意见以促进学校发展时，教师将协助实现这一重要任务
开放沟通能力	这指的是教师领导者鼓励并支持教师以开放和诚实的方式相互沟通，以更好地促进学生学习。通过开放沟通，教师将积极参与问题解决并提出有益建议
积极氛围营造	这对于教师而言是必要且需要的，使他们感受到学校组织其他成员的尊重。值得注意的是，教师被视为教育专业人员，他们的观点和信念对学校的有效性和改进具有重要影响。当教师与领导者作为合作伙伴共同工作时，他们往往会有一种工作满意度的感觉，尊重他人的价值观和技能，并以团队的方式高效、有效地工作

法尔曼和麦肯齐的教师领导力行为圈

根据约克巴尔和杜克（York-Barr and Duke，2004）提出的《面向学生学习的教师领导力 7 维模型》，法尔曼和麦肯齐（Fairman and Mackenzie，2012）开发了如图 10.2 所示的"学校学习的教师领导力行动领域模型"（the spheres of leadership action for learning model，SLALM），描述了教师可以正式或非正式地在哪些地方、如何行动、如何影响其他教师来改善学生学习成效。

法尔曼和麦肯齐发现，教师领导力通常涌现在资深教师身上而不是学校校长身上。教师领导力可以从单一教师的独立工作中有限地涌现（领域 A 和领域 B），也可以从一组教师的集体工作中更广泛地涌现（领域 C 到领域 I），见表 10.3。大多数教师沿着这个连续体移动，表示从一个阶段到另一个阶段的发展性转变，但也有许多教师以没有特定顺序跨越领域和/或跳跃几个领域进入另一个领域。教师领导的基本假设是所有教师都有领导能力和具备影响整个学校、社区和职业的能力（Wenner and Campbell，2016）。

图 10.2　教师领导力行为领域模型

表 10.3	教师领导力行为领域模型说明
A	教师决定扩展和加深自己的专业知识和技能，致力于参与专业学习和改进，逐步建立个人的专业能力，从而在教室中进行教学革新（Lambert et al.，1996）
B	教师进行教学实验、创新并反思自己的信念以及有针对性地改善教学实践以努力提高学生学习成果（Barth，2001；Little，2000）
C	教师在学校内部相互分享和交流教学信息、教学思想和学习方法（Harris and Muijs，2003；Lieberman and Miller，2005；Muijs and Harris，2006；Silva et al.，2000）
D	教师形成合作关系，共同改进教学方法并且开展课程项目的实验。他们共同开展教研工作，实施并反思各种教学实践对学生学习的影响（Harris and Muijs，2003；Muijs and Harris，2006；Wasley，1992）
E	教师通过学校内部的各种团体、人际关系等推动教学规范、教学成效和实践的变革（Donaldson，2006，2007；Little，2000；Muijs and Harris，2007；Silva et al.，2000）

F	教师质疑学校中的现有实践，开始期望变革，为学校范围的组织变革提供支持环境，从而提供分布式领导力的实践基础（Crowther et al.，2009；Frost，2008；Spillane et al.，2006）
G	教师开始参与学校计划内的改进工作，运用多种领导技能，并将资源集中于目标的共享、实施、达成上（Harris and Muijs，2003；Muijs and Harris，2007）
H	教师与更广泛的学校社区（家长和学生）开展合作以进一步推进学校的教学改革（Crowther et al.，2009）
I	教师在校外分享和展示他们的工作，促进其他教师的学习和变革，例如，通过举办培训会，在会议或其他专业组织上发表演讲等（Silva et al.，2000）

格兰特的四级教师领导框架

根据格兰特（Grant，2006）的观点，教师领导力分为四个层次，每个层次都构建在前一个层次之上。这四个层次分别如下。

第一，在教室内实践领导：教师在课堂中扮演领导角色，实施教学和学习策略。格兰特认为，教师必须在教室中成为促进有效教学和学习的领导者。因此，在这个层次上，教师开始制定任务、实施实践、提供指导和鼓励学生学习。这一观点强调了教师在教学和学习方面发挥领导作用的重要性。然而，同时也指出了教师领导力在教室范围内的限制，这一点也得到了卡岑迈尔和莫勒（Katzenmeyer and Moller，2009）的认同。

第二，与其他教师合作：格兰特建议教师超越教室的界限，与其他教师建立合作关系。这一观点与戴和哈里斯（Day and Harris，2002）的研究一致，即教师通过与同事建立紧密联系，积极参与更大的专业社区，实现相互分享、交流和学习。相互学习和分享为教师个人的发展提供了契机。缪伊思等（Muijs et al.，2013）的研究也表明，跨越学科和团队边界，与同行进行跨学科合作或课程整合的教师超越了教室范围进行领导工作。

第三，参与整个学校的发展：在这个层次上，教师有机会参与到整个学校的发展中去。他们可以为学校未来的愿景和政策制定作出贡献。同样，戴和哈里斯（Day and Harris，2002）强调，教师领导者实践着参与式领导，努力并共同营造整个学校的氛围。在这个层次上，教师有机会走出教室，积极参与到教师社区中，对整个学校的改进产生影响。

第四，成为学校发展的延伸：教师可以将他们的专业知识扩展到学校以外的更广泛社区中。缪伊思等（Muijs et al.，2013）也认为，教师超越了学校的边界，能够辅导和指导同行，推动整个教育事业的发展。在这个层次上，教师领导者已经跨越了学校的范围，位于更大的教育组织中，准备实践他们的领导角色。

教师领导力从狭窄的教室内发展到超越组织边界的更广泛维度，展示了其不同的发展阶段。从教学角色的扩展到共享和参与领导角色的机会，是教师职业发展的重要动力。因此，许多教师愿意参与领导活动，例如，参与学校内外的教师专业学习活动，以推动学校的发展（Muijs et al.，2013；Yost et al.，2009）。

教师领导的角色

根据所发挥的作用，教师领导力可以分为正式领导、非正式领导和混合领导。正式领导指的是那些被指派担任部门负责人、年级组长或学科教师等正式职位的教师。这些教师领导者拥有他们所任命职位所赋予的权力，可以是教学或行政方面的权力，正如约克巴尔和杜克（York-Barr and Duke，2004）所述。

非正式教师领导是逐渐从教师职业生涯的各个层级中自发产生的。非正式的教师领导者没有被指派的正式职位，他们的影响力源自同事的认可和尊重。正如哈里森和基利昂（Harrison and Killion，2007）发现的，非正式教师领导角色可能涉及指导和辅导寻求帮助的同行，对其他教师的课堂进行同行评审并给予建设性反馈，以及创建和运行协作式的专业学习社区。

混合教师领导结合了教学和领导能力（Harris，2013；Margolis，2012）。贝里（Berry，2013）分享了这一观点，认为混合教师领导被视为在教室内进行教学和学习实践的专业教师，并在自己教学以外的时间和精力上进行领导。

贝里（Berry，2013）进一步提出，这些教师领导者能够挑战现有的教育体系，并帮助其他教师解决可能出现的教室问题。然而，斯皮兰和黑利（Spillane and Healey，2010）对此表示担忧，认为在正式领导职位上工作的教师领导者既要承担课堂教学和学习的责任，又难以找到时间和空间来指导和支持其他教师。

综上所述，和缪伊思和哈里斯（Muijs and Harris，2007）的观点一致，只有当教师主动承担领导角色时，教师领导力才会出现；同时，值得注意的是，只有在以信任和合作为基础的校园文化环境下，教师领导力才能实现。

促进教师领导发展的因素

（一）校长

校长通过创造支持教师工作的环境，例如，为教师提供彼此合作的空间和机会，安排灵活的工作时间表，以及建立信任和目标的氛围，为教师领导的发展奠定了基础（Mangin，2007；Muijs and Harris，2006；2007；York-Barr and Duke 2004）。泰勒和同事（Taylor et al.，2011）持相同观点，即校长应该通过聆听教师的声音，重新构建教师的责任，促进教师提升自身影响力，以实现教师领导力的发展。安热勒和蒂格（Angelle and Teague，2014）进一步发现，校长的愿景分享以及将教师的意见纳入决策和实践中也有助于发展教师领导能力。

（二）辅导和指导的作用

在学校内外提供的专业学习环境中的辅导和指导机会也对教师领导的发展作出了巨大贡献（Muijs et al.，2013）。关于导师—学员制的文献（Hobson et al.，2009）说明，当教师处于教学的早期阶段时，他们渴望从导师那里寻求帮助和支持，以便学习和提升教学技能来确保他们的教学能够取得令人满意的成果。通过辅导，新教师将被传授经验，学会在教学实践中作出正确的决策（Moir，2009）。值得注意的是，正如斯坦利斯和弗洛登（Stanulis and Floden，2009）提出的，如果为新教师提供密集的结构化辅导，他们的学生的表现水平将明显高于那些没有参加辅导实践的教师的学生。

（三）培训和职业发展

为了培养教师领导力，应提供培训和职业发展活动，无论是正式还是非正式，以发展教师的专业知识和技能，拓宽他们的视野，并增加他们对领导机会的认识（York-Barr and Duke，2004）。主题性的教师培训机会将帮助教师充分了解领导力可以根植于他们的日常实践中，提升他们的教学责任感。更重要的是，在整个职业生涯中，教师可以在各个领域多维度地展示教师领导力。因此，教师的教学和领导角色在他们的职业发展过程中是可持续发展的。

（四）阻碍教师领导发展的因素

缺乏时间、与同事和（或）管理层的关系不佳、氛围和制度因素以及个人特点（Wenner and Campbell，2016）是阻碍教师领导力发展的因素。缺乏从事教师领导职责的时间是主要的问题（Hands，2012），教师们甚至没有足够的时间完成他们的"正常教学职责"（Wenner and Campbell，2016）。在这种情况下，教师们无法发挥出自身的领导力就可以理解了。

与同事和高级管理层的关系不好也会阻碍教师领导力的涌现。校长提供所需的支持对于教师领导力的成功至关重要。如果没有校长的支持，就不会有结构化的资源来帮助教师领导者（Klinker et al.，2010）。同样，与关系不好的同事合作也对领导力的发展造成困难，因为无法转化成为追随者。

氛围和制度因素指的是学校的等级结构、对变革的意愿不强烈（Durias，2010）、对领导力的抵触（Friedman，2011；Muijs and Harris，2006）以及缺乏共同愿景（Brooks et al.，2004）等，这些都不利于教师领导力的发展。

个人特点指的是教师在担任领导职务方面的不足，如经验不足、缺乏沟通技巧、缺乏内容知识和缺乏自信。这样的教师在担任领导职位时往往面临重重困难（Durias，2010；Klinker et al.，2010）。

章节小结

传统上，领导角色通常会授予资深教师，从而排除了新教师或年轻教师。这样的领导者往往是命令式的指挥型角色。卡岑迈尔和莫勒（Katzenmeyer and Moller，2009）发现，无论是在正式还是非正式领导职位中，教师都会有意识地选择领导角色的担任。因为承担领导角色意味着需要花费额外的时间和精力为他人服务。

如果一所学校存在有利于激发教师领导力的文化，那么这些教师领导者将在建立协作、信任和融洽的学校文化方面起到重要作用，这将有效提升学生学习成效和学校绩效。

阅读思考

1. 约克巴尔和杜克（York-Barr and Duke，2004）提出，校长作为唯一的领导者不再是有效的学校模式，认为发挥教师领导力迫在眉睫。如果是这样，教师如何影响学校所需的变革以维持更高质量的教育？

2. 廷伯利（Timperley，2005）提醒我们，通过发展教师领导力去促进学生学习成效本身就存在困难。您认为教师领导者可能面临哪些困难？

3. 教师领导力与分布式领导力之间存在明显的联系。这些联系是什么？

4. 校园文化如何影响教师领导力的成功？

参考文献

［1］Adams，D.，A. Samat，S.，& Abu Samah，H.（2018）"Teacher leadership：Going beyond classroom."International Online Journal of Educational Leadership，2（1）：1 - 3.

［2］Adams，D.，Raman Kutty，G.，& Mohd Zabidi，Z.（2017）"Educational leadership for the 21st century."International Online Journal of Educational Leadership，1（1）：1 - 4.

［3］Ackerman，R. & Mackenzie，S.（2006）"Uncovering teacher leadership."Educational Leadership，63（8）：66 - 70.

［4］Angelle，P.，& Teague，G. M.（2014）"Teacher leadership and collective efficacy：Teacher perceptions in three U. S. school districts."Journal of Educational Administration，52（6）：738 - 753.

［5］Barth，R.（1990）"Improving schools from within."San Francisco：

Jossey-Bass.

[6] Barth, R. (1991) "Restructuring schools: Some questions for teachers and principals. " Phi Delta Kappan, 73 (2): 123 – 128.

[7] Barth, R. (2001) "Teacher leader. " Phi Delta Kappa, 443 – 444.

[8] Berry, B. (2013) "Teacherpreneurs: A bold brand of teacher leadership for 21st century teaching and learning. " Science, 340 (6130): 309 – 310.

[9] Brooks, J. S. , Scribner, J. P. & Eferakorbo, J. (2004) "Teacher leadership in the context of whole school reform. " Journal of School Leadership, 14: 242 – 265.

[10] Bush, T. (2014). "Instructional and transformational leadership: Alternative and complementary models?" Educational Management Administrative and Leadership, 45 (2): 193 – 195.

[11] Bush, T. , Glover, D. , Ng, A. Y. M. , Romero, M. J. (2016) "Master teachers as teacher leaders: Evidence from Malaysia and the Philippines. " International Studies in Educational Administration, 43 (2): 19 – 40.

[12] Crowther, F. , Ferguson, M. & Hann, L. (2009) "Developing teacher leaders: How teacher leadership enhances school success. " 957 – 978, Thousand Oaks, CA: Corwin Press.

[13] Cuban, L. (2003) "Why is it so hard to get good schools? " New York: Teachers College Press.

[14] Day, C. and Harris, A. (2002) "Teacher leadership, reflective practice and school improvement. " in K. A. Leithwood and P. Hallinger (eds.) "Second International Handbook of Educational Administration. " 957 – 978, Dordrecht: Kluwer.

[15] Donaldson, G. (2006) "Cultivating leadership in schools: Connecting people, purpose, and practice. " New York: Teachers College Press.

[16] Donaldson, G. (2007) "What do teachers bring to leadership?" Educational Leadership, 63 (1): 26 – 29.

[17] Durias, R. F. (2010) "Teacher leaders of colour: The impact of pro-

fessional development on their leadership." https：//search. proquest. com/doc-view/819911603? pqorigsite = gscholar

[18] Edmonds, R. (1979) "Effective schools for the urban poor." Educational Leadership, 17：17 – 24.

[19] Fairman, J. & Mackenzie, S. (2012) "Spheres of teacher leadership action for learning." https：//doi. org/10. 1080/19415257. 2012. 657865.

[20] Friedman, H. (2011) "The myth behind the subject leader as a school key player." Teachers and Teaching, 17 (3)：289 – 302.

[21] Frost, D. (2008) "Teacher leadership：Values and voice." School Leadership and Management, 28：337 – 352.

[22] Fullan, M. (2004) "Leadership and sustainability：Some thinkers in action." Thousand Oaks, CA：Corwin.

[23] Grant, C. (2006) "Emerging voices on teacher leadership：Some South African views." Educational Management Administration & Leadership, 34 (4)：511 – 532.

[24] Hallinger, P. & Murphy, J. (1985) "Assessing the instructional leadership behaviour of principals." Elementary School Journal, 86 (2)：217 – 248.

[25] Hands, C. M. (2012) "Supporting teacher leadership for partnership." In S. Auerbach (ed.) "School leadership for authentic family and community partnership." 173 – 192, New York：Tylor & Francis.

[26] Harris, A. , Adams, D. , Jones, M. S. , & Muniandy, V. (2015) "System effectiveness and improvement：The importance of theory and context." School Effectiveness and School Improvement, 26 (1)：1 – 3.

[27] Harris, A. (2003) "Teacher leadership a distributed leadership：Heresy, fantasy or possibility?" School Leadership and Management, 23 (3)：313 – 324.

[28] Harris, A. (2013) "The MetLife survey of the American teacher：Challenges for school leadership." https：//www. metlife. com/assets/cao/founda-tion/MetLifeTeacher-Survey – 2012. pdf.

［29］ Harris, A. & Muijs, D. (2003) "Teacher leadership and school improvement." Education Review, 16 (2): 39 – 42.

［30］ Harrison, C. , & Killion, J. (2007) "Ten roles for teacher leaders." Educational Leadership, 65 (1): 74 – 77.

［31］ Hickey, W. & Harris, S. (2005) "Improved professional development through teacher leadership." The Rural Educator, 26 (2): 12 – 16.

［32］ Hobson, A. , Ashby, P. , Malderez, A. , & Tomlinson, P. (2009) "Mentoring beginning teachers: What we know and what we don't." Teaching and Teacher Education, 25: 207 – 216.

［33］ Katzenmeyer, M. , & Moller, G. (2009) "Awakening the sleeping giant: Helping teachers develop as leaders (3rd ed.)" Thousand Oaks, CA: Sage.

［34］ Kelly, J. D. (2011) "Teacher's and teacher leaders' perceptions of the formal role of teacher leadership." https://scholarworks. gsu. edu/eps_diss/70.

［35］ Klinker, J. F. , Watson, P. A. , Furgerson. , Halsey, P. & Janisch, C. (2010) "'Tipping' teachers toward change: Developing leadership characteristics through book club." Teacher Education and Practice, 23: 103 – 119.

［36］ Lambert, L. , Collay, M. , Kent, K. , Richert, A. E. & Dietz, M. E. (1996) "Who will save our schools? Teachers as constructivist leaders." Thousand Oaks, Corwin Press.

［37］ Leithwood, K. & Jantzi, D. (2006) "Transformational school leadership for largescale reform: Effects on students, teachers and their classroom practices." School Effectiveness and School Improvement, 17 (2): 201 – 227.

［38］ Leithwood, K. Louis, K. , Anderson, S. & Wahlstrom, K. (2004) "How leadership influences student learning." New York: Wallace Foundation.

［39］ Leithwood, K. & Mascall, B. , (2008) "Collective leadership effects on student achievement." Educational Administration Quarterly, 44 (4): 529 – 561.

［40］ Leithwood, K. & Riehl, C. (2003) "What we know about successful school leadership." Philadelphia: Laboratory for Student Success, Temple University.

[41] Lieberman, A. & Miller, L. (2005) "Teachers as leaders essays." The Educational Forum, 69 (2): 151 – 162.

[42] Little, J. (2000) "Assessing the prospects of teacher leadership." San Francisco: Jossey-Bass.

[43] Mangin, M. M. (2007) "Facilitating elementary principals' support for instructional teacher leadership." Educational Administration Quarterly, 43 (3): 319 – 357.

[44] Mangin M. M. & Stoelinga (2008) "Effective teacher leadership: Using research to inform and reform." New York: Teachers College Press.

[45] Margolis, J. (2012) "Hybrid teacher leaders and the new professional development ecology." Professional Development in Education, 38 (2): 291 – 315.

[46] Mayo, K. (2002) "Teacher leadership: The master teacher model." Mayo Management in Education, 16 (3): 29 – 33.

[47] Moir, E. (2009) "Accelerating teacher effectiveness: Lessons learned from two decades of new teacher induction." Phi Delta Kappan, 91: 14 – 21.

[48] Muijs, D., Chapman, C., & Armstrong, P. (2013) "Can early careers teachers be teacher leaders? A study of second-year trainees in the teach first alternative certification programme." Educational Management Administration & Leadership, 41 (6): 767 – 781.

[49] Muijs, D., & Harris, A. (2006) "Teacher led school improvement: Teacher leadership in the UK." Teaching and Teacher Education, 22 (8): 961 – 972.

[50] Muijs, D. & Harris, A. (2007) "Teacher leadership in action." Educational Management Administration & Leadership, 35 (1): 111 – 134.

[51] Neumerski, C. M. (2012) "Rethinking leadership, a review: What do we know about principal, teacher, and coach instructional leadership, and where should we go from here?" Educational Adminsitration Quarterly, 49: 310 – 347.

[52] Nolan, B. & Palazzolo, L. (2011) "New teacher perceptions of the 'teacher leader' movement." NASSP Bulletin, 95 (4): 302 – 318.

[53] Pang, N. S. K. & Wang, T. (2016) "Professional learning communities:

Research and practices across six educational systems in the Asia-Pacific region. " Asia Pacific Journal of Education, 36 (2): 193 – 201.

[54] Reeves, T. D. & Lowenhaupt, R. J. (2016) "Teachers as leaders: Pre-service teachers' aspirations and motivations. " Teaching and Teacher Education. Elsevier Ltd, 57: 176 – 187.

[55] Rhodes, C., Brundrett, M., & Nevill, A. (2008) "Leadership talent identification and development perceptions of heads, middle leaders and classroom teachers in 70 contextually different primary and secondary schools in England. " Educational Management Administration & Leadership, 36 (3): 311 – 335.

[56] Shulman, L. (1996) "What matters most: Teaching for America's future. " In Silva, D., Gimbert, B. & Nolan, J. (2000) "Sliding the doors: Locking and unlocking possibilities for teacher leadership. " Teacher College Record, 102 (4): 779 – 804.

[57] Smylie, M. (1995) "New perspectives on teacher leadership. " The elementary School Journal, 96 (1).

[58] Spillane, J. P. (2005) "Distributed leadership. " The Educational Forum, 69: 143 – 150.

[59] Spillane JP, Camburn E. & Lewis, G. (2006) "Taking a distributed perspectivein studying school leadership and management: Epistemological and methodological trade-offs. " Paper Presented to the AERA Annual meeting, San Francisco.

[60] Spillane, J. & Healey, K. (2010) "Conceptualising school leadership and management from a distributed perspective: An exploration of some study operations and measures. " The Elementary School Journal, 3 (2): 253 – 282.

[61] Stanulis, R., & Floden, R. (2009) "Intensive mentoring as a way to help beginning teachers develop balanced instruction. " Journal of Teacher Education, 60: 112 – 122.

[62] Suranna, K & Moss, D. (2002) "Annual meeting of the Educational Research Association. " New Orleans.

［63］ Taylor, M. , Yates, A. , Meyer, L. H. , & Kinsella, P. （2011） "Teacher professional leadership in support of teacher professional development. " Teaching and Teacher Education, 27 （1）: 85 – 94.

［64］ Timperley, H. S. （2005） "Distributed leadership: Developing theory from practice. " Journal of Curriculum Studies, 37 （6）: 395 – 420.

［65］ Wasley, P. （1992） "Working together: Teacher leadership and collaboration. " Teachers as Leaders: Evolving Roles. Washington: National Education Association.

［66］ Wenner, J. A. & Campbell, T. （2016） "The theoretical and empirical basis of teacher leadership: A review of the literature. " https://www.researchgate.net/publication/304033292.

［67］ York-Barr, J. , & Duke, K. （2004） "What do we know about teacher leadership? Findings from two decades of scholarship. " Review of Educational Research, 74: 255 – 316.

［68］ Yost, D. S. , Vogel, R. , & Liang, L. L. （2009） "Embedded teacher leadership: Support for a site – based model of professional development. " International Journal of Leadership in Education, 12 （4）: 409 – 433.

第十一章

学生领导力：发展与有效性

学生领导力是研究和实践中的一个独特领域（Tan and Adams，2018；Bolman and Deal，2008；Sergiovanni，1992；Tan et al.，2015；Tan et al.，2014；Tie，2012）。学生是未来的领导者，因此他们在学校生活的早期就理解自己的领导风格非常重要。了解领导风格和模型，接受领导培训和发展，将帮助学生增加他们作为组织领导者的知识和个人能力。

对学生领导力实践和发展的关注表明了培养有社会责任感的未来领导者的迫切需求（Amey，2006；Astin，1991；Astin，1993；Dugan and Komives，2007；Komives et al.，2009；Posner，2012）。更重要的是，这些研究者主张领导是每个人都具备的一种技能，任何人都可以发展（Rost，1993）。他们认为应该优先发展学生领导力，以便从早期阶段开始培养强大的领导身份认同。

学生领导力的出现

近些年，学生领导力方面的研究范式开始从领导理论和哲学研究向相互关系研究转变（Northouse，2007；Komives et al.，2007；1998；Rost，1991；Burns，1978）。无论是从商业环境下对团队协作实践的新要求（Pearce and Conger，2003；Lipman-Blumen，1996），还是学生领导力的专业化发展（Komives et al.，2006），都反映出一个新兴趋势，即学校开始关注培养学生的领导能力，以应对未来参与社会时需要面对的日益增长的挑战（Dugan and Komives，2007）。

除此之外，为学生发展新的领导力模型（Komives et al.，2006；Posner，2004；Posner and Brodsky，1992）；以公民参与、服务学习和志愿服务为中心的研究（Colby et al.，2003）；以及参与社会身份群体所需要的领导力赋权（Bordas，2007；Kezar，2000；Hoppe，1998）等也被广大学者所关注。

这些研究趋势表明，社会对教育机构有一个要求，即培养负责任的未来领导者（Dugan and Komives，2007）。然而，对学生能否成功在学生组织中展示领导能力仍存在许多质疑。但是发展学生领导力已经成为学习社区所有成员的责任，而不仅是开设领导力课程或参与课外领导力培训项目的那些教师的职责（Dugan and Komives，2007）。

亚历山大·阿斯汀几十年对学生参与进行的研究可能引发了关于学生领导力的初步讨论（Astin，1977）。阿斯汀研究了大学环境中对学生参与产生显著影响的因素，从而引入了学生参与理论。在这一理论基础上，阿斯汀发展了三个重要的学生领导力模型，为学生领导力的其他研究提供了指导。这三个模型分别是大学影响模型（Astin，1991）、社会变革模型（Astin et al.，1996）和转化性领导模型（Astin and Astin，2000）。

阿斯汀的大学影响模型

阿斯汀的大学影响模型由三个要素组成，如图11.1所示。第一个要素是输入（I：inputs），包括学生的背景信息，如人口统计学数据和任何以前的领导经验。第二个要素是环境（E：environment），涵盖学生在大学期间的所有经历。第三个要素是结果（O：outputs），涵盖了学生在大学毕业后的态度、信念、价值观、知识和特征。阿斯汀的"输入—环境—输出模型"解释了需要在学生进入教育机构时了解他们的品质和特征，了解他们接触到的教育环境的性质，以及他们在大学期间发展起来的品质、特征和经历。换言之，上大学的学生在品质和特征上独一无二，大学是一个培养他们充分领导潜力的环境。阿斯汀的大学影响模型已被用作进一步研究和实现高校学习目标的指导依据。

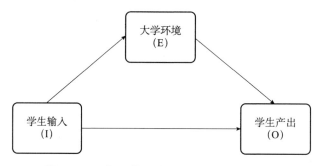

图 11.1 阿斯汀的"输入—环境—输出模型"

资源来源：阿斯汀（Astin, 1991）。

领导力发展的社会变革模型

1996 年，亚历山大和海伦·阿斯汀开发了领导力发展的社会变革模型（social change model，SCM）（Astin et al., 1996），突出了高等教育中学生领导力的发展。SCM 将领导力视为一个过程，而不仅是职位。SCM 被证明是学生领导力研究领域的一个特定和合适的模型，因为它提出学生领导力是一个有目的、变革性、以价值为基础、以过程为导向和以改变为导向的现象，导致积极的社会变革（Rost, 1993；Dugan and Komives, 2007）。

SCM 包括七个核心价值观，即自我意识（consciousness of self）、一致性和承诺：个人价值观（congruence and commitment：individual values）、协作（collaboration）、共同目标（common purpose）、处理争议：集体价值观（controversy with civility：group values）、公民意识：社会/社区价值观（citizenship：society/community value）。第八个变革的价值观赋予了该模型中其他价值观的含义和目的，使其成为领导力创造过程的最终目标。领导力发展的社会变革模型（SCM）如图 11.2 所示。

SCM 的核心价值观是相互依存的。根据阿斯汀等（Astin et al., 1996）的说法，自我意识是指在人格和正念两个层面上的自我意识或自我信念。自我意识被视为构成其他价值观的核心价值体系，即在共同目标的协作中共同努力，以文明的方式解决纷争。它还有助于建立有效协作的重要因素之一的信任。

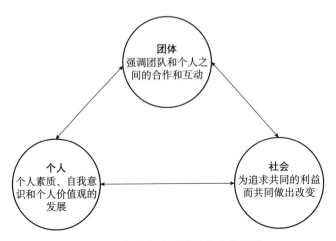

图 11.2　领导力发展的社会变革模型

资料来源：阿斯汀等（Astin et al. , 1996）。

一致性是指一个人诚实、真实、开放、真诚，这些是领导力的必要价值观，因为与理想信念一致的行动将导致积极的变化。在群体环境中，一致性可能会引发冲突和问题。然而，当群体有一个共同的目标时，所有问题都可以通过坚定的承诺来解决。例如，在任何组织中，只要成员愿意为共同目标作出承诺，就可以实现组织的方向和目标。由阿斯汀等（Astin et al. , 1996）定义的共同目标可以通过形成一个引人注目和吸引人的愿景并说服他人分享这个愿景来实现。

最后，公民意识在高等教育环境中至关重要，因为在这个层面上，大学生在校园环境之后为社区服务做准备。公民意识是该模型中所有其他核心价值观的关键，它们如何相互作用：自我意识、承诺、一致性、协作、共同目标以及以文明方式处理争议。最后，当上述所有核心价值观得到尊重时，变革将在个人、群体和社区层面上发生，发挥变革型领导力的效果。

SCM 为学生领导者提供一个双目标模型：一是发展学生的自我意识和领导能力；二是促进积极的社会变革，以实现机构或社区的有效运作。该模型适用于所有学生，不仅局限于担任领导职位的特定学生群体（Dugan and Komives，2007）。由于其广泛适用性和认可度，SCM 被认为是一种成熟的学生领导力模型。

阿斯汀"们"的变革型领导模型

2000 年，两位阿斯汀将他们的研究从社会变革模型扩展到了变革型领导模型（transformative leadership model），注意这个模型和传统变革型领导力模型（transformational leadership model）的区别。他们在研究中继续强调"参与"是一个重要原则，并阐述了领导的定义，即关注促进变革、内在价值导向和涉及所有人的团体过程。

在早期 SCM（Astin et al.，1996）中，协作是其七个核心构成要素之一，但在变革型领导模型中，阿斯汀们（Astin and Astin，2000）则将协作突出为有效领导的一个重要要素。表 11.1 描述了具有 10 个核心领导原则和价值观的协作模型，这些原则和价值观可用于增强任何领导力的转型。这 10 个核心原则相互加强，以实现有效的变革型领导。它们可以分为三个基本标准：团队素质、个人素质和将两者整合而成的有效领导。

表 11.1　　　　　　　　　　团队素质和个人素质的整合协作模型

	团队素质	个人素质
1	协作 激发每个人的能力，建立信任，利用团队成员的多样才能	自我认知 意识到信仰、价值观、态度和激发对变革追求的情感
2	共同目标 一个能够通过努力而成功达成的组织目标对团队至关重要	真实性/完整性 要求内心的价值观和信念与具体的行为保持一致
3	分歧和尊重 在相互尊重和信任的氛围中处理分歧	承诺 在困难时期保持激情、强度、持久性和努力的需要
4	分工 任何合作努力都需要每个团队成员的贡献	共情/理解 知识、技能、专业知识
5	学习型环境 最有效的团队领导力努力为成员提供协作的学习型环境	能力 成功完成变革所需的能力

资料来源：阿斯汀和阿斯汀（Astin and Astin，2000）。

根据阿斯汀们（Astin and Astin，2000）的模型，在团队素质方面，协作是一个通过明确分工以实现共同目标的相互作用的过程。在这个过程中，任何冲突或对抗都可以以相互尊重的方式得到解决，而团队互动的成功习得过程可以被视为营造的一种学习型的环境。

在个人素质方面，阿斯汀们（Astin and Astin，2000）认为，自我认知与领导中的真实性相得益彰，因为清晰、诚实和忠于自己的信念和价值观，对于获得他人认可至关重要。类似地，自我认知可以增强共情能力，因为对自己的深刻理解可以更好地理解他人。承诺也是一个重要的品质，它赋予自我认知、真实性和共情以价值。最后，能力对于承诺的影响最大，因为能力将提供实现承诺的动力。

不仅如此，团队素质还与个人素质相互作用。阿斯汀们（Astin and Astin，2000）强调，当团队通过明确的分工共同努力实现共同目标时，个人将发展自我认知、承诺、共情和真实性。这也反过来为团队合作在应对内部纷争时，为批评者提供了共情的机会。因此，一个人应该在明确共同目标的团队中具备个人承诺和真实性。所有这些协作将创造一个能够提升能力、自我认知和共情等素质的学习型氛围。

变革型领导模型的目的是在校园中提供一个合适的领导环境。这是一种策略，可用于提升个人和团队的领导能力，不仅适用于高等教育的学生，还适用于其他高等教育的关键参与者，如教职员工、学生事务的专业人员，甚至校长。

库泽斯和波斯纳的学生领导力挑战模型

学生领导力挑战模型是由库泽斯和波斯纳（Kouzes and Posner，2003）开发的。它受到了对企业组织或管理领导模型进行学生领导力研究的持续尝试的启发（Posner，2012）。可以看出，学生领导力和变革型领导力存在相似性，因为波斯纳（2012）的研究响应了布罗斯基（Brodsky，1988）对学生领导力的有效测量工具的需求。学生领导力挑战模型还是伯恩斯（Burns，1978）和巴斯（Bass，1999）的变革型领导理论的扩展，强调了建立关系的有效性（Posner，2012）。表11.2展示了学生领导力挑战模型，包括五个维度和10个行为描述，核心在于如何改善领导者–追随者之间的关系（Kouzes and Posner，2003）。

表11. 2　　　　　　　　　　　　学生领导力挑战模型

	维度	行为描述
1	树立榜样	发出自己的声音，明确个人价值观； 并将自身行动与大家的价值观保持一致，以树立榜样
2	激发共同愿景	为组织设定一个可达成的令人兴奋的未来； 通过营造共同的愿景来吸引他人，以共同努力实现
3	挑战现行做法	寻找机会，为组织寻求创新的成长方式； 不断尝试、冒险并从错误中学习
4	使他人能够行动	促进合作，推动合作目标，建立信任； 通过分享来提升他人
5	激励	承认他人的贡献； 弘扬价值观并创造一个强大的社区

资料来源：库泽斯和波斯纳（Kouzes and Posner，2003）。

在他们的书《学生领导力挑战：杰出领导者的五个实践》（2008）中，库泽斯和波斯纳通过每个维度和其中的行为描述来解释他们的学生领导力挑战模型。第一个维度是"树立榜样"，它表明学生领导者与他所领导的团队分享自己的价值观和理想。重要的是，这些领导者还应该贯彻自己的行动与团队共同价值观保持一致，通过实际行动和行为来践行自己的信念。

"激发共同愿景"说明学生领导者为团队提供了一个共享的愿景，并激励追随者不仅相信这个愿景，而且让他们在愿景上找到归属感。在这点上，学生领导者提供一个基于双赢原则的成功图景非常重要，这样做能确保足够的追随力。

"挑战现行做法"这一维度建议学生领导者通过创新方式寻找改进的机会，勇于冒险，并鼓励在追求共同成功目标的道路上不断挑战自己和追随者。这些学生领导者鼓励追随者提出非传统的想法、转变范式和跨越边界，在这里，失败并不被视为负面的事情，而更像是一个值得反思的经验。

第四个维度是"使他人能够行动"，这是另一个具有挑战性的领导力品质。在这里，领导者致力于驱动他人的能力，以实现共同的组织目标。信任在这里非常重要，它将形成领导者和追随者之间坚不可摧的团队合作关系。最后，"激励"是模型中最后一个关键的维度，领导者必须始终肯定团队成员的贡献。这将提升成员的士气，并为实现统一的目标提供更强的动力。

学生领导能力模型

阿米丽亚扎德等（Amirianzadeh et al.，2010）结合了领导力发展的社会变革模型（Astin et al.，1996）和学生领导力挑战模型（Kouzes and Posner，2003）的特点，开发了学生领导能力模型，如图 11.3 所示。该模型以变革作为学生领导力发展的关键。他们认为变革是一种积极的价值观：领导力是关于变革的，有效的领导力是有效变革的能力，领导力的最终目标是一个实现了改变的世界。

学生领导能力模型（Amirianzadeh et al.，2010）将学生的参与度、环境、态度和行为的影响视为学生领导能力发展的重要变量，如图 11.3 所示。该模型来源于阿斯汀们（Astin and Astin，2000）关于大学生领导能力在当今高等教育目标和需求等方面的论点。

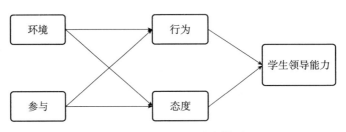

图 11.3 学生领导能力模型

资料来源：阿米丽亚扎德等（Amirianzadeh et al.，2010）。

根据该模型，"参与"是学生在身体机能和心理能量等各种方面的一种投资，沿着一个连续的过程发生，并具有与学生的学习和发展成比例的特征，其有效性直接与学生领导力发展的能力和实践相关（Astin，1997）。

"态度"是系统和层次化思维（Wielkiewicz，2000）的表现，涉及关系和学习导向、伦理和合作领导过程，是学生领导能力的重要中介因素。这些与"行为"中的五个有效领导实践（Kouzes and Posner，2010）——树立榜样、激励、使他人能够行动、激发共同愿景和挑战现行做法结合起来，成为学生领导力发展的关键实践。

　　"态度"和"行为"都结合在领导的"环境"中，可以是学校、校园社区或社会，与之相伴的是"参与"、沟通、干预和互动。这些都是该理论模型所提倡的导致变革的有效因素。学生领导能力模型的相关实证研究结果表明，学生的参与度和环境是预测因素（Astin，1997；Kuh，1991；Pascarela and Terenzini，2005），学生的领导态度和行为在其领导发展的影响路径上发挥中介作用（Kouzes and Posner，2010；Komives，2011）。

阿米丽亚扎德的学生领导力六边形理论

　　阿米丽亚扎德（Amirianzadeh，2012）提出的学生领导力六边形理论是一种更加现代化的理论，它建立在过去 20 年的学生领导力和领导力实证研究基础之上（Astin，1993；2003；Day，2004；Robert，1981；Russon and Reinelt，2004；Wielkiwicz，2000；Taylor，1998；Kouzes and Posner，2003；Komives，2009；Kuh et al.，1994；Ouelette，1998；Shertzer and Schuh，2004；Northouse，2001；Felsheim，2001；Lloyd，2006；Van Velson and McCauley，2004；Pascarelli and Terenzini，2005）。

　　学生领袖被描述为思维敏捷、决策者、问题解决者和社会变革推动者，在现代复杂和具有挑战性的环境中积极参与并扮演着重要角色。阿米丽亚扎德提倡学生领导力的发展是通过个体本身、周围群体和社会环境的教育、培训和发展共同推动的，因此，这个模型描述了如何使学生在这些维度中成为领导者。

　　该理论提出领导才能的发展应该涵盖四个重要方面：知识、态度、能力和行为。阿米丽亚扎德将知识定义为对影响学生领导力发展的领导力理论、模型和范式的认知。"态度"指的是学生领导思维和价值观的表达以及领导过程。技能是领导的必备要素，包括处理学生自身或周围环境中可能出现的时间、压力、冲突或危机的能力。最后，阿米丽亚扎德根据库泽斯和波斯纳（Kouzes and Posner，2003）提出的五个领导行为（树立榜样、激发共同愿景、使他人能够行动、挑战现行做法和鼓励他人）描述了领导行为。

这四个领导方面受到六个因素的影响：个体本身、家庭背景、学校、朋友、大学和社会。个体本身是指学生自身；家庭背景为学生领导力发展做好准备；学校提供了学生知识的发展平台；朋友是学生进行沟通和社交的同伴；大学是提供高等教育的培养环境；社会为学生提供领导参与、贡献和投入的机会。

六边形理论将个体、家庭、学校、朋友、大学和社会视为学生领导力发展的六个重要和有效的组成部分，让学生作为未来的领导者在应对新千年的挑战时做好准备。

铂尔曼和迪尔的四框架模型

领导力研究是多维度的，根据不同的观点进行评估（Sergiovanni，1984；Bolman and Deal，1984；Kouzes and Posner，1987；Covey，1989；Bennis，1995）。布什（2011）认为，铂尔曼和迪尔（Bolman and Deal，1997）提出的教育领导和管理的理论是最著名的理论之一。然而，在学生领导力领域，他们提出的四框架模型仍未被完全探索。表 11.3 展示了铂尔曼 – 迪尔的四框架模型。

表 11.3　　　　　　　　　　　铂尔曼和迪尔的四框架模型

4 – Frame	结构框架	人力资源框架	政治框架	象征性框架
组织的隐喻	工厂中的机器	家庭	丛林	嘉年华/神庙/剧场
核心概念	规则、角色、政策、技术、环境	需求、技能、关系	权力、冲突、竞争、组织政策	文化、意义、隐喻、仪式、典故、英雄
领导力具象	社会、建构	赋权	倡导	激发
领导力的基本挑战	将任务、技术和环境协调地结构化	使组织与人的需求相一致	制定议程和权力基础	创造信仰、美感和意义

资料来源：铂尔曼和迪尔（Bolman and Deal，1997）。

默罕安（Mohanan et al.，2015）的研究中实践了铂尔曼 – 迪尔的四框架模型，他在研究中国和印度即将进入职场的学生的领导风格套时用了这个框架，并比较了两国学生学术专业的成效。该模型还被马凯迪和卡多夫（Marck-

etti and Kadolph，2010）的研究所采用，该研究表明学生领导力的实践使学生
意识到领导者的行为、信念和态度是可以实现的。虽然铂尔曼和迪尔没有明确
说明他们的模型适用于学生领导者，但他们使用了四个框架：结构、人力资
源、政治和象征性来描述领导力，从而使该模型适用于学生领导者（Tan and
Adams，2018）。

　　这个领导力模型的"结构"框架强调目标和效率。它将人们区分为特定
的角色，并通过政策、规则和命令链来协调各种活动（Bolman and Deal，
1991）。"人力资源"框架关注人的需求，并假设满足基本需求的组织会比不
满足需求的组织运作更好（Bolman and Deal，1991；1997）。"政治"框架认为
机构是由个人和利益集团组成的联盟，他们竞争有限资源。冲突被视为集体行
动的正常副产品（Bolman and Deal，1991；1997）。在"象征性"框架中，组
织通过发展符号和文化塑造人们的行为，并提供共享的使命感和身份认同，帮
助人们从经验中找到意义（Bolman and Deal，1991）。

　　使用铂尔曼－迪尔模型进行的研究表明，"人力资源"和"结构"框架是
最常见的两个领导力框架。大多数人认为"人力资源"框架是他们的主要领
导力框架，其次是"结构""政治"和"象征性"框架。这些研究的相似之处
在于大多数人认为领导者无法同时展现多个领导框架。但是铂尔曼和迪尔发
现，领导者很少在领导实践中使用超过两个框架，几乎不会同时使用所有四个
框架，但是至少使用三个框架对于有效地领导组织至关重要。

　　理解学生领导力的各种模型非常重要，因为基于这些模型的领导力培训和
发展将有助于增强学生作为未来领导者的个人能力。随着新兴的学生领导力模
型的出现，这些学生领导者需要灵活应对每一种情况，并对变化作出响应。

学生领导力的有效性

　　学生领导力的有效性研究尚未充分展开，尽管各种领导力发展模型的出现
旨在实现领导力的有效性（WisnerF，2011）。近年来，有一些关于在大学生群
体中实践变革型领导的研究，然而，这些研究更注重于学生领导力的发展，而
不是关注学生领导力的有效性（Renn，2007；Komives et al.，2006；Dugan，

2006a，2006b；Komives et al.，2005；Boatwright and Egidio，2003）。

领导力的有效性与自我意识和人际关系息息相关。库泽斯和波斯纳（Kouzes and Posner，2002）在他们的领导力挑战模型中将领导力定义为"那些渴望领导的人和主动追随他们的人之间的关系"。他们强调，有效的学生领导力是推动变革、关系型、基于价值观和协作性的。有效的学生领导力所展示的一系列技能和能力可以被任何个人观察和学习（Wisner，2011）。

根据库泽斯和波斯纳（Kouzes and Posner，2002）的观点，杰出学生领导者的一般都始于他们对自己价值观的自我认知，并能够与他人的价值观进行对话和协调。这些领导者具有启发性、积极主动、能干和诚实的特点。他们展望未来，并在影响他人产生"一种渴望去创造一些从未有人创造过的东西，去改变事物的现状"的愿望。

有效的学生领导者会勇于冒险并学会从失败中学习，不断尝试新事物，认可并支持组织的创新、成长和进步。他们还通过行动来展现对他人的关心。对于领导者而言，能够欣赏他人是必要的，这让他/她能够肯定追随者的贡献。阿沃利奥和卢桑斯（Avolio and Luthans，2006）提出，学生领导者的韧性，以及希望、乐观和高水平的自我效能感（Wisner，2011）让他们具备在各种环境中有效领导的潜力。

马凯迪和卡多夫（Marcketti and Kadolph，2010）认为，学生领导者的有效性包括了领导力的特质和情境。铂尔曼和迪尔（Bolman and Deal，2008）认可这一观点，即领导力是情境性的，取决于涉及的人和环境。根据铂尔曼和迪尔（Bolman and Deal，2008），与有效领导相关的特质还包括自信、各种人际交往技巧（如友好和善良）、智商、果断和真实性（Marcketti and Kadolph，2010）。

经过领导力培养的学生领导者能够在团队合作（Keselman et al.，2015；Simonsen et al.，2014）、关系网建立技巧（Van De Valk，2008）、批判性思维（Ricketts and Rudd，2005）、时间管理和冲突管理（Amirianzadeh，2012）方面优于常人。而这些能力都是 21 世纪的雇主非常看重的，可以帮助组织达到更高的水平（Bolman and Deal，2008）。

学生领导力的挑战

领导力的发展提升了领导效能，这些研究帮助我们了解什么将有助于学生领导力的有效性（Wisner，2011）。然而，教育领导力方面的研究大部分关注校长、行政人员和教育工作者的观点，而缺乏对学生的观点的关注。这意味着大部分学生领导力的文献都来自外部人士——研究者的视角，而不是内部人士——学生的视角（Dempster and Lizzio，2007）。因此，学生的真实声音被研究者的声音所代替了（Aminitehrani，2017）。

新兴的学生领导力模型（Astin et al.，1996；Komives et al.，2007；Kouzes and Posner，2002）表明，意识对于学生领导力的有效性起到了积极作用。然而，需要进一步的研究来支持这个结论。尽管研究者提出了各种学生领导力模型，教育工作者对于发展学生领导力的重要性进行了精彩的阐述，但在将这些模型应用于学生领导力的发展实践前，它们仍然只是理论。因此，教育机构需要基于这些学生领导力模型，为学生提供更有针对性的培养计划，以发展他们的领导技能，并在具有挑战性的未来工作环境中应用这些技能。

章节小结

从阿斯汀（Astin，1977；1991；1996；2000）、库泽斯和波斯纳（Kouzes and Posner，2003）、阿米丽亚扎德（Amirianzadeh，2010；2012）到铂尔曼和迪尔（Bolman and Deal，1997）的学生领导力模型的发展历程，反映出对团队和协作实践中学生领导力发展的重视（Komives et al.，2006），以及教育机构培养学生领导力的责任（Dugan and Komives，2007）。有必要为学生领导者提供系统性、有针对性的培养机会，让学生们能够在他们的未来工作环境中取得成功（Aminitehrani，2017）。对领导力实践有高度了解和理解的学生会不遗余力地追求更高的标准，倡导合作，适应未来的挑战，并具备 21 世纪所需的额外能力。

阅读思考

1. 从伯恩斯（Burns，1978）和巴斯（Bass，1999）的交易型领导和变革型领导的原始理论开始，讨论学生领导力理论的发展沿革。

2. 阿斯汀（Astin, 1991；1993；1997）早期的研究如何为之后的学生领导力模型的发展提供理论基础？

3. 文化在多大程度上决定学生领导力实践和发展？

4. 未来关于学生领导力的研究可能关注什么？

参考文献

［1］Amey，M. J. （2006）"Leadership in higher education."Change：The Magazine of Higher Learning，38（6）：55－58.

［2］Aminitehrani，B. （2017）"Am I a leader? Understanding leadership from high school students in leadership positions."（Doctoral dissertation），California State University.

［3］Amirianzadeh，M.，Jaafari，P.，Ghourchian，N.，& Jowkar，B. （2010）"College student leadership competencies development：A model."International Journal for Cross-Disciplinary Subjects in Education，1（3）：168－172.

［4］Amirianzadeh，M. （2012）"Hexagon theory— student leadership development."Procedia-Social and Behavioral Sciences，31（2011）：333－339.

［5］Astin，A. W. （1977）"Four critical years."San Francisco：Jossey-Bass Astin，A. W. （1991）Assessment for excellence. New York：Macmillan.

［6］Astin，A. W. （1993）"What matters in college：Four critical years revisited."San Francisco：Jossey-Bass.

［7］Astin，A. W. （2003）"Studying how college affects students：A personal history of the CIRP."About Campus，8（3）：21－28.

［8］Astin，A. W. & Astin，H. S. （2000）"Leadership reconsidered：Engaging higher education in social change."Battle Creek，MI：W. K. Kellog Foundation.

［9］Astin，A.，Astin，H.，Boatsman，K.，Bonous-Hammarth，M.，Chambers，T.，Goldberg，S.，et al. （1996）"A social change model of leadership development: Cuidebook (Version III). " Los Angeles: University of California, Higher Education Research Institute.

[10] Avolio, B. J. , & Luthans, F. (2006) "The high impact leader: Moments matter in accelerating authentic leadership development. " New York: McGraw-Hill.

[11] Bass, B. M. (1999) "Two decades of research and development in transformational leadership. " European Journal of Work and Organisational Psychology, 8 (1): 9 – 32.

[12] Beck-Frazier, S. , White, L. N. , & McFadden, C. (2007) "Perceived differences of leadership behaviors of deans of education: A selected study. " Journal of Leadership Education, 6 (1): 92 – 107.

[13] Bennis, W. G. (1995) "Leadership theory and administrative behavior: The problem of authority. " Administrative science quarterly, 4: 259 – 301.

[14] Boatwright, K. J. , & Egidio, R. K. (2003) "Psychological predictors of college women's leadership aspirations. " Journal of College Student Development, 44 (5): 653 – 669.

[15] Bolman, L. G. & Deal, T. E. (1984) "Modern approaches to understanding and managing organisations. " San Francisco: Jossey-Bass.

[16] Bolman, L. G. & Deal, T. E. (1991) "Images of leadership. " NCEL Occasional Paper No. 7 The National Center for Educational Leadership. (ERIC Document Reproduction Service No. ED 332345).

[17] Bolman, L. G. & Deal, T. E. (1997) "Reframing organisations: Artistry, choice, and leadership (2nd ed.). " San Francisco: Jossey-Bass.

[18] Bolman, L. G. & Deal, T. E. (2008) "Reframing organisations: Artistry, choice, and leadership (4th ed.). " San Francisco: Jossey-Bass.

[19] Bordas, J. (2007) "Salsa, soul, and spirit: Leadership for a multicultural age. " San Francisco: Berrett-Koehler Publishers.

[20] Brodsky, B. (1988) "Development of a modified version of the leadership practices inventory for use with college students. " Unpublished Master's Thesis,

San Jose State University.

［21］Burns, J. M. （1978）"Leadership." New York：Harper & Row.

［22］Burks, T. D. （1992）"The use of organisational frames in leadership development." Peabody College for Teachers of Vanderbuilt University, Dissertation Abstracts International.

［23］Bush, T. （2011）"Theories of Educational Leadership and Management (4th ed.)." London：Sage.

［24］Cantu, K. A. （1997）"The leadership frames of academic deans randomly selected and nominated asexceptionally effective at public colleges." Arkansas StateUniversity, Jonaeboro, Arkansas.

［25］Colby, A., Ehrlich, R., Beaumont, E., & Stephens, J. （2003）"Educating undergraduates for responsible citizenship." Change, 35 （6）：40 – 48.

［26］Covey, S. R. （1989）"The seven habits of highly effective people." New York：Simon & Schuster.

［27］Day, D. （2004）"Leadership development." In Goethals, G., Sorenson, G., Burns, J. （eds.）"The Encyclopedia of leadership." 2：840 – 844.

［28］Dempster, N., & Lizzio, A. （2007）"Student leadership：Necessary research." The Australian Journal of Education, 51 （3）：276 – 285.

［29］Dugan, J. P. & Komives, S. R. （2007）"Developing leadership capacity in college students：Findings from a national study." A Report from the Multi Institutional Study of Leadership. College Park, MD：National Clearinghouse for Leadership Programmes.

［30］Dugan, J. P. （2006a）"Explorations using the social change model：Leadership development among college men and women." Journal of College Student Development, 47 （2）：217 – 225.

［31］Dugan, J. P. （2006b）"Involvement and leadership：A descriptive analysis of socially responsible leadership." Journal of College Student Development, 47 （3）：335 – 343.

［32］Fielshem, M. J. （2001）"Pathways to success：How university students become student leaders. " Unpublished doctoral dissertation. University of Wisconsin Madison.

[33] Gamblin, R. T. (2007) "Organisational orientations of K-12 school leaders in the Columbia Union Conference of Seventh-day Adventists. " (Doctoral dissertation), Andrews University, Berrien Springs, MT.

[34] Hoppe, M. H. (1998) "Cross-cultural issues in leadership development. " In C. D. McCauley, R. S. Moxley & E. Van Velson (eds.) "Handbook of leadership development, Center for creative leadership. " 336 – 378, San Francisco: Jossey – Bass.

[35] Keselman, A. , Ahmed, E. A. , Williamson, D. C. , Kelly, J. E. , & Dutcher, G. A. (2015) "Harnessing health information to foster disadvantaged teens' community engagement, leadership skills, and career plans: A qualitative evaluation of the Teen Health Leadership Program. " Journal of the Medical Library Association, 103 (2): 82 – 86.

[36] Kezar, A. (2000) "Pluralistic leadership: Bringing diverse voices to the table. " About Campus, 5 (3): 6 – 11.

[37] Kezar, A. J. , Carducci, R. , & Contreras-McGavin, M. (2006). "Rethinking the 'L' word in higher education: The revolution in research on leadership. " ASHE higher education report. (No 31). San Francisco: Jossey-Bass.

[38] Komives, S. R. , Lucas, N. & McMahon, T. R. (2007) "Exploring leadership: For collegestudents who want to make a difference (2nd ed.). " San Francisco: Jossey-Bass.

[39] Komives, S. R. , Longerbeam S. , Osteen, L. , Owen, J. & Wagner, W. (2009) "Leadership identity development: Challenges in applying a developmental model. " Journal of Leadership Education, 8 (1): 11 – 47.

[40] Komives, S. R. (2011) "College student leadership identity development. " Early Development and Leadership: Building the Next Ceneration of Leaders. https: //doi. org/10. 4324/9780203818343.

[41] Komives, S. R. , Owen, J. E. , Longerbeam, S. D. , Mainella, F. C. , &

Osteen, L. (2005) "Developing a leadership identity: A grounded theory." Journal of College Student Development, 46 (6): 593 –611.

［42］ Komives, S. R. , Longerbeam, S. D. , Owen, J E. , Mainella, F. C. , & Osteen, L. (2006) "A leadership identity development model: Applications from a grounded theory." Journal of College Student Development, 47 (4): 401 –418.

［43］ Kouzes, J. M. , & Posner, B. Z. (2010) "The truth about leadership." San Francisco: Jossey-Bass.

［44］ Kouzes, J. M. , & Posner, B. Z. (2002) "Leadership challenge (3rd ed.)." San Francisco: Jossey-Bass.

［45］ Kouzes, J. M. , & Posner, B. Z. (2003) "The student leadership practices inventory." San Francisco: Jossey-Bass.

［46］ Kouzes, J. M & Posner, B. Z. (2008) "The student leadership challenge: Five practices of exemplary leaders." San Francisco: Jossey-Bass.

［47］ Kouzes, J. M. & Posner, B. Z. (1987) "The leadership challenge: How to get extraordinary things done in organisations." San Francisco: Jossey-Bass.

［48］ Kuh, G. D. , Shuh, J. H. , Whitt, E. J. , & Associates. (1991) "Involving college. Successful approaches to fostering student learning and development outside the class." San Francisco: Jossey-Bass.

［49］ Kuh, G. D. , Douglas, K. B. , Lund, J. P. , & Ramin-Gyurnek, J. (1994) "Student learning outside the classroom: Transcending artificial boundaries. ASHE-ERIC Higher Education Report No. 8." Washington. D. C: The Georgia Washington University, School of Education and Human Development.

［50］ Lipman-Bluman. , J. (1996) "Connective leadership: Managing in a changing world." San Francisco: Jossey Bass.

［51］ Lloyd, J. (2000) "Practicing leadership: Characteristics associated with student leadership." Doctorate Dissertation.

［52］ Marcketti, S. B. & Kadolph, S. J. (2010) "Empowering student leadership beliefs: An exploratory study." Apparel, Events and Hospitality Management Publications. lowa State University Digital Repository.

[53] McCauley, C. D. & Van Velsor, E. (eds) (2005) "The centre for creative leadership handbook of leadership development." San Francisco：Josey-Bass.

[54] Mohanan, M., Shah, A., Bao, Y. & Rana, J. (2015) "Does the field of study influence the choice of leadership? A cross cultural comparisón of business vs nonbusiness majors." Research in Higher Education Journal, 28：1 – 19.

[55] Mohanan, M. L., & Shah, A. J. (2011) "Having the right tools：The leadership frames of university presidents." The Coastal Business Journal, 10 (1)：14 – 30.

[56] Northouse, P. G. (2007) "Leadership theory and practice (4th ed.)." Thousand Oaks, CA：Sage.

[57] Northouse, P. G. (2001) "Leadership：Theory and practice (2nd. ed.)." Thousand Oaks, CA：Sage

[58] Ouellette, M. (1998) "Characteristics, experience, and behaviour of university student leaders." Unpublished dissertation, University of Alberta, Canada.

[59] Pascarella E. T & Terenzini, P. T (2005) "How college affects students." San Francisco：Jossey-Bass.

[60] Pearce, C. L., & Conger, J. A. (eds.) (2003) "Shared leadership：Reframing the hows and whys of leadership." Thousand Oaks, CA：Sage.

[61] Posner, B. Z. (2012) "Effectively measuring student leadership." Adm. Sci., 2：221 – 234.

[62] Posner, B. Z. (2004) "A leadership development instrument for students：Updated." Journal of College Student Development, 45：443 – 456.

[63] Posner, B. Z., & Brodsky, B. (1992) "A leadership development instrument ford college students." Journal of College Student Development, 33：300 – 304.

[64] Renn, K. A. (2007) "LGBT student leaders and queer activists：Identities of lesbian, gay, bisexual, transgender, and queer identified college student leaders and activists." Journal of College Student Development, 48 (3)：311 – 330.

［65］ Ricketts, J. C. , & Rudd, R. D. （2002） "A comprehensive leadership educationald model to train, teach, and develop leadership in youth. " Journal of Career and Technical Education, 19 （1）: 7 – 17.

［66］ Roberts, D. C. （ed） （1998） "Student leadership programs in higher education. " Carbondale, IL: Southern Illinois University Press, American College Personnel Association.

［67］ Rost, J. C. , （1993） "Leadership development in the new millennium. " The Journal of Leadership Studies, 1: 91 – 110.

［68］ Rost, J. C. （1991） "Leadership for the twenty-first century. " Westport, CT: Praeger.

［69］ Russon, C. & Reinelt, C. （2004） "The results of an evaluation scan of 55 leadership development programs. " Journal of Leadership and Organisation Studies, 10 （3）: 104 – 107.

［70］ Sergiovanni, T. （1992） "Moral leadership: Getting to the heart of school improvement. " San Francisco: Jossey Bass.

［71］ Sergiovanni, T. （1984） "Leadership and excellence in schooling. " Educational Leadership, 41 （5）: 4 – 13.

［72］ Shertzer, J. E. & Schuh, J. H. （2004） "College student perceptions of leadership: Empowering and constraining beliefs. " NA SPA Journal, 42 （1）: 111 – 131.

［73］ Simonsen, J. C. , Velez, J. J. , Foor, R. M. , Birkenholz, R. J. , Foster, D. D. , Wolf, K. J. , & Epps, R. B. （2014） "A multi-institutional examination of the relationships between high school activity involvement and leadership characteristics. " Journal of Agricultural Education, 55 （1）: 200 – 2014.

［74］ Sypawka, W. , Mallet, W. , & McFadden, C. （2010） "Leadership styles of community college academic deans. " The community college enterprise, 63 – 73.

［75］ Tan, M. H. J. and Adams, D. （2018） "Malaysian student leaders' perception of their leadership styles. " Int. J. Innovation and Learning, 23 （3）: 368 –

382.

［76］Tan, M. H. J. , Tie, F. H. , & Chua, Y. P. （2015）"A qualitative analysis of the leadership style of a vice-chancellor in a Private University in Malaysia." SACE Open, 5 （1）: 1 – 11.

［77］Tan, M. H. J. , Chua, Y. P. & Tie, F. H. （2014）"Leadership orientations of an educational leader in a private university in Malaysia." Procedia Social and Behavioral Sciences, 114: 681 – 686.

［78］Taylor, J. E. （1998）"Leadership skills and attitudes perceived by collegiate male students." Unpublished Doctoral Dissertation.

［79］Tie, F. H. （2012）"Leadership for Learning in Malaysian Schools." In MacBeath, J. , & Townsend, T. （eds. ）"International Handbook of Leadership for Learning." Dordrecht: Springer.

［80］Van De Valk, L. J. （2008）"Leadership development and social capital: Is there a relationship?" Journal of Leadership Education, 7 （1）: 47 – 64.

［81］Wielkiwicz, R. M. （2000）"The leadership attitudes and beliefs scale: An instrument for evaluating college students thinking about leadership and organisations." Journal of College Student Development, 41 （3）: 335 – 347.

［82］Wisner, M. D. （2011）"Psychological strengths as predictors of effective student leadership." Christian Higher Education, 10 （3 – 4）: 353 – 375.

第十二章

教学和管理中的技术领导力

信息和通信技术的迅速发展让学校教育的方方面面都发生了巨大的变革。从教学到管理，再到学校文化，都感受到了这种变革的影响。许多学校已经开始增加在信息和通信技术基础设施以及信息资源等方面的投入，同时也提出了对教师和员工的信息和通信技术技能更新的要求。在某种程度上说，信息和通信技术的发展对学校管理和教学来说是一种福音。因此，学校管理体系和教学过程中应该包含有关技术领导力的知识（Mohd Hamzah et al. ，2014；Cakir，2012）。

技术领导力的概念

根据尤克尔（Yukl，2002）的观点，技术领导力正在成为一个独立的学科，将领导力研究与信息和通信技术组织中的独特复杂性和环境因素相结合（White and Bruton，2007）。技术领导力强调领导者应该开发、引导、管理和应用信息和通信技术来改进组织的运营和管理。因此，技术领导力是一个以功能为导向的领导力实践（Chin，2010）。

在重视信息和通信技术的学校里，技术领导力不仅是行政管理人员需要培养的，其他员工也同样需要，以便在信息和通信技术的使用方面高效而正确（Sharif，2015；Sincar，2013）。有证据表明，在教育领导力的相关学术研究中信息和通信技术方面的研究依旧匮乏（Shattuck，2010）。另外，技术领导力要求在策略、创新和领导力三个重要方面需要具备相应的技能。因此，当代组织成功的关键是如何紧跟全球的创新发展，以及在整个组织中如何去培养和发展创新性的价值体系（Arafeh et al.，2014）。

教育中的技术领导力指的是与学校组织、政策和实施决策相关的信息和通信技术活动（Dexter，2011；Fletcher，2009；Anderson and Dexter，2005）。技术领导力的影响力越强，学校的管理水平就越好（Tan，2010）。

此外，技术领导力是集实施变革的能力、提供信息和通信技术资源、专业发展以及使用新兴技术、设备和软件等方面实现组织目标的领导能力的结合（Alenezi，2017；Chang，2012）。

目前来说，技术领导有五个维度：愿景和技术管理、理论模型和指导、资源和支持、评估和研究以及沟通和激励（Dhar and Sarivastava，2016）。所有这些维度都非常重要，涉及领导者在沟通和使用信息和通信技术以及在战略决策方面采取有效措施以避免信息和通信技术滥用的能力。

第一个维度：愿景和技术管理。指的是在教育中有效使用信息通信技术的产品、过程和服务的综合规划、设计、优化、运营和控制（Anderson and Dexter，2005）。第二个维度：理论模型和指导。包括领导者在管理教学和管理目的的信息和通信技术方面的能力。第三个维度：技术领导力的资源和支持。解释了领导者提供信息和通信技术支持的领导技能，例如，建立无线互联网服务、促进员工在工作中有效使用信息和通信技术的效率，并监控信息和通信技术对员工绩效的影响（Athinarayana et al.，2013）。第四个维度：评估和研究。帮助领导者确定信息和通信技术的有效性，并获得优化教学和管理中信息和通信技术使用的输入。最后，沟通和激励维度涵盖领导者理解员工的信息和通信技术需求，并提供有效的工作信息和通信技术资源的能力。

技术领导力模型

作为教学和管理的领导核心，学校领导者应始终适应现代信息和通信技术环境（Adams et al.，2017）。他们应该在决策、管理、服务和评估中加强技术领导力。国际技术教育学会（ISTE，2014）提出了五个关键领域，用于确定在信息和通信技术成果方面有影响力的学校领导者，分别是愿景领导、数字时代的学习文化、卓越的专业实践、系统性改进和数字公民义务，见表12.1。

表 12.1   **学校技术领导力的五个关键领域**

愿景领导力	学校领导者激励和引导组织发展，并努力实现一个共同的愿景，即全面整合信息和通信技术，以促进卓越发展和支持整个组织的转型
数字时代的学习文化	学校领导者创造、促进和维持一种动态的数字时代学习文化，为所有学生提供严谨、相关和有吸引力的教育
卓越的专业实践	学校领导者提供和促进专业学习和创新的环境，使教育工作者能够通过注入当代信息和通信技术和数字化资源来提高学生的学习
系统化的改进	学校领导者提供数字化时代的领导力和管理，通过有效利用信息和技术资源，不断改善和提升组织
数字公民义务	学校领导示范并促进对社会、道德和法律问题的理解，以及与不断发展的数字文化相关的责任

拉曼等（Raman et al.，2014）认为，教师应该意识到现在学校中那些基于纸张的项目，如学生报告、考试结果，甚至与家长之间的交流，正在逐渐数字化。他们还需要学会在硬盘故障、人为错误或黑客攻击的情况下采取预防措施。现在教师们必须拥有自己的外部备份设备，以备份所有在教学过程中所需要使用的数据。

对于新时代的教师来说，鼓励他们在基本应用程序的基础上更广泛地使用信息和通信技术变得十分重要，这些技能包括但不限于网页开发、学习管理系统（learning management system，LMS）和辅助学习工具等。这些软件工具可以帮助他们有效和高效地整合信息和通信技术。同时，教师也应鼓励学生通过博客、学习门户和电子邮件等互联网通信工具分享他们的经验和进行互动（Raman et al.，2014）。

技术领导力的重要性

信息和通信技术在我们的生活中扮演着重要的角色，影响着商业、工业和教育等各个领域（教育监督协会，The School Superintendents Association，SSA，2014）。在教育发展的当前阶段，各种信息和通信技术被广泛地应用，同时，组织也需要对技术领导力实施监控，以掌握其被使用的程度。当然，在教育中使用信息和通信技术有许多优势，这让教育资源更受控制和可靠，这是因为有专门的系统来控制信息和通信技术的使用和提供相关的教学材料。

技术领导力的重要性还可以从教育主管官员对学校进行教学水平等评估的时候体现出来。一些研究表明，技术领导力被当作一种强化区域领导和沟通的手段（Hayes，2007；Redish and Chan，2007；Anderson and Dexter，2005）。

此外，根据戴维斯（Davis，2013）的观点，学校管理者的优秀领导力可以确保信息和通信技术的更好利用。这种优秀的领导力指的是在行政方面的支持，如对某种信息、技术的培训或对相关基础设施以及行政人员的支持，这些是影响教育中信息和通信技术使用的因素之一。格罗夫斯和泽梅尔（Groves and Zemel，2000）以及阿斯卡尔和尤丝尤尔（Askar and Usluel，2005）的研究发现，在学校的教学和管理中，硬件和软件方面的行政支持、用于购买信息和通信技术设备的预算分配、为教师提供培训的缺乏是信息和通信技术传播的主要障碍。

德沃诺和普莱斯（Devono and Price，2012）发现，教师应该顺应这种信息和通信技术导向的教育变革。不仅如此，教师还需要扮演在这种变革中重要推动者的角色，以提升教学方式并培养创新能力（Adams et al.，2018）。这需要学校允许且能够承担教师的不断尝试和冒险。

舒勒（Schuler，2014）也发现，教育工作者对学生的职业准备和机会负有责任。教育工作者应确保学生具备学习、适应工作环境的技能和知识。因此，技术领导力在学生的整个教育过程中的重要性是显而易见的，作为教育资源的提供者、教学专家和学习促进者的教育工作者，具备这样的领导力是有必要的。

学生的学术学习是为了构建知识。在这个过程中，要求学生能够参与并适应环境并解决问题。将信息和通信技术融入学术学习可以改善教育系统中的学习过程（National Association of Elementary School Principals，2012）。根据佩普勒（Peppler，2013）的观点，信息和通信技术有多种用途，包括为年轻人提供根据个人兴趣创新性地参与学习等（Peppler，2013）。根据经济合作与发展组织（OECD，2013）的研究，最具创新和有效的学习环境应该使用符合学习目标的评估方式。间接地，技术领导力在系统性使用信息和通信技术以营造引人入胜的学习环境方面发挥着作用（Anderson and Dexter，2005）。

教育教学法也随着信息和通信技术的发展而改变。信息和通信技术提供了更多的学习资源，有助于间接提高学生的潜力。这些学习资源包括管理和沟通工具、知识构建工具、在线指导和课程指引。创新的教师通过各种数字化的教学手段激励学生努力学习。

信息和通信技术有助于学生更有效地应对挑战，并确保他们更快成长。信息和通信技术还可以鼓励教育工作者进行合作和相互联系。现代教育的管理和领导完全可以通过几个相互连接和分享信息的项目来实现。跨社区的协作使教育工作者能够获取、分享、共同建立知识，并建立专业身份、关系和合作。

学校领导者在技术领导力中的角色

学校领导者的职责不仅限于教学方面，还包括组织领导、战略规划、社区参与、变革推动以及技术应用（Flanagan and Jacobsen，2003；Fisher and Waller，2013）。因此，他们有责任在学校内推动和实施信息和通信技术方面的改革，以促进学校的全面发展（Schiller，2003）。

在全球范围内，大多数国家已经开始引入以学生为中心、注重教学与管理整合技术的 21 世纪教学管理模式。然而，一些老一辈的教育工作者可能仍然固守传统教学方法。在这种情况下，学校领导者的作用至关重要，他们需要确保所有教职员工能够融入信息和通信技术的教学管理中。

普雅卡（Priyanka，2016）的研究表明，学校领导者需要建立关于信息和通信技术在学校教学管理中应用的愿景和目标。接着，他们需要了解如何将信息和通信技术融入学校教学环境，并帮助学生有效利用这些技术。学校领导者还需要确保信息和通信技术设施（如硬件、软件和其他支持设备）的维护和更新，以满足学生的需求。

另外，学校领导者还应积极参与专业发展活动，特别关注技术领导力在学生学习活动中的应用。专业技能的提升对于教师、员工和管理者来说至关重要

（Perera et al.，2015），因此，学校领导者需要制订相应的培训计划，以提升教师在信息和通信技术方面的教学能力。

弗拉纳根和雅各布森（Flanagan and Jacobsen，2003）的研究指出，学校领导者的行为对于成功整合新技术到教育中、教师使用信息和通信技术在课堂中的程度至关重要。作为技术领导者，学校领导者有责任在学校的行政管理和教学管理中，引导和鼓励学校社区、教师和学生有效地利用信息和通信技术（Flanagan and Jacobsen，2003；Turan，2002）。

教师在技术领导力中的角色

根据埃亚尔（Eyal，2012）的研究，教师可以利用各种数字技能来评估学生的学习情况，例如，在线任务、数字作业等。其他形式的数字评估包括教学系统、社交软件、在线同伴评估以及各类学习数据库等。教师在技术领导力方面的角色可分为三个掌握阶段：基本的数字评估能力、中级的数字评估能力和高级的数字评估能力。

在基本的数字评估能力方面，教师应该能够使用学习管理系统（LMS），实现对学生信息的有效获取和集中，从 LMS 生成相关的评估报告，测试所选工具的有效性，组织和记录反馈，并基于数字数据库管理综合评估和形成评估报告（Eyal，2012）。

具备中级数字评估能力的教师应尽量减少对传统考试的依赖，通过基于网络的测评和先进的信息和通信技术工具整合教学，利用数字工具收集学生的学习进展数据，选择适合学习目标和教学法的数字工具，并结合这些工具去评估学生学习过程，制定在数字环境中评估表现的适当标准，并利用反馈促进学习（Fisher and Waller，2013）。

具备了高级数字评估能力水平，教师能够在同行之间分享交流评估和评价的方法和经验；能够使用互动学习的应用程序，鼓励共同学习，使学生能够互相评价；能够提供丰富的关于学生和教学管理过程的评估信息；能够通过使用信息和通信技术鼓励学生进行自我评估和反思；能够利用信息进行自我反思以改进教学方法（Chang，2012）。

技术领导力的启示

技术领导力的主要目标是将信息和通信技术整合和应用到教学和管理的过程中，包括教师在使用信息和通信技术方面的方法（Mohd Hamzah et al.，2016）。

在学校教育信息和通信技术的基础设施设计和建设方面，技术领导力具有重要作用。平等地分配信息和通信技术资源给教师、学生和管理人员也是技术领导力需要重点考虑的方面（Tan，2010）。坦（Tan，2010）还认为，技术领导力可以在教学和管理过程中促进对信息和通信技术文化的变革。应用越多的信息和通信技术在学校的教学和管理过程中，学校的办学质量就会越好（Al-Hariri and Al-Hattami，2017）。

此外，技术领导力鼓励学校领导者参与设计和实施学校的信息和通信技术规划。在这方面，作为学校的领导者，应确保学校的信息战略规划与国家、省和区保持一致（Raman et al.，2014）。他们的信息和通信技术知识和技能可以被视为学校不断增长的无形资产。

技术领导力的障碍

将信息和通信技术（ICT）整合到学校的教学和管理中是一个复杂的过程，会遇到许多困难。英国教育通信和技术机构（2004）发现，缺乏足够的时间和信心、对信息变革的抵制、缺乏解决技术问题的培训和缺乏获取资源的渠道是学校情境下信息和通信技术应用的主要障碍。

爱特梅尔（Ertmer，1999）在他的研究中将学校面临的信息和通信技术障碍分为两类：一级的外部障碍和二级的内部障碍。一级的外部障碍包括教师的时间、支持、可获得的资源和为他们提供的培训；二级的内部障碍包括教师的态度、信念、实践和抵制情况。

佩尔格鲁（Pelgrum，2001）发现，计算机和软件的数量、ICT 知识和技能的不足、将 ICT 整合到教学中的困难以及时间不足是学校信息和通信技术应用的普遍障碍。作为学校的技术领导者，学校领导者需要得到决策参与者的支持，去意识到这些阻碍因素的存在，并制订计划来克服它们。进行相应的培训也是必不可少的，以培养具有创新能力的技术领导者，以确保 ICT 在学校的成功整合和使用。

章节小结

信息和通信技术对学生的学习有着毋庸置疑的积极作用（Al-Hariri and Al-Hattami，2017），也就是说，技术领导力可以提高学生的学习成果，并改善课堂教学的质量（Sincar，2013）。作为学校领导者的校长必须把课堂信息和通信技术作为学校发展的优先事项，作为教育工作者的教师应将信息和通信技术融入在教学中（Garland and Tadeja，2013）。此外，学校领导者还必须引领和鼓励教职工勇于利用新技术创新教育教学，还应鼓励教师参加与教育技术相关的研讨会、工作坊或其他交流活动，以紧跟通信和信息技术和课堂教学实践的发展（Freeman et al.，2015）。

阅读思考

1. 讨论教育信息和通信技术和学校技术领导力的发展趋势。
2. 有效的学校技术领导者的特点是什么？
3. 描述教师在技术领导力中发挥的作用。
4. 技术领导力对学校有什么影响？

参考文献

［1］Adams，D.，A. Samat，S.，& Abu Samah，H.（2018）"Teacher leadership：Going beyond classroom."International Online Journal of Educational Leadership，2（1）：1 – 3.

［2］Adams，D.，Raman Kutty，G.，& Mohd Zabidi，Z.（2017）"Educational leadership for the 21st century. " International Online Journal of Educational Leadership, 1 (1): 1 -4.

[3] Alenezi, A. (2017) "Technology leadership in Saudi schools. " Education and Information Technology, 22: 1121 - 1132.

[4] Al-Hariri, M. , & Al-Hattami, A. (2017) "Impact of students' use of technologyon their learning achievements in physiology courses at the University of Dammam. " Journal of Taibah University Medical Sciences, 12: 82 - 85.

[5] Anderson, R. E. , & Dexter, S. (2005) "School technology leadership: An empirical investigation of prevalence and effect" . Educational Administration Quarterly, 41 (1): 49 - 82.

[6] Arafeh, S. , Haynes, N. M. , & McDaniels, C. (2014) "Educational leadership: Perspectives on preparation and practice. " Lanham, MD: University Press of America.

[7] Askar, P. , & Usluel, Y. K. (2005) "Diffusion of computers in schools. " Encyclopedia of Distance Learning, Vol. 4. (Howard, C. et al. , eds.) Hershey, PA: Idea Group, 568 - 572.

[8] Athinarayana, R. , Bertolinea. , G. R. , Bowen, E. E. , Burbanka, K. A. , Buskirka, D. R, Cox, R. F. , & Kucukanal, H. (2013) "Global technology leadership: A case for innovative education praxis. " Procedia- Social and Behavioral Sciences, 75: 163 - 171.

[9] British Educational Communications and Technology Agency. (2004) "A review of the research literature on barrier to the uptake of ICT by teachers. " http: // www. becta. org. uk.

[10] Cakir, R. (2012) "Technology integration and technology leadership in schools as learning organisations. " The Turkish Online Journal of Educational Technology, 11 (4).

[11] Chang, I. H. (2012) "The effect of principals' technological leadership on teachers' technological literacy and teaching effectiveness in Taiwanese Elementary Schools. " Educational Technology & Society, 15 (2): 328 - 340.

［12］ Davis, T. M. (2013) "The impact of guided reading and direct instruction on the reading fluency and comprehension of first grade students: Implications for school leaders." https://uh-ir. tdl. org/uh-ir/bitstream/handle/10657/958/DAVIS-DISSERTATION - 2013. pdf? sequence = 1.

［13］ Devono, F. , & Price, T. (2012) "How principals and teachers perceived their superintendents' leadership in developing and supporting effective learning environments as measured by the superintendent efficacy questionnaire." National Forum of Educational Administration and Supervision Journal, 29 (4): 1 - 14.

［14］ Dexter, S. (2011) "School technology leadership: Artifacts in systems of practice." Journal of School Leadership, 21 (2): 166 - 189.

［15］ Dhar, R. L. , & Sarivastava, A. P. (2016) "Technology leadership and predicting travel agent performance." Journal of Tourism Management Perspectives, 20: 77 - 86.

［16］ Ertmer, P. (1999) "Addressing first and second-order barriers to change. Strategies for technology integration." Educational Technology Research and Development, 47 (4): 47 - 61.

［17］ Eyal, L. (2012) "Digital assessment literacy- the core role of the teacher in a digital environment." Educational Technology & Society, 15 (2): 37 - 49.

［18］ Fisher, D. M. , & Waller, L. R. (2013) "The 21st century principal: A study of technology leadership and technology integration in Texas K-12 Schools." Global ELearning Journal, 2 (4): 1 - 44.

［19］ Flanagan, L. , & Jacobsen, M. (2003) "Technology leadership for the twenty-first century principal." Journal of Educational Administration, 41 (2): 124 - 142.

［20］ Fletcher, G. H. (2009) "A matter of principals." Transforming education through technology, 36 (5): 22 - 28.

［21］ Freeman, B. , Marginson, S. , & Tytler, R. (eds.) (2015) "The age of STEM: Educational policy and practice across the world in science, technology, engineering and mathematics." New York: Routledge.

［22］ Garland, V. E. , & Tadeja, C. (2013) "Educational leadership and technology: Preparing school administrators for a digital age. " New York: Routledge.

［23］ Groves, M. , & Zemel, P. (2000) "Instructional technology adoption in higher education: An actionresearch case study. " International Journal of Instructional Media, 27 (1): 57 − 65.

［24］ Hayes, D. N. A. (2007) "ICT and learning: Lessons from Australian classrooms. " Computers & Education, 49 (2): 385 − 395.

［25］ International Society for Technology in Education (ISTE). (2014) "ISTE standards administrators. " http://www. iste. org/standards.

［26］ Ministry of Education. (2013) "Malaysia Education Blueprint 2013 − 2025. " https://www. moe. gov. my/images/dasar kpm/articlefile_file_003108. pdf.

［27］ Mohd Hamzah, M. I. , Juraime, F. , Hamid, A. H. A. , Nordin, N. , & Attan, N. (2014) "Technology leadership and its relationship with school-malaysia standard of education quality (School-MSEQ). " International Education Studies, 7 (13): 278 − 285.

［28］ Mohd Hamzah, M. I. , Juraime, F. , & Mansor, A. N. (2016) "Malaysian principals' technology leadership practices and curriculum management. " Creative Education, 7: 922 − 930.

［29］ National Association of Elementary School Principals (2012) "Technology Integration for the New 21st Century Learner. " https://www. naesp. org/2012naesp-conference-and-expo.

［30］ Organisation for Economic Development and Cooperation (OECD) (2013) "Education at a glance 2013, OECD indicators. " https://www. oecd. org/edu/eag2013%20 (eng) -FINAL%2020%20June%202013. pdf.

［31］ Pelgrum, W. J. (2001) "Obstacles to the integration of ICT in education: Results from a worldwide educational assessment. " Computers & Education, 37 (2): 163 − 178.

［32］ Peppler, K. (2013) "New opportunities for interest-driven arts learning in a digital age. " http：//www. wallacefoundation. org/knowledge-center/Docu-ments/NewOpportunities-for-Interest-Driven-Arts-Learning-in-a-Digital-Age. pdf.

［33］ Perera, C. J. , Adams, D. , & Muniandy, V. （2015）"principal preparation and professional development in Malaysia：Exploring key influences and current practice. " In A. Harris and M. Jones （eds. ） "Leading Futures：Global Perspectives on Educational Leadership. " 125 – 137, London：Sage.

［34］ Priyanka, G. （2016） "Roles & responsibilities of a school leader in technology integration". http：//edtechreview. in/trends-insights/insights/2541 – role-ofschool-leader-principal-in-school-technology.

［35］ Raman, A. , Don, Y. , & Kasim, A. L. （2014） "The relationship between principals' technology leadership and teachers' technology use in Malaysian secondary schools. " Asian Social Science, 10 （18）.

［36］ Redish, T. , & Chan, T. C. （2007） "Technology leadership：Aspir-ing administrators' perceptions of their leadership preparation program. " Electronic Journal for the Integration of Technology in Education, 6：123 – 139.

［37］ Schiller, J. （2003） "The elementary school principal as a change facili-tator in ICT integration. " http：//technologysource. org/article/elementary_ school_ principal_ as_ a_ change_ facilitator_ in_ ict_ integration. pdf.

［38］ Schuler, D. R. （2014） "The empowered superintendent. " http：//cosn. org/sites/default/files/pdf/CoSN％ 20Empowered％ 20Superintendent％ 20Module％ 201％ 20 FINAL. pdf.

［39］ Sharif, N. （2015） "Global technology leadership：The case of China. " HKUST IEMS Working Paper. http：//iems. ust. hk/wp-content/uploads/2015/02/ IEMSWP2015 – 11. pdf.

［40］ Tan, S. C. （2010） "School technology leadership：Lessons from empiri-cal research. " Proceedings Ascilite Sydne, 896 – 906. http：//www. ascilite. org/ conferences/dsydney10/procs/Seng_ chee_ tan-full. pdf.

［41］ The School Superintendents Association. （2014） "The empowered superintendent. " http：//cosn. org/sites/default/files/pdf/CoSN％ 20 Empowered％

20 Superintendent%20Module%201%20FINAL. pdf.

［42］ Turan, S. (2002) "The role educational administrators in terms of effective use of technology at the school." Educational Administration, 30: 271 –274.

［43］ White, M. A. , & Bruton, G. D. (2007) "The management of technology and innovation: A strategic approach (2nd ed.)." Boston, MA: Cengage.

［44］ Yukl, G. (2002) "Leadership in organisations (5th ed.)." New Jersey: Prentice Hall.

第十三章 /

课程管理与课程领导力

对教育管理专业的研究，目前倾向于将"领导力"和"管理"分开讨论。例如，库班（Cuban，1988）将领导力和影响力联系在一起，将管理和如何高效率地维持现状联系在一起。但是，布什（Bush，2011）赋予领导力和管理同等的重要性。同样，本书认为成功的课程开发和实施也同样需要领导者和管理者的共同努力。

本章介绍了课程的概念、课程区别、类型、领导、管理过程，并在适当的情况下提供了一些建议。它还描述了课程领导者和管理者的三个重要维度。

课程：总瞰

明确"课程"的含义非常重要。在 20 世纪中叶，约翰·科尔（John Kerr，1968）将其定义为"学校计划和指导的包括集体和个体、校内校外的所有学习活动"。随后的作者将注意力集中在课程的结构上，并将其视为促使学生实现"某些可确定的目标或目的"的学习活动（Hirst，1974）。根据约翰·威尔逊（John Wilson，1977）的观点：

> ［课程］是一种只适用于计划的、持续的和定期的学习，它被认真执行，具有独特而结构化的内容，并在特定的学习阶段进行。

这些陈述囊括了课程的各个方面，表明它应该是全面的、有目的的、有结构的和持续的。巴罗和伍德（Barrow and Wood，2006）却认为不要以约翰·

科尔所说的最广义的定义来看待课程，建议应该关注具体的教学需求以促进对课程的深入理解。然而，这种专注的方法同时也增加了课程系统失去均衡和平衡的风险。因此，本书建议采用全面的课程方法。

术语"课程"和"教学大纲"通常可以互换使用，为了明确起见，有必要指出，教学大纲涉及教师打算在学习环境中传授的所有内容或知识体系，而课程通常是指学校为其学生提供的总体课程，包括学术知识基础的发展，以及软技能、身体、情感、社交、行为和心理健康。换言之，课程包括教学大纲，而教学大纲只是更广泛的学习计划中称为"课程"的一部分。因此，为了使教学大纲取得成功，关键是与既定课程的目标和要求相一致。

课程通常是由国家政府来设计和引入的，具有一种强制性，这说明学校的角色不仅限于教育实施者，往往更大程度上来自政府的赋权。在这个前提下，学校领导力在课程实施中其实面临着问题，因为缺乏足够的空间。实际上，虽然政府可能对课程采取规范性的方法，但往往仅限于指定总体目标。换言之，学校选择将正式课程转化为教学大纲和教学目标的方式是超出国家政府控制范围之外的。这种差距导致了教育部规定的正式课程和学校实际教授课程之间出现差异（Kelly，1989），这种差异体现在正式规定的教学内容与教师在课堂上实际解释和教授的内容上。教师自主权是课程领导的核心问题，不仅涉及课程的实施，更重要的是课程的开发。

课程的类型

迈克尔·汉德（Michael Hand，2010）将课程分成三个类别：学术课程、职业课程和德育课程。学术课程的支持者认为课程的主要目标是激发学生从事理论探究和推理。职业课程的支持者则认为以学生学习可以产生收入的行业或手艺才应该是课程的目标。正如标题所示，德育课程旨在回答学校希望其学生将来成为什么样的人的问题。除了介绍不同变体的课程外，这些类型所代表的是影响学校社区选择设计和开发课程方式的立场。例如，如果学校社区倡导学术形式的课程，那么从这个角度出发的课程将主要是理论性的。然而，当由那些优先考虑实践训练的人设计课程时，重点可能会有所不同。至于第三种形式的课程，德育课程，则应该将其视为其他课程的补充，因为在设计既强调理论又强调职业训练的课程的同时，完全可以融入学生在德育方面的培养。

在大多数情况下，选择哪种课程形式由教育主管部门决定。然而，具体的实施方式最终还是落在学校社区的权限范围内，学校需要根据培养计划来设计所有课程的框架。因此，对课程这个概念的解释不仅发生在课堂上，还发生在当它以工作计划的形式呈现的过程中。本章将讨论学校如何领导和管理具体的教学工作计划，而不是政府规定的正式课程体系。

课程的领导力和管理

21 世纪的一个显著特点是信息获取的开放性和便利性。在 20 世纪的大部分时间里，信息的获取仅限于一个国家、县区、社区或组织中的少数人。这种特权将人们分为知道的少数人和不知道的大多数人。对于普通人而言，信息的获取途径仅来自报纸、广播和电视。这种信息差带来的影响反而促使人们自然而然地聚集在一起，从而产生影响、激励、鼓励、期盼和引领等关系。然而，互联网和移动通信系统的出现打破了这种少数/多数的二分法，将社会转变为多元化的实体，人们成为在信息上可以自给自足的个体，轻松、便捷和廉价地获取信息。这一发展改变了领导力在汇集人群方面的作用，可以说，21 世纪领导力的真正挑战是对那些不再依赖少数"精英"来提供信息、引领的个体进行有效领导。简言之，他们不再需要"被给予"，而是"与之分享"。

这极大地拓展了学校社区的概念，即教师在课程领导力中的作用。术语"课程领导力"包括两个方面。"课程"方面指的是设计和开发课程所需的学术和非学术学科的深入了解。这一方面与教学领导力密切相关，尤其是课程的协调，属于哈林格和墨菲（Hallinger and Murphy, 1985）所称的"管理教学计划"。然而，这一方面存在几个挑战。首先，指导教学是校长默认期望承担的责任，然而，校长可能没有足够的时间来完成这一任务。其次，校长可能对所有学科都不具备足够的知识。这就需要教师在提供专业建议和贡献方面去承担核心作用。因此，课程领导力可以被看作是一种承认专业知识和自治性，并在正式领导和非正式领导之间进行分配的方法。从这个角度来看，课程领导者的主要角色是创造参与机会，以促进学校社区专业知识的发挥，并营造一种自治的氛围。这是一种分布式的课程领导力，在这个前提下具有极高的合理性。这是一种要求从"如何"的角度来看待课程的领导和管理的视角，即关注学校社区如何参与过程，而不是关注课程中可以涵盖哪些内容。

在香港两所中学的课程领导力和管理案例研究中，李和迪莫克（Lee and Dimmock，1999）提出了一个相关的二维问题："谁应该参与课程管理和领导？以及他们应该如何参与？"第一个问题的答案是显而易见的，应该是正式领导者，包括校长、副校长和中层领导者，以及教师，他们共同构成了"学校社区"。第二个问题则需要进一步讨论。

普利迪（Preedy，2002）认为，课程管理过程包括四个阶段：规划、实施、监控和评估、审查和审核。然而，在对这些阶段进行讨论之前，应该在普利迪的基础上增加一个额外的阶段，即文化。

第一阶段：文化。正如前面强调的，正式领导者，特别是校长，需要在课程开发的所有阶段都让专业教师能够参与进来。然而，这种集体参与应该谨慎开展。实质上，任何由个体参与者所构成的集体都需要有一套全面和可理解的行为准则。这是一个框架，界定了人们合作、争论、反对、说服和如何解决冲突的方式。校长们往往忽视或低估了这一点，从而导致组织分裂的风险。理想情况下，行为准则应涉及一些基本规则，例如，处理在上课期间能否使用手机的情况，在意见分歧时给予每个成员平等的表达机会，并作出妥协和让步等。

第二阶段：规划。普利迪（Preedy，2002）强调学校课程与其价值观、目标和优先级之间的一致性。例如，一个倡导自我探索和以学生为中心的学校不太可能推出以教师为主导的课程；一个重视全面教育的学校会提供多样化的课外活动。当然在极特殊的情况下，如一个长期培养质量较差的学校可能会临时暂停课外活动，将重点放在如何提升学术科目质量上。

因此，在这个阶段将提出一个重要的问题，即学校社区在多大程度上意识到自己的价值观、目标和优先事项是否一致？除非每个人都意识到这个问题，否则不应该急着开始课程规划。实际上，从某个角度来说，这就是领导力和管理相结合的关键点，因为在课程管理的规划阶段，需要先确立学校的使命、愿景和方向，也就是领导力的内容。

普利迪（Preedy，2002）介绍了六种在课程规划过程中需要考虑的策略：范围性、平衡性、延展性、连贯性、相关性和差异性。第一个策略是范围性，即课程在多大程度上涵盖了所有学习领域。例如，一个旨在培养探究精神的课程，在多大程度上为学生提供了思考、合作和反思的机会。第二个策略是平衡性，重点是对每个学习领域（如各种学习风格）所付出的关注程度是否平衡。第三个策略是延展性，旨在确保为高年级学生提供的学术和非学术课程都是来源于或发展自为低年级学生所提供的课程。普利迪提出的下两个策略是连贯性和相关性。连贯性，在学科的历史背景之中强调课程的纵向关联，而相关性关注学科之间的相互横向的关系，例如，文学和历史之间的密切联系。普利迪的最后一个策略就是"差异性"，主要关注解决学生的综合能力。尽管这是一个重要的方面，但目前除了在相关文献中简要提及外，如何在课程中体现这一点尚不清楚。差异性要求教师根据不同学生不同的能力和需求而进行的一种有针对性的努力。然而，教师通常时间紧张，课程规划者则需要在规划的时候就考虑到这一问题。

时间对于任何学校来说都是一种稀缺资源，因此，课程的规划往往受到时间的限制。因此，最合适的规划时间往往是在学期开始和/或结束时，这是学校社区，尤其是教师，即将投入课堂教学或准备学期休息时。这些事件前的几天是专门用于课程规划的最理想时间。然而，这些时间分配需要提前宣布，以避免不必要的冲突发生。

课程规划需要各个科目的教师参与。有些科目可能相互关联，如数学和物理，而有些则可能毫无关联，如体育和音乐。因此，全校共同规划并不总是可行的，更切实的做法是将同一科目的教师进行分组。有时一个教师可能负责两个相似的科目，如语言课和文学课，这种情况下最好让教师负责他们更核心的科目。

通常，学科由学科主任或协调员这样的领导者管理。他们处于最佳位置来引导他们的团队，确保课程规划符合学校的整体目标和价值观。校长在推动措施方面起着关键作用，尤其是考虑到学校社区在规划过程中的作用，但这并不意味着削弱校长的权威。相反，校长的领导力需要提供额外的支持和保护，以跨越多个参与者，确保规划过程顺利进行。

课程规划的积极性常常受到时间不足的限制。试图在几个小时内完成本应需要几天的工作是不现实的。匆忙进行规划可能导致不良的课程设计，进而加剧课程和活动的问题。因此，更好的策略是缓慢但稳健地进行规划。约翰·威尔逊（John Wilson，1977）提出"持续"学习的概念，同样可以应用于课程规划，即打造一个经得起时间考验的强大课程框架。这并不意味着课程不应变化，而是要保持其基础结构的稳定，类似于老建筑的翻新，需要有扎实的基础。

共同规划课程有很多好处。它为教师提供了表达自己观点的机会，并接受来自同事的批评、修改、认可或反对，但这都是在一个相互尊重和健康的氛围中进行的。共同规划也为教师提供了评价和改进他们教学成果的机会，增强了他们的自主权。最后，作为各自学科的专家，教师参与规划能够确保课程的有效性和学生学习成效的最大化。

第三阶段和第四阶段：实施、监控和评估。在课程的实施阶段，抽象的计划被转化为具体的实践。一旦共同规划阶段结束，教师们就有机会按照制定的教学计划来实施和推进教学工作。然而，由于涉及人的因素，问题往往具有不可预测性和不稳定性。因此，即使课程计划得再完美，也有可能无法完全理想化地运行。需要区分究竟是课程相关的问题还是教学风格相关的问题导致了实施的不如预期。有时，即使课程计划良好，由于教学不佳，课程也可能被认为无效。相反，一个仓促编制的课程的缺陷可能会被强大的教学风格所弥补。这是一个微妙的区别，需要教师和其他参与教学管理的人加以关注。

在整个学期中，纸质版的课程计划对于教师而言非常重要。理想情况下，他们可以在课堂上针对每个主题的优点和缺点做笔记，并在文件中设置评论区。然而，一些教师可能没有足够的时间每天提供反馈，也无法针对每个主题进行详细的反馈。作为替代方案，可以在课程文件中提供经过仔细考虑的描述性内容供忙碌的教师选择。表 13.1 中给出了这种描述性反馈的示例。

表 13.1　　　　课程管理中的主题描述性反馈

主题	阶段	时间	原则
这个主题非常适合本课堂的教学点	该阶段与上个阶段之间非常相关	时间分配非常合适	建议的活动完全符合课程整体探究导向的原则
↑ …… ↓	↑ …… ↓	↑ …… ↓	↑ …… ↓
这个主题几乎不适合本课堂的教学点	该阶段无关，应该移动到 ** 阶段（之前/之后）*	时间分配不适当，应该（缩短/延长）*	建议的活动几乎没有教学成效，并且与课程整体探究导向的原则不一致

注：*适用时画圈；**填写数字。

在表 13.1 中，说明标题是可自定义的，可以根据需要进行修改。将这些描述以网格形式呈现是因为教师可能认为主题非常适合课堂的教学点，但他们可能对引入主题的阶段有自己的看法。网格的形式让教师能够方便地勾选适当的选项。此外，形容词和副词用来明确每个主题所代表的定性状态，可以将这些内容加粗印刷以提示使用者。

在许多学校，教师通常需要定期与他们的学科主任开会。在这些会议上，可以利用时间来讨论与课程实施相关的问题。校长也可以组织行政会议来达到这个目的，例如，将这些会议的议程设置为课程讨论的相关主题。即便如此，在学校中，期末前的那些日子依旧是最应该利用起来的时间。

第五阶段：回顾与审计。回顾与审计并非课程领导力和管理的终点，而是改进和修改迭代过程中的另一步。新的共同同意的建议最终将为下一个计划阶段提供新的优化方案。这个阶段的工作量将反映出在初步规划阶段所付出的努力，暗示了一个负相关的关系，即规划阶段越彻底，回顾和审计阶段越不冗长。

时间的匮乏常与课程评估会议有关，特别是在回顾和审计阶段，原有规划的从小幅度到完全修改都是可能的。因此，一个可行的做法是在评估会议上就执行回顾和审计阶段任务，以节约时间。在这种情况下，会议负责人应鼓励参与者使用信息手段，在讨论课程规划时及时标注或修改可能需要修订的地方，同时进行评估和审计，将节省大量时间。

课程领导者的职责

由于领导力在近年来变得日益重要，本节提出了课程领导者的四个主要职责。

（一）理念

课程领导者有责任在学校营造一个有利于课程发展的工作氛围。这包括鼓励积极的态度和聆听教师的声音，并有效应对负面反应和抱怨。

（二）物理环境

课程领导者需要准备一个适合进行会议和讨论的物理空间。考虑到背景限制，理想情况下，选择的场所应该足够正式以引起参会人员的重视。

（三）人员

课程领导者有责任了解任课教师的优势和劣势，发现和推荐那些具有领导力和专业学识的潜在领导者、专业的顾问。

（四）材料

课程领导者必须确保提供可以用于开发课程的所有材料，例如，教科书、指南以及足够的文具、笔记本电脑等。

章节小结

在讨论课程的领导力与管理时，本章提出课程是一份正式教学指导计划，通常由学校规定，应与学校的其他工作方案区分开来。借鉴约翰·威尔逊（John Wilson，1977）的观点，一个有效的课程应该是全面的、有目的的、结构化和持续的，同时还可以增加包容性、广泛基础、知识驱动和灵活性。

普利迪（Preedy，2002）关于规划、实施、监测和评估、回顾和审计的课程管理过程构成了本章节中关于课程规划的主要内容，并提供了实用建议。另外，作者通过重申课程的领导力和管理中涉及的三个重要方面来结束本章。

第一个维度是识别学校的价值观、优先事项、使命和愿景。这些概念构成了任何课程开发努力的基石，并有助于形成共识。第二个维度则强调了教师在课程开发中的关键作用。教学文化需要承认教师的专业自主权和专业知识。在没有广泛参与的情况下，很难想象课程能够成功开发。教师们的专业声音和贡献需要得到学校的正式领导者们所接纳和赞赏。第三个维度在重要性和影响力方面超越了前面的方面，即文化、态度和行为的管理。就像在缺乏分布式参与的情况下，课程开发可能无法实现预期结果一样，在缺乏规范行为框架的情况下，也不能期望达到预期的结果。

成功的课程领导力和管理是一项严肃的承诺，虽然它需要愿景、战略、才干和深思熟虑，但也需要自我意识、无私和自我管理。

阅读思考

1. 在您看来，学校应该如何处理课程领导力和管理？

2. 校长如何鼓励更广泛的社区去参与到学校的课程领导力和管理进程中去？

3. 教师如何评估自己在学校课程管理过程中的参与程度？

4. 您会建议采取哪些行动来促进学校社区参与改进课程领导力和管理？

参考文献

［1］Barrow，R.，& Woods，R.（2006）"An introduction to philosophy of education（4th ed.）." London：Routledge.

［2］Bush，T.（2011）"Theories of educational leadership and management（4th ed.）." London：Sage.

［3］Cuban，L.（1988）"The managerial imperative and the practice of leadership in schools." Albany：State University of New York Press.

［4］Hallinger，P.，& Murphy，J.（1985）"Assessing the instructional management behaviour of principals." The Elementary School Journal，86（2）：217 – 247.

［5］Hand，M.（2010）"What should go on the curriculum?" In R. Bailey "The philosophy of education：An introduction." 48 – 59，London：Continuum International Publishing Group.

［6］Hirst，P.（1974）"Knowledge and the curriculum." London：Routledge & Kegan Paul. d.

［7］Lee，J. C.，& Dimmock，C.（1999）"Curriculum leadership and managementin secondary schools：A Hong Kong case study." School Leadership and Management，19（4）：455 – 481.

［8］Kelly，A. V.（1989）"The curriculum theory and practice（3rd ed.）." London：Routledge.

［9］Preedy, M. （2002） "Managing the curriculum for student learning. " In T. Bush & L. Bell （eds. ） "The principles and practice of educational management. " 153 – 169, London: Paul Chapman Publishing.

［10］Wilson, J. （1977） "Philosophy and practical education. " London: Routledge & Kegan Paul.

第十四章

伦理领导力：领导力的核心

　　随着各个组织中领导者的道德违规行为不断被曝光（Lu and Lin，2013），学者们开始越来越重视对伦理领导力的研究。近年来，新闻媒体几乎每天都报道各种领导者的丑闻和不当行为（Bell et al.，2017），这引发了对伦理领导力的重新关注。这与 20 世纪 90 年代对领导力的伦理维度的研究缺失形成了鲜明对比。

　　这种对伦理领导力的重新关注和研究强调了理解其起源和结果的重要性。人力资源从业者和专家不断投身于发现筛选道德和道义价值观的方法，并在选择领导者、进行领导力发展培训、评估其绩效和准备有效晋升时考虑道德因素（Harshamn and Harshman，2008）。本章将探讨伦理领导力研究中的新问题和未来的研究方向。

伦理和伦理领导力

　　西姆斯（Sims，1992）将伦理定义为"在特定情境中，在道德上被接受为好和正确的行为，而不是坏或错误的行为"。伦理可以定义为一套价值观和道德原则，用于指导个人和集体在对错之间的行为。在组织环境中，伦理可以被视为关于价值观和行为的开放性沟通，这有利于组织及其利益相关者，并持续地挖掘和重申价值观和道德准则。

　　伦理领导力被定义为"通过个人行为和人际关系展示规范性适当行为，并通过双向沟通、强化和决策向追随者推广这种行为"（Brown et al.，2005）。

伦理领导力被认为是与追随者之间的相互关系。有一种观点认为，领导者不应该阻止追随者做错事，而是应该使人们做正确的事情。伦理必须从组织的最高层开始，领导者必须树立良好的榜样，成为追随者的榜样。

亚里士多德在《尼各马可伦理学》第六册中强调了培养品德卓越或道德美德的重要性（Greenwood，1909）。拥有卓越品德的人会在适当的时间以适当的方式做正确的事情。勇气和对身体欲望的控制是品德卓越和美德的例子。伦理领导的五个原则——诚实、公正、尊重、服务和团队建设也是在亚里士多德的道德哲学的基础上被提出的。哲学家康德强调，领导者有责任以尊重、尊严和公正对待他人。领导者的每个行动都应该以责任心和纯净的意图为动机，从而赋予道德价值。由于领导是说服和影响追随者实现目标的艺术，因此伦理领导力对于使组织实现其使命至关重要。伦理领导力与信任、诚信、道德发展、公平和魅力有关，这使伦理领导者成为追随者信赖的榜样（Majeed et al.，2018）。

布朗和特维诺（Brown and Trevino，2006）认为，伦理领导者是员工行为的主要参照，个人通过关注和追随领导者的心态、品质和实践来学习。研究表明，伦理领导对员工的工作成效产生影响，包括伦理和非伦理行为（Lu and Lin，2013），工作满意度（Avey et al.，2012），组织承诺（Hansen et al.，2013），任务绩效（Liu et al.，2013），公民行为（Liu et al.，2013；Mayer et al.，2012），预测伦理氛围（Lu and Lin，2013），创新工作行为（Yidong and Xinxin，2013）和促进团队绩效（Walumbwa et al.，2012）。社会交换理论（Blau，1964）还被提出作为一个重要机制，强调员工试图回应领导者的道德实践并回报道德行为（Brown and Mitchell，2010；Hansen et al.，2013；Newman et al.，2013）。

为什么领导者应该具备伦理道德

由阿尔伯特·班杜拉（Albert Bandura）提出的社会学习理论强调了领导者作为行为榜样的重要性。它强调个体通过观察领导者榜样的行为和行动并效仿它们来学习。对于领导者来说，他们的每一个行动和态度都在追随者的持续观察之下。领导者必须始终坚守诚信和正直的道路，培养正确的态度，以正确的价值观来治理，成为一个可接受的榜样。查特吉和索尔奈（Chatterji and Zsolnai，2016）解释道：

> "伟大领导者所做的任何行动，普通人都会追随他的脚步，他树立的典范行为标准将被全世界追随。"

伦理领导力不仅包括遵守道德价值观，还包括对组织社会归属感的培养（Johnson，2017）。领导者肩负着社会责任，也是践行职业道德和伦理的行动者。道德和伦理价值观可能成为领导力中客观的部分，但包容性、满足感、和善性和幸福感等主观因素对于伦理领导力至关重要（Gils et al.，2015）。

柯维（Covey，2004）强调领导力中的伦理道德作为"伦理品质"，解释了它不仅是个体品格，而是"有效统治人类的原则"。原则和价值观是伦理领导力的核心要素。对伦理行为的评判可以基于使用的伦理和非伦理行为、选择自由度、价值观、意识意图、使用的影响类型和道德发展阶段等标准（见表14.1）。

表 14.1　　　　　　　　　　评判伦理和非伦理领导的标准

标准	伦理领导	非伦理领导
影响力和权力的用途	帮助机构和追随者	满足个人职业目标和个人需求
愿景的制定	根据追随者的意见、价值观和想法制定愿景	为了机构和个人的利益推销个人愿景
行为的方向	基于价值观的一致行动	专注于个人目标
承担决策风险	承担个人风险	避免承担个人风险
信息交流	完整和及时披露相关信息	欺骗和歪曲追随者对信息的看法
对批评和异议的回应	鼓励批判性评估以找到更好的解决方案	压制或不鼓励批评
培养追随者的技能	培训、指导和辅导追随者	弱化发展，使追随者软弱依赖领导者
处理利益相关者的需求	试图整合和平衡	偏向那些提供最大利益的人

资料来源：尤克尔（Yukl，2002）。

全球组织中多功能领导角色的一个方面是识别并有效应对挑战，包括风

险、威胁和脆弱性，这需要具备学习能力和卓越的智慧。伦理罗盘模型扩展了
对人类品质的一般理解，并解释了愿景、规范、适应性和绩效的重要性。每个
人都有一个内置的道德罗盘和伦理警钟。伦理警钟会提醒我们意识到我们在
做、说、感受、品味、听到或触摸的事情是错误的。这个保险装置使我们远离
危险，并告诉我们某些事情在道义上不正确。它让我们对人性的对错有所体
验，以保持正确的道路。伦理罗盘（如图 14.1 所示）可以被描述为价值观和
行为的结构。

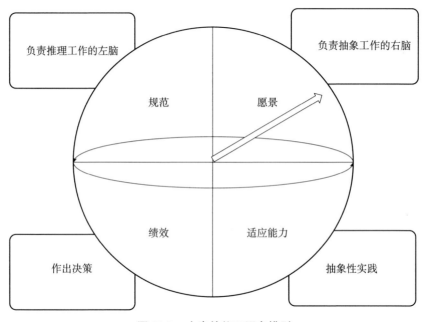

图 14.1　杰森的伦理罗盘模型

　　伦理罗盘则有意将宗教与道德分离，因为不同宗教和非宗教对于道德的理
解都不同。在伦理罗盘上，道德的愿景是真正的"真北"。它是在神话、故事
和代表核心价值观的其他表征所表达出的良好品格的深刻感受。一个有意义、
规范的道德准则是理性的一部分，它补充了象征性、源自本性的道德愿景。许
多人将宗教准则，如十诫、五大支柱或八正道，视为他们道德准则的主要来
源，然而，大多数人通过理解和经验对其基本准则进行完善和扩展。另外，道
德的适应能力也是组织的抽象性的部分。它是一种礼节化的活动，可以表达对
道德价值的承诺和敬畏，并为组织中的决策和行动提供指导。

伦理罗盘就像一种仪式化的活动，通过传达和反映良好品格的愿景和价值观来带动组织发展。这包括那些需要在决策或行动的道德困境中作出恰当反应并承担道德责任的能力。绩效是良好组织的外在体现，体现在组织的决策和行为中。在塑造和界定个人、团队和组织的品格时，这些时刻对道德愿景、准则和适应能力进行审视。

伦理罗盘是一种理论工具，使伦理领导者能够通过与更广泛的共享价值观和道德意愿的群体互动来获得智慧。在竞争激烈且复杂的世界中，面临着竞争性需求和冲突，领导者可以将这个模型应用于他们自己的组织，与利益相关者和员工一起实现集体智慧和决策。通过更加了解属于自己的伦理罗盘及其运作方式，他们将更有准备地意识到道德困境，表达自己的价值观，并作出与这些价值观更符合的决策。他们还将更好地准备与他人讨论价值观，以增强共享决策中的道德标准。在现有已知的知识体系的基础上，伦理罗盘模型建立在合理构建的理论和证据基础上，并作为伦理领导的可靠模型。

决策和伦理领导

及时决策涉及方方面面。决策是领导者日常工作的一部分，不仅影响组织和文化，有时甚至影响整个国家（Bishop and Lee，2017）。领导者必须面对许多决策情境。在这个高影响力和复杂的过程中，领导者经常面临短期规划、忘记因果关系、决策盲点和决策偏见等挑战。正是因为他们所作的决策可能会影响到每个人，因此，领导者有责任作出符合伦理和明智的决策。

为了理解决策中的伦理，就必须先理解组织和领导者的价值观（Mitchell et al.，2017）。领导者应意识到，在建立团队和组织时，基于伦理和透明的决策是多么的重要。领导者在决策时的伦理考量可以参考以下事项：

1. 不欺骗他人。
2. 不责怪他人。
3. 信守承诺。
4. 尊重他人的尊严和权利。
5. 作出经过明智决策而不偏袒任何人的决策。

6. 帮助他人为组织的改善而努力工作。

通过实践这些原则，领导者可以以一种道德的方式工作，并激励下属也同样以道德的方式工作。

在决策过程中，有时会出现两个同等重要的价值观发生冲突，引发伦理困境。在这种情况下，领导者应权衡这两个价值观，以作出最优选择。作出错误的决策可能会影响组织，并导致追随者对领导者产生反感。优秀的领导者能够用理性抑制情绪，在面临困难情况时基于理智的判断作出选择。

伦理价值观对于组织的生存至关重要，因此，优秀的领导者必须具备健全的伦理价值观。如图 14.2 所示的伦理决策树将使领导者不仅意识到自己的伦理立场，而且看到通过坚持核心伦理价值观处理重要问题的重要性。在面临艰难决策时，决策树将帮助领导者应对关键情况。

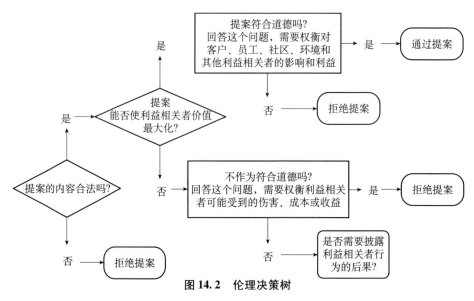

图 14.2 伦理决策树

资料来源：巴格利（Bagley，2003）。

教育中的伦理领导

伦理在教育环境和公共管理中尤为重要。教育机构领导者可以使用乔治·马歇尔在其著作中提到的 8 个伦理领导原则（Dobel，1998）作为指导（见表

14.2）。这些原则为在教育机构中的伦理实践提供了坚实的理论基础。

表 14.2	伦理实践原则
勇气	牢记学校所面临的困难，为了营造一个积极的教育环境，领导者必须勇于反对那些对学生没有益处的政策。抵制意味着敢于发出理性的声音。必要时需要向上级主管部门反馈对组织机构利益有益的意见
（任务/员工）导向	教育机构的领导者必须建立一个以学生、学者和员工的优势为核心的改进机制。成功的教育领导者在决策中关注学生的需求和教职员工的需求。关键在于当前任务和内部团结之间保持平衡，以满足学生和教师的各种需求
自我控制和诚实	领导者成为正面的榜样，诚实地支持追随者。领导者与追随者之间的关系应该建立在强大的自制力和高伦理水平的基础上，而不仅依赖于信任
发现人才	伦理领导者认识到教师的能力，并识别他们的才能。管理者在学校社区中能够识别出有才华的教师和潜在的领导者，并给予他们晋升的机会。将才华放置在正确的位置对每个人都至关重要和有价值
要求每个人都具备高度的伦理道德	领导者不仅需要践行自己的伦理模范，还需要监督学校内其他人的伦理标准。这包括教师、行政人员、学生和家长。这些标准必须被传达和执行，以达到最终目标
公共利益高于个人利益	无论对学生和员工来说是否有价值，都必须放在领导者的个人需求之前。领导者应该将组织利益放在自身利益之前
同理心和怜悯之心	作为伦理道德力的一个最具挑战性的方面之一，同理心和怜悯之心对于提升学校群体中的价值观是至关重要的
包容性	归属感是建立组织信任的关键，而信任是任何情况下的成功推动因素，尤其是在教育环境中。包容性要求将所有利益相关者纳入决策和执行过程中

学校领导者在教育情境中实践这8个伦理考量目标，能够帮助他们的学校取得更高水平的成就（Shapiro and Stefkovich，2016）。强大的道德实践能够激励追随者，赢得他们对组织权威的尊重和敬意，主动追随领导者并效仿他们的道德行为。

对伦理领导力的批评

尽管伦理领导具有积极的因素，但也可能对组织造成问题。领导者之间、领导者与追随者之间的伦理框架可能会产生差异，这些伦理体系的差异可能会在组织内引发价值观的冲突（Johnson，2017）。下属可能会难以适应不同领导者的伦理标准。

伦理领导力具有魅力的倾向，且取决于领导者对追随者的影响能力。追随者可能会因为信任领导者从而忽视领导者的人性，这意味着他们也会对领导者的错误选择视而不见。就正确决策而言，盲目追随领导者可能是灾难性的。

始终坚持高度的伦理标准可能会很复杂。领导者维护伦理水平时可能会遇到问题。高度伦理标准的组织必须更加关注政策，这意味着更多的额外工作和高度的一致性。对于规模较小的组织来说，这可能非常具有挑战性。

章节小结

本章讨论了伦理领导力的一些重要方面，包括价值观和行为。人类具有内在的伦理罗盘和道德警示机制，用于在出现行为偏差时提醒我们。特别强调了伦理对决策、以及教育中伦理领导力的重要性。

阅读思考

1. 审视伦理领导力在决策中的重要性。
2. 确定伦理领导力在教育中的意义。
3. 伦理领导者能被辨识出来，还是必须培养？
4. 领导者的领导地位是否影响其伦理价值观？
5. 伦理领导力在不同文化中是否有所不同？

参考文献

［1］ Adams，D.，A. Samat，S.，& Abu Samah，H.（2018）"Teacher

Leadership: Going beyond classroom." International Online Journal of Educational Leadership, 2（1）: 1 –3.

［2］Avey, J. B. , Wernsing, T. S. , & Palanski, M. E. （2012）"Exploring the process of ethical leadership: The mediating role of employee voice and psychological ownership." Journal of Business Ethics, 10: 21 –34.

［3］Bass, B. M. （1990）"Bass & Stodgill's handbook of leadership（3rd ed. ）." New York: Free Press.

［4］Bagley, C. E. （2003）"The ethical leader's decision tree." Harvard Business Review, 81（2）: 18 –19.

［5］Bell, G. G. , Dyck, B. , & Neubert, M. J. （2017）"Ethical leadership, virtue theory, and generic strategies." Radical Thoughts on Ethical Leadership, 113.

［6］Blau, P. M. （1964）"Exchange and power in social life." New York: Wiley.

［7］Brown, M. E. , & Mitchell, M. S. （2010）"Ethical and unethical leadership: Exploring new avenues for future research." Business Ethics Quarterly, 20 （4）: 583 –616.

［8］Brown, M. & Treviño, L. （2006）"Ethical leadership: A review and future directions." The Leadership Quarterly, 17（6）: 595 –616.

［9］Chatterji, M. , & Zsolnai, L. （2016）"Ethical Leadership: Indian and European spiritual approaches." London: Palgrave Macmillan.

［10］Covey, S. R. （2004）"Seven habits of highly effective people." New York: Free Press.

［11］Dobel, J. P. （1998）"Political prudence and the ethics of leadership." Public Administration Review, 58（1）: 74 –82.

［12］Gils, S. , Van Quaquebeke, N. , van Knippenberg, D. , van Dijke, M. , & De Cremer, D. （2015）"Ethical leadership and follower organisational deviance: The moderating role of follower moral attentiveness" The Leadership Quarterly, 26（2）: 190 –203.

［13］ Greenwood, L. H. G. （ed.） （1909） "Aristotle nichomachean ethics: Book six, with essays, notes, and translation." Cambridge: Cambridge University Press.

［14］ Hansen, S. D., Alge, B. J., Brown, M. E., Jackson, C. L., & Dunford, B. B. （2013） "Ethical leadership: Assessing the value of a multifocal social exchange perspective." Journal of Business Ethics, 115: 435 – 449.

［15］ Harshman, C. L., & Harshman, E. F. （2008） "The Gordian knot of ethics: Understanding leadership effectiveness and ethical behaviour." Journal of Business Ethics, 78: 175 – 192.

［16］ Johnson, C. E. （2017） "Meeting the ethical challenges of leadership: Casting light or shadow." Los Angeles: Sage Publications.

［17］ Liu, J., Kwan, H. K., Fu, P. P. & Mao, Y. （2013） "Ethical leadership and jobperformance in China: The roles of workplace friendships and traditionality." Journal of Occupational and Organisational Psychology, 86: 564 – 584.

［18］ Lu, C. S., & Lin, C. C. （2013） "The effects of ethical leadership and ethical climate on employee ethical behaviour in the international port context." Journal of Business Ethics.

［19］ Majeed, N., Jamshed, S., & Mohd Mustamil, N. （2018） "Striving to restraind employee turnover intention through ethical leadership and pro-social rule breaking." International Online Journal of Educational Leadership, 2 （1）: 39 – 53.

［20］ Mayer, D. M., Aquino, K., Greenbaum, R. L., & Kuenzi, M. （2012） "Who displays ethical leadership, and why does it matter? An examination of antecedents and consequences of ethical leadership." Academy of Management Journal, 55: 151 – 171.

［21］ Mitchell, M. S., Reynolds, S. J., & Treviño, L. K. （2017） "The study of behavioural ethics within organisations." Personnel Psychology, 70 （2）: 313 – 314.

［22］ Newman, A., Kiazad, K., Miao, Q., & Cooper, B. （2013） "Examining the cognitive and effective trust-based mechanisms underlying the relationship between ethical leadership and organisational citizenship: A case of the head leading the heart?" Journal of Business Ethics.

[23] Shapiro, J. P. , & Stefkovich, J. A. (2016) "Ethical leadership and decision making in education: Applying theoretical perspectives to complex dilemmas. " New York: Routledge

[24] Sims, R. R. (1992) "The challenge of ethical behaviour in organisations. " Journal of Business Ethics, 11 (7): 505 – 513.

[25] Walumbwa, F. O. , Morrison, E. W. , & Christensen, A. L. (2012) "Ethical leadership and group in-role performance: The mediating roles of group conscientiousness and group voice. " Leadership Quarterly, 23: 953 – 964.

[26] Yidong, T. , & Xinxin, L. (2013) "How ethical leadership influence employees' innovative work behaviour: A perspective of intrinsic motivation. " Journal of Business Ethics, 116: 441 – 455.

[27] Yukl, G. (2002). "Leadership in organisations (5th ed.). " Upper Saddle River, NJ: Prentice-Hall.

第十五章

专业学习社区：为了教师素质和教学质量的持续提升

一种持续学习的文化将使教师们和他们的学生受益，因为不断增加的知识、技能和专业知识，掌握最新教学技术以及对学生和社区的敏感性将不断改善教学质量并提升学校的办学水平。因此，作为教师应该坚持活到老学到老。

终身学习的目标是提升知识、技能、个人能力和职业。学习可以通过正式和非正式课程进行。从学术角度来看，教师至少需要达到硕士学位水平。

通过持续专业发展计划（continuous professional development programmes，CPD），教师将能够提升对教学过程的了解。这些针对教师的专业发展计划中，至少包括指导、自主学习、后备计划和专业学习社区网络等课程。

在岗的教师学习

学习是在个人、群体、社区和组织不同层面上发生的知识构建的过程。工作中的学习涉及个体的发展，使其在文化转型和创新等方面变得越来越有知识（Fenwick，2005）。

学习型组织是指组织中的所有成员都努力获取新的思想和知识并愿意承担建设和维护组织的责任（Senge，2006）。专业学习社区（PLC）这一术语在教育领域中越来越常见，它描述了对教育感兴趣的任何个体的组合（DuFour，2004）。教师在这个"社区"中能够不断追求改进教学效果和学生成就的方法。

教师在岗的学习所面临的最大挑战是如何平衡工作和学习之间的关系。教师在岗的学习涉及两个主题：教师的管理和组织，以及课堂上的内容和教学过程。这些讨论涵盖了经济和文化发展、技术和组织创新、知识经济、知识创造、专业发展以及学校和其他教育机构中的职业学习。

　　关于在岗学习的一些研究聚焦于人们在工作中学习什么以及如何学习的某些方面（Boulton-Lewis et al.，2006；Collin，2002）。对于员工来说，在岗状态下的非正式学习通常并不被意识到是学习的一部分，因为他们在工作的过程中已经潜移默化地进行了学习。

　　在学校的背景下，教师的学习通常是独自完成，也存在少量与同事合作的机会，例如，在课堂教学中与学生交流获得反馈，进行自我反思，接受正式培训和完成额外的教学任务等（Billett et al.，2005；Collin and Valleala，2005）。因此，教师的在岗学习同样也是以各种方式进行的，无论是正式还是非正式的。

专业学习社区

　　专业学习社区（PLC）这一术语源于组织理论和人际关系研究。表 15.1 描述了对专业学习社区的各种定义。

表 15.1	专业学习社区（PLC）的定义
学习型组织是指"人们不断扩展他们创造期望结果的能力，培养新的和广阔的思维模式，在那里集体的愿景得以实现……"（Senge，1990）	
"教师们以学生学习成效为目标，参与共同协作活动以实现这些目标，并对学生的学习承担集体责任"（Lieberman 在 Sparks 的一次采访中说）	
"将课堂实践延伸到社区；将社区人员引入学校，为学生增加课程和学习任务的丰富性；或同时让学生、教师和管理人员参与学习。"（Hord，1997）； 霍尔德（Hord，1997）还认为，专业学习社区对教师和学生的好处包括减少教师的孤立感，使教师更加了解和承诺，以及学生学业成绩的提升	
杜佛和埃克（DuFour and Eaker，1998）认为，如果学校要显著提高办学成效，就必须转变创立学校之初时所采用的"产业模式"，并采纳一种新模式，使其能够作为学习型组织运作。他们更喜欢将学习型组织描述为专业学习社区，原因为：虽然"组织"一词意味着更具效率、便利性和相互利益增强的伙伴关系，但社区更加强调平等关系、共同理想和强大的文化，这些因素对学校的改进至关重要；教师面临的挑战是创建一种值得所有人投入承诺的社区——一个专业学习社区	

一个互相依存、为实现同一目标而共同努力的人群。互相依存是至关重要的因素，因为：

通过合作、指导和共同规划，加强每位教师的实践，为优质教学提供平等的获取机会（公平性或普遍获取）；

结束教师的孤立感（从而减少倦怠感）；

通过分享数据分析任务、创建共同评估工具以及制定其他针对困难学生和需要更多挑战的学生的策略，帮助教师更加智慧地工作；

使年级层面（跨学科）的教师团队能够制定在课程中教授阅读和写作的课程；

通过知识更新、新的学习和培养领导力，为教师的专业发展和工作满意度提供支持（Grossman，Wineburg and Woolworth，2000）

专业学习社区是一个持续的过程，在这个过程中，教师通过反复的集体探究和行动研究，共同努力支持他们的学生取得更好的成果。专业学习社区的假设是，对学生来说，提高学习的关键是教师进行持续的嵌入式学习（DuFour et al.，2006）

杜福尔和伊克尔的 PLC 模型

杜福尔和伊克尔（Dufour and Eaker，1998）是将学习型组织在教育领域称呼为"专业学习社区"的推动力量。在他们的书中，他们区分了组织一词所隐含的效率和结构意味，而社区则意味着共同利益联系的个体。图 15.1 展示了杜福尔和伊克尔（1998）的 PLC 模型，它具有如图 15.1 所示的六个特征。

杜福尔和伊克尔（1998）的专业学习社区模型提供了一个理论框架，学校的教职员工可以利用这个框架建立能力来实施和维持变革。该模型还强调校长、家长和社区在构建专业学习社区以及学校课程重点变化方面所发挥的作用。

墨菲和利克的 PLC 模型

墨菲和利克（Murphy and Lick，2004）的全体教职员工研究小组（the whole-faculty study groups，WFSG）模型是基于森格（Senge，1990）的学习型组织理论。该模型建议教师作为一个团队共同实现学校的目标。图 15.2 概述了全体教职员工研究小组的五项指导原则。

WFSG 模型的优势在于让教师在提高学生学习水平方面变得更加知识丰富和熟练。WFSG 模型的基础是整个教职员工的积极参与，也就是说，这个模型

1.共享的使命、愿景和价值观

通过实践PLC，教师将从共享愿景和价值观中受益，以实现学校的目标

2.集体探究

PLC体现在教师们的共同工作

3.团队协作

PLC中的教师们在团队中共同推进决策过程

4.行动导向和实验

教师们将PLC作为组织的运转方式去进行实践，而不仅停留在理论上

5.持续改革

为了保持/提升教学质量，PLC成员通过反馈和分享进行持续的改进

6.结果导向

为了改进教学实践，PLC中的教师们始终关注最终的培养结果

图 15.1 杜福尔和伊克尔的 PLC 模型

是建立在每位教职员工以关注学生教学需求的基础之上的。

霍德的 PLC 模型

基于十多年对学校更新和改革的研究，霍德（Hord）在参与"持续探究和改进社区创建"项目（the creating communities of continuous inquiry and improvement，CCCII）的合作中，于 20 世纪 90 年代中期开始，更深入地了解了培养专业学习社区的方法。霍德在她与专业学习社区合作中还借鉴了森格（Senge）的学习组织理论。根据霍德的 PLC 模型，专业学习社区有五个维度，如图 15.3 所示。

1.学生优先

所有关于研究小组要做什么以及如何组织研究小组的决策都以学生需要教师做什么为基础

2.全员参与

每位教师都是一个研究小组的成员。一个研究小组最多不超过六个成员。包括辅导员、媒体专员、资源教师、教练和管理人员

3.领导力共享

研究小组中的每位教师都担任领导角色。领导角色每周或每两周轮换一次。领导主要负责后勤事务

4.平等责任

研究小组中的每位教师对工作负有同等责任。成员会被提醒遵守已达成共识的研究小组规范

5.工作公开

每个研究小组的行动计划都会公开展示。每次研究小组会议后，研究小组记录会被贴在公共场所的夹板上或学校公告板上以展示内容

图 15.2　全体教职员工研究小组的五项指导原则

1.支持性和共享型的领导力

学校社区中的领导力是共享的。共享领导将反映出一个发展领导力支持的社区。学校校长和教师共同承担特定的职责和责任，并将发展领导力支持

2.共享的价值观和愿景

专业学习社区成员共享价值观、目标、使命和愿景

3.集体学习和学习应用

描述学校社区中关注提高信息传递和决策效果的协作关系

4.支持性的条件

更关注激励教师相互交流、提供反馈并分享学生学习经验结果的过程

5.共享实践

塑造PLC的一个关键维度。它体现了对PLC的持续承诺，以维持学校改进过程

图 15.3　霍德的五维度专业学习社区模型

通过这个模型，学校可以建立一个"通过增强员工学习和变革能力来持续改进的结构"（Hord，2004）。

希普和哈夫曼的 PLC 模型

希普和哈夫曼（Hipp and Huffman，2003）在 PLC 的研究中延续了霍德（1997）的先驱工作。他们在深化 PLC 实践中使用了"专业学习社区组织者"模型（professional learning community organiser，PLCO）和"专业学习社区发展量表"（professional learning community development rubric，PLCD-R）这两个术语。PLCO 基于富兰（Fullan，1995）的变革模型（Change Model），希普和哈夫曼（Hipp and Huffman，2003）认为 PLCO 模型能够描述出学校中 PLC 的发展过程。根据 PLCO 模型，PLC 的实施过程分为三个阶段：启动、实施和制度化。

启动阶段介绍了变革的过程。在学校的背景下，为了实施 PLC，教师和学校社区首先应该理解并明确为何需要变革或创新。只有学校所有成员都积极参与，并与学校的需求保持一致，这种变革或创新才是有效和有益的。实施阶段是在学校中具体实施创新或变革的阶段。在最后的制度化阶段，学校社区的成员使变革或创新形成新的制度，以确保在学校中持续发展。

PLCO 描述了学校领导和教师在每个 PLC 阶段所采取的行动。希普和哈夫曼的 PLC 概念与霍德的使用了相同的五个维度，即支持性和共享领导、共享的价值观和愿景、集体学习和应用学习、支持性条件、共享实践，如图 15.3 所示。希普和哈夫曼还制定了专业学习社区发展量表（PLCD-R），以解释学校应采取的行动，通过 PLC 实践来改变和提高学生的成就水平。

PLC 模型之间的相似性和差异

所讨论的四个模型有一些相似之处，比如分享和合作，被认为在学校中是成功的教师学习过程中的重要因素。此外，学校领导的支持也是成功的 PLC 的基本要素。在领导的支持下，教师能够与学校作出的决策达成一致和合作。

在杜福尔和伊克尔的模型中，对学校要成为专业学习社区必须发生的文化变革给予了关注。霍德的模型强调反思对话作为集体学习的工具，支持性条件促进了集体学习和共享实践。与墨菲和利克的模型不同，在霍德的模型中，教职员工小组的规模可以达到30~40人。

尽管模型之间的差异仅在于其维度和术语，但所有PLC模型都强调通过合作来提高教师学习，以改善学生的学习和成就。

可持续的有效专业学习社区

为了不断提高学校的学生绩效标准，PLC被证明是教育改革的重要组成部分。然而，学生绩效水平的改善在很大程度上取决于改善教师的专业技能，尤其是教学方面。这需要得到教育各方的支持，以确保任何改革都能帮助学生适应未来的职场可能遇到的挑战。

PLC中有几个影响有效性的关键要素。互相支持的领导力、价值观和愿景的共享、集体学习的应用和共享实践都是重要的特点。通过培养这些特点，可以在学校中有效地实施PLC。为了获得最大的效果，学校应该能够为教师提供各种适当的设施，以发展、交流和挑战他们的想法，不断提高他们教学的质量。

此外，持续改进教师素质和教学质量也是提高学生绩效的重要因素。实施PLC需要明确和精确地关注学生的需求和问题。人们还认为，PLC能够提高教师在满足学生学习需求和加强教学专业性方面的自信心和意识（Owen，2014）。

章节小结

教师学习是提升教师专业素养的重要方面。专业学习社区是教师学习背景下的一种协作努力。通过专业学习社区的实践，教师和学校管理者将获得改善学校学习的思路。PLC也是一种持续发展的过程，旨在培养教师、管理者和学校支持人员的领导能力。因此，通过PLC的各方参与，教师能够提高自身和教学质量，以提高学生的学习成果。

阅读思考

1. 为什么在 PLC 实践中需要强有力的领导力？

2. 在学校中实现持续变革和改进的 PLC 需要什么？

3. 有什么方法可以改进学校中的 PLC 实践？

参考文献

［1］Andrew J. （2009） "Professional learning community implementation： WCPSS 2008 – 2009 high five PLC survey results." Eyes on Education： Education and Research Report，9：1 – 33.

［2］Billett，S.，Smith，R.，& Barker，M. （2005） "Understanding work， learning and the remaking of cultural practices." Studies in Continuing Education， 27 （3）：219 – 237.

［3］Boulton-Lewis，G.，Pillay，H.，& Wills，L. （2006） "Changing work-place environments，conceptions and patterns of learning：Implications for university teaching." In P. Tynjal，J. Valimaa，& G. Boulton-Lewis （eds.） "Higher education and working life：Collaborations，confrontations and challenges." 145 – 161.

［4］Collin，K. and Valleala U. M. （2005） "Interaction among employees：How does learning take place in the social communities of the workplace and how might such learning be supervised?" Journal of Education and Work，18 （4）：401 – 420.

［5］DuFour，R. （2004） "What is a professional learning community?" Educational Leadership，61 （8）：6 – 11.

［6］DuFour，R. （2006） "Critical priorities in building a professional learning community." Cybercast presentation to the Curriculum and Instruction Steering Committee of the California County Superintendents Educational Services Association.

［7］DuFour，R.，& Eaker，R. （1998） "Professional learning communities at work: Best practices for enhancing student achievement. " Bloomington, IN: Solution Tree Press (formerly National Educational Service).

［8］DuFour, R. , DuFour R. , Eaker, R. , & Many, T. (2006) "Learning by doing: A handbook for professional learning communities. " Bloomington, IN: Solution Tree Press.

［9］DuFour, R. , & Eaker, R. (eds.) (2009) "On common ground: The power of professional learning communities. " Bloomington: Solution Tree Press.

［10］Fenwick, T. (2005) "Taking stock: A review of research on learning in work 1999—2004. " Paper presented at the Researching Work and Learning, RW-LO4, Conference, Sydney, Australia.

［11］Fullan, M. (2007) "The new meaning of educational change (5th ed.). " New York: Teachers College Press.

［12］Grossman, P. , Wineburg, S. , & Woolworth, S. (2000) "What makes teacher community different from a gathering of teachers?" Center for the Study of Teaching and Policy and Center on English Learning & Achievement (CELA), 49 – 53.

［13］Hipp, K. , & Huffman, J. (2003) "Recruiting school as professional learning communities. " Lanham, MD: Scarecrow Education.

［14］Hord, S. M. (1997) "Professional learning communities: communities of continuous inquiry and improvement. " White Paper Issued by Southwest Educational Development Laboratory, Austin, Texas and funded by the Office of Educational Research and Improvement, United States Department of Education.

［15］Hord, S. M. (2004) " Professional learning communities: An overview. " In "Learning together, leading together: Changing schools through professional learning communities (Shirley Hord, ed.). " New York: Teachers College Press, 5 – 14.

［16］Murphy, C. & Lick, D. (2004) "Whole-faculty study groups: Creating professional learning communities that target student learning (3rd ed.). " Thousand Oaks, CA: Corwin Press.

［17］Owen, S. （2014）"Teacher professional learning communities：Going beyond contrived collegiality toward challenging debate and collegial learning and professional growth." Australian Journal of Adult Learning, 54 （2）：54 – 77.

［18］Senge, P. （1990）"The Fifth Discipline：The art and practice of the learning organisation." New York：Currency/Doubleday.

［19］Senge, P. （2006）"The fifth discipline：The art and practice of the learning organisation, 2nd edition." London：Century.

［20］Sparks, D. （1999）"Real-life view：Here's what a true learning community looks like." Journal of Staff Development, 20 （4）：53 – 57.

第十六章 /

交易型领导和变革型领导：差异和融合？

交易型领导和变革型领导总是被放在一起进行比较，因为它们往往被认为是一对相反的领导力类型。虽然它们的差别很大，但是在教育环境下各有各的优点。在这个章节中，将比较这两种领导理论模型的特点。

交易型和变革型领导

在学校管理中，领导型态扮演着至关重要的角色。交易型领导关注于领导者和追随者之间的互动，主要通过奖励或惩罚机制来激励追随者的行为（Judge and Piccolo，2004）。巴斯和里吉奥（Bass and Riggio，2006）将其归纳为权变奖励和例外管理两个因素，前者要求下属达到预定的绩效水平，而后者用于对未达标行为进行干预。

面对学校管理中的诸多问题，如机会主义、责任逃避、绩效不佳等，尤其在官僚制的学校中更为突出（Wilkesmann，2013）。交易型领导能够在一定程度上缓解这些问题：追随者总是有着对预期的期待，清楚自己想要什么，并知道如何通过行动来获得。

变革型领导被认为是与他人建立联系的过程，其核心是增强领导者和追随者的动机和道德（Burns，1978）。这种领导型态通过满足下属的个人需求、赋予他们权力，并调整目标来帮助他们成长和发展（Bass and Riggio，2006）。变革型领导的目标是通过促进个体能力的发展，提升组织整体绩效。这种增强的个体能力和组织承诺会激发个体付出更多的努力和生产力。

巴斯（Bass，1985）提出的变革型领导模型包括四个要素：第一是理想化影响力，将领导者塑造成为追随者的榜样；第二是激励，让领导者成为愿景的传播者，激励追随者共同实现愿景；第三是智力激发，鼓励追随者挑战现状、创新思考；第四是个性化关怀，关注个体需求和成长。

莱斯伍德（Leithwood，1996）提出了类似的模型，包括建立学校愿景和目标、提供智力激发、提供个性化支持、符号化专业实践和价值观、期待高绩效、发展参与式决策结构、有效人员配置、提供教学支持、监督学校活动和促进社区关系等十个维度。

交易型和变革型领导模式的比较

（一）"目标"的性质和作用差异

交易型领导源自政治模型（political model），其主要关注点是部门或子单位的目标，而非整个组织的目标。该模式假设组织成员愿意参与政治活动以获取更多优势（Bush，2011）。学校通常由多个部门组成，每个部门都有自身的利益，难以达成共识。因此，目标往往是"模糊、不稳定且充满争议的"（Bush，2011）。在目标不确定的情况下，拥有最多资源的部门往往能够占据主导地位。

因此，组织目标常常被最强大的子单位/部门的目标所取代（Bush，2011）。这些目标通常是任务导向的，因为追随者的绩效是根据任务完成情况进行评价的（Yukl，2012）。这种任务导向的行为反过来又影响了领导者与追随者之间的关系：领导者监督追随者的绩效进展，对相应的行为进行鼓励或干预。

相比之下，变革型领导则基于合议制模型（collegial model）。在这个模式下，组织的目标和决策是通过达成共识而不是通过冲突来制定的。通过整合价值观，教师们相互合作以实现目标和作出决策（Bush，2011）。学校的整体目标为全体教师的发展和行动提供指引，为组织的成功提供方向。

这种领导风格与民主决策过程之间存在着相互影响（Bush，2011）。与交易型领导专注于任务结果的做法完全相反，变革型领导被认为是建立在情感基础之上（Berkovich and Eyal，2017），以关系为导向，通过提供支持、认可和发展机会来提升下属的能力（Yukl，2012）。

（二）权力、权威和影响力差异

权力可定义为以特定方式行事的能力，以及指导或影响他人行为或事件进程的能力。根据巴斯（2011）的观点，"权威是正式组织内授予领导者的合法权力"，而"影响力代表影响结果的能力，取决于个人特质和专业知识"。权力和权威是相关的，因为交易型领导者影响追随者时通常处于正式权威地位。换言之，担任正式职位的领导者在组织中具有高度的权力，可推动其个人或组织的目标。

这反映了事务型领导的本质：它依赖于组织中正式体系的服从。相较于非正式职位，追随者更可能忠于正式职位者，正式职位者有更大可能根据商定的规则提供奖励。例如，校长通常享有最终决策权，因为他们担任学校内最高职位。"正式职位是组织结构的一部分，也是政治斗争的产物"（Bush，2011）。想要获得和掌握权力的交易型领导者应善于谈判、抓住机会并与人为善（Burns，1978）。

在莱斯伍德（1996）提倡的变革型领导模型中，领导者在提供智力激发和支持、塑造和展示实践和期望等方面处于核心地位。在这种情况下，领导者类似于导师，得到追随者的尊敬，为他们提供指导以提升能力。领导者通过满足追随者的基本需求、愿望和价值观，将追随者的个人利益转化为集体目标，激励他们发展新的能量和承诺水平，并倾向于在道德上提升自身。

此外，领导者促进决策过程，并将利益相关者或其他学校领导者包括在内。在变革型领导中，正式和非正式的权威职位都得到认可。在学院模式中，权威不仅源自正式结构，还源自学校内部的专业知识和影响力。在变革型领导中，个人有权在决策过程中分享他们的意见。

（三）领导者和追随者之间的关系差异

交易型领导和变革型领导在领导者和追随者之间的关系方面有着显著差异。交易型领导者通常具有管理属性，从事官僚活动以维持学校的运营，并对追随者的表现提供反馈（Mahdinezhad and Suandi，2013）。

根据马斯洛的需求层次理论，交易型领导满足较低层次的需求，如安全和保障（Bass and Riggio，2006）。因此，在交易型领导中，这种关系是非持久的、短期的。如果一方不能满足另一方的需要，这段关系就会结束。因此，员工的合作是有效管理的必要条件。

另外，变革型领导的领导者和追随者之间的关系则更加动态。变革型领导者试图让追随者参与组织目标的实现（Mahdinezhad and Suandi，2013）。领导者被视为榜样，以符合所表达的道德、价值观和原则的方式行事。

伯恩斯（Burns，1978）认为，变革型领导者不仅帮助下属满足他们的需求，同时也满足下属的内在需求。这意味着双方都感到有能力实现手头的目标。变革型领导是关系驱动的，培养和维持一种互惠关系可能是一个长期的过程，这取决于领导者向追随者灌输信任的能力。

（四）动机差异

交易型领导牵涉到领导者和追随者之间的沟通，通过明确双方的责任和期望、设定目标、给予绩效奖励（权变奖励）、监控工作过程，并在错误发生之前进行干预（主动例外管理）（Zacher and Johnson，2015）。追随者的动机是满足较低层次的需求，如褒奖和工作保障，如果这些需求得到满足，他们很可能会顺应组织文化。

弗罗斯特等（Frost et al.，2010）总结道："交易型解决方案可能会缓解联合知识工作的一些问题。但员工的知识越复杂、越分散，这些解决方案就越有可能失败。"交易型领导是一种有效的领导形式，但不产生与变革型领导相同的激励效益（Bass，1985；Judge and Piccolo，2004；Zacher and Johnson，2015）。

变革型领导建立在道德的基础上。这意味着参与其中的人能够分辨是非，从而使他们的目标与领导者和追随者的需求和价值观保持一致。也正是因为变革型领导根植于个人价值观，追随者和领导者往往更致力于既定的愿景。从概念上讲，变革型领导在本质上是有魅力的，追随者通过认同领导者并效仿，领导者则通过提供挑战和说服来激励追随者，为所有的行动提供意义和理解。

变革型领导是一种智力激发，拓展了追随者对其能力的运用。这些领导者很体贴，为下属提供支持和指导（Bass and Riggio，2006）。基于马斯洛的需求层次理论，变革型领导不仅满足下属的需求，而且满足领导者的更高层次的需求，如自尊和自我实现。它强调内源动力和追随者的积极发展，这被认为比强硬的交易型领导更有吸引力（Bass and Riggio，2006）。表 16.1 显示了两种模型的特性的简要比较。

表 16.1   交易型和变革型领导模型的比较

元素	交易型领导力	变革型领导力
模型特性和目标的功能	政治模型	合议制模型
权力、权威和影响力	使用高水平的权力去推进个人/组织的目标	指导追随者实现共同的目标
上下级之间的关系	管理与被管理	相互成就
动机	循规蹈矩	道德规范

尽管这两种模式之间看似存在天壤之别，但将两者都置于教育领导两个不同的极端都是不合适的。它们之间没有孰高孰低，这些模型的应用在很大程度上取决于使用的具体情况；它们也不是相互排斥的，因为两种模式在某些领域是重叠的。正如奥特基尔和埃尔特斯瓦格（Oterkiil and Ertesvag，2014）所说：

> 我们认为变革型领导和交易型领导同样重要，因为两种领导风格之间的不平衡可能会导致不成功的变革。例如，仅仅因为校长提供了方向并不意味着行动就会遵循，同样，没有方向的行动很可能无法引导到正确的方向。虽然这两种领导风格都是必要的，但如果它们没有适当地平衡，以适应具体的学校背景和情境，可能会出现问题。

章节小结

伯恩斯（Burns，1978）首次引入了"交易—变革型领导模型"，他认为这两种领导力的差异取决于领导者和追随者相互提供了什么。交易型领导者注重资源的交换，相比之下，变革型领导者提供一种目标感，并解决更高层次的内在需求。巴斯（Bass，1985）的理论虽然基于伯恩斯的概念，但巴斯不同意他的观点，即两种领导模式在一个连续体上不仅是两极对立的，而且是完全独立的概念。巴斯对每个领导力模型的维度做了相应的区分，并进一步假设，最好的领导者是那些既具有交易性又具有变革性的那些人。

然而，支持领导力综合模型的人更多（Leithwood and Sun，2012）。当情况需要时，需要适应不同的领导实践。从概念上讲，变革型领导和交易型领导是相互独立的，但并非处于领导力光谱的两端。一个人不太可能在一种领导力行为基础上实践另一种截然不同的领导力行为，而应该在适当的学校情境背景下权变地使用它们。

阅读思考

1. 你如何理解交易型领导力和变革型领导力分别在教育情境下的实践？
2. 你认为交易型领导力和变革型领导力能否同时出现在一位领导者身上？如果是，在教育情境下是什么表现？如果不能，为什么？

参考文献

［1］Bass，B. M.（1985）"Leadership and performance beyond expectation."New York：Free Press.

［2］Bass，B. M.，& Riggio，R. E.（2006）"Transformational leadership（2nd ed.）."Mahwah，NJ：Lawrence Erlbaum Associates.

［3］Berkovich，I.，& Eyal，O.（2017）"Emotional reframing as a mediator of the relationships between transformational school leadership and teachers' motivation and commitment."Journal of Educational Administration，55（5）：450 – 468.

［4］Burns，J. M.（1978）"Leadership."New York：Harper & Row.

［5］Bush，T.（2011）"Theories of educational leadership and management（4th ed.）."London：Sage.

［6］Frost，J.，Osterloh，M.，& Weibel，A.（2010）"Governing knowledge work：Transactional and transformational solutions."Organisational Dynamics，

39（2）：126－136.

［7］Judge，T. A. & Piccolo，R. F.（2004）"Transformational and transactional leadership：A meta-analytic test of their relative validity."Journal of Applied Psychology，89（5）：755－768.

［8］Leithwood，K.（1996）"Leadership for school restructuring."Educational Administration Quarterly，30（4）：498－518.

［9］Leithwood，K.，& Sun，J.（2012）."The nature and effects of transformational school leadership：A meta-analytic review of unpublished research."Educational Administration Quarterly，48（3）.

［10］Mahdinezhad，M.，& Suandi，B.（2013）"Transformational, transactional leadership styles and job performance of academic leaders."International Education Studies，6（11）：29－34.

［11］Oterkiil，C.，& Ertesvag，S. K.（2014）"Development of a measurement for transformational and transactional leadership in schools taking on a school-based intervention."Educational Management Administration & Leadership，42（4）：5－27.

［12］Wilkesmann，U.（2013）"Effects of transactional and transformational governance on academic teaching：Empirical evidence from two types of higher education. institutions."Tertiary Education and Management，19（4）：281－300.

［13］Yukl，G.（2012）"Effective leadership behavior：What we know and what questions need more attention."The Academy of Management Perspectives，26（4）：66－85.

［14］Zacher，H.，& Johnson，E.（2015）"Leadership and creativity in higher education."Studies in Higher Education，40（7）：1210－1225.

第十七章

教学型领导还是分布式领导？
比较两种改善学校学习的方法

教育领导力的有效性和意义在于其作为促进学习的工具（Adams et al.，2017）。尽管这似乎是一个非常简单的命题，但"学习型领导力"这个标签仍然存在争议，无论是在政策层面的措施（Collinson，2007），还是在个别教育机构的干预措施（Leithwood et al.，2004）。

麦克贝斯和邓普斯特（Macbeath and Dempster，2009）认为，教育领导力仅适用于任何学校的直接组织背景。然而，"学习型领导"是一个涵盖了一系列领导策略的总称，包括指导性领导和分布式领导（Harris and Spillane，2008；Hallinger，2011）。

麦克贝斯和邓普斯特（Macbeath and Dempster，2009）还详细阐述了成功的学习型领导的一些条件，这些条件涉及分布式领导模式和教学型领导模式的特点。前者体现在共同领导的要求和关于学习的持续对话中，以创造一个学习蓬勃发展的环境，而后者则体现在需要建立一种问责文化（尽管这种文化享有共同所有权）。

因此，这两种方法为实现有效领导的目标提供了不同的途径。传统上，教学领导被认为起源于校长（Murphy，1988），而分布式领导是分散的，在许多个人中传播（Gronn，2000）。本章将比较这两种类型的领导，以得出哪一种是最有希望改善学校成果的方法。

比较教学型领导和分布式领导的组成部分

对教学型领导和分布式领导进行直接比较的主要障碍在于，这两个概念本身都没有固定的定义。虽然这个问题在前面的章节中已经讨论过了，但值得注意的是，它会影响到学校领导在具体实践时的选择。

正如索斯沃斯（Southworth，2002）所发现的，自 20 世纪 80 年代开始获得关注以来，教学型领导一直是一个不断发展的概念。最初，它被视为校长的一种有效的策略（Hallinger and Heck，1997），可以直接实践（校长对学校成果有明确的、可衡量的影响）、间接实践（校长通过他人的行动）或相互实践（校长和教师共同努力实现结果）。实现这些目标的不同方法目前已经较为成熟了（Horng and Loeb，2010）。一个是强调校长作为榜样和导师的重要性，以优秀的实践榜样激励教师，而另一个则侧重于组织管理和监督。近期学术界有一种思想，将教学领导定位为一种共同的财产，而不是校长的专属（Leithwood et al.，1999）。

在最后一个方面，教学型领导与分布式领导并没有什么不同，尽管很难对此作出明确的陈述，因为分布式领导在定义上同样不够清晰。对一些学者而言，这两种领导力模型并不是指某个或某些领导者的个性和行为，而是领导力的实践，指的是两个或更多的人在一些独立但相互关联的任务上共同工作，以实现组织目标的过程（Spillane，2005）。对其他人来说，它是合议制的同义词，描述了一种不太正式的工作形式，在这种体制中，虽然学校是分层组织结构的，但是任意层级的教师都被鼓励发挥领导作用和主动性（Leverett，2002；Bush，2003）。有些人认为它与简单的权力委托有很多共同之处（Harris，2003；Lumby，2003）。通常，分布式领导是正式领导者相对缺乏权力和影响力的必然产物（Jarvis，2012）。

两者之间的一个主要区别是领导位置的考量。教学领导力被认为存在于正式职位的持有者身上，最常见的是校长；而分布式领导力的特征是在教育机构的所有成员身上都可见，无论他们是否有具体的职位。根据这种推理，教学型领导很可能是被任命的，而分布式领导则是涌现出来的，他们的领导力将源于并表现在任何特定活动中人与任务之间的相互作用（Woods et al.，2004）。

因此，教学型领导者往往处于这样一个位置，即组织的所有方面都在他或她的控制范围内，赋予他或她决定组织目标的机会或责任。事实上，这已经被描述为成功的教学型领导的关键要求（Blasé and Blase，2004）——目标导向，其核心是通过推动学校朝着明确的方向发展来改善学习成果（Supovitz et al.，2010）。然而，目标本身并不能保证成功。但是目标必须是可以通过组织的努力去实现的，这就要求它们是由健全的决策过程产生的（Hallinger and Murphy，1985）。

另外，分布式领导不一定要为组织创造一个整体愿景。虽然领导力的分配可以影响组织文化，例如，价值观、信仰和实践（Harris，2003；Macbeath，2005），但它不会产生愿景，而愿景是组织文化的主要决定因素（Hallinger，2005）。事实上，引导组织使命和愿景是领导力分配的功能之一，尽管并非所有参与者在分布式领导组织中都需要共享相同的个人价值观和态度（Spillane，2006）。

正如前文所强调的，领导力的影响是间接的，这是一项经常针对教学型领导力的指控：它通过被领导的人来体现（Harris et al.，2017；Hallinger et al.，2018）。校长通常很少指导自己，而是成为他人努力的推动者。这意味着教学型领导（传统意义上的）和分布式领导之间的区别是很明显的，但它也同样受到指导者和学习者之间的"距离"的影响。

在分布式领导环境中，领导者更有可能是教书的人，这至少在理论上创造了学习者的需求与领导者的优先事项之间更大程度的交集（Wahlstrom，2008）。作为促进学习的一种领导方式，它具备很多值得一试之处，不过，这里描述的是一个能够围绕推进学习而持续对话的环境。但如果要学校持续发展的话，作为领导者的人必须让促进学习在其思想中占据突出地位。

因此，教师专业的持续发展是学校领导力的重要组成部分，更直接地说，是教学领导力的重要组成部分（OECD，2001），尽管应该指出的是，一些学者对其总体影响持怀疑态度（Bell and Bolam，2010）。然而，评价一位校长的领导是否成功，一个重要的评价方面就是教师能否有效发展（Blasé and Blase，2004）。教师们也表现出越来越强烈的意愿，希望在学校中成为更高层次的学习者（Southworth，2000）。

在以校长为中心的教学领导力盛行的地方，专业发展在性质上可能相对正式，包括培训课程或者针对组织内部成员的"在职教师培训"等。这些方法的优点是容易监测，并且能够评估效果。分布式领导环境中的专业发展实际上是持续的，因为教师一直在通过各种互动形式相互学习（Spillane，2006）。在理想状态下，这有可能将教育组织从"技术－理性模式"转换到一种公共基础之上（Sergiovanni，1994）。在此公共基础上所产生的"专业学习社区（professional learning communities）"被认为是促进卓越教学的理想手段（Stoll et al.，2006），尽管当前很多实证研究已经粗略地证明了他们的成功（Seashore et al.，2003）。

很明显，教学型领导和分布式领导之间既有差异，也有重叠，见表 17.1。

表 17.1　　　　　　　　　指导性和分布式领导模式的特征

教学型领导力	分布式领导力
·关注校长 ·基于角色塑造和指导 ·基于正式权力 ·"合法"（通常由那些被任命为领导角色的人表现出来） ·任务/目标导向 ·领导者不一定是教师	·关注领导力，而非领导者 ·基于非正式的影响力 ·"涌现" ·合议制导向 ·领导者也可以是教师
·都由价值观驱动 ·领导力的作用都是间接的 ·都通过驱动他人达成组织目标 ·专业发展都是核心	

对教学型领导力和分布式领导力的主要特征进行比较（见表 10.1），揭示了这两种方法的一些异同。也就是说，学校领导最感兴趣的是它们作为一种推进教育改进方法的有效性，而这正是学者们当前所关注的领域。

比较教学型领导和分布式领导的有效性

研究普遍发现，教学型领导力是确保教育成功的关键（Robinson et al.，2008）。它是通过鼓励教师发展，遵循"交流愿景—制定标准—建立整体战略方向"这样的影响路径来实现的（Robinson，2010）。尤其是在那些以"教与学"为使命的学校中成效卓越。

不过，当前对于教学型领导者所需要的能力尚不清楚（Robinson，2010）。

也就是说,在当前的研究成果中,教学型领导者的个人素质和专业能力之间存在明显的脱节。罗宾逊(Robinson,2010)给出了一个例子:当你作为领导者向同事提供反馈时,可能需要用到专业知识、沟通技巧和同理心等因素。但是判断这些因素中哪一个是成功领导力的主要驱动力是非常难的,而设计一个能够满足所有要求的领导力模型的难度也是很高的。

在评价教学型领导的成效时,一个标准是判断一个人或一小群人取得了多大程度的成果(Gronn,2000)。可以说,在像学校这样的复杂组织中,任何活动都是由不同的人在不同层次上共同参与的,因此,将其成效仅仅归因于校长的个人决策是不合适的。例如,某门课程的调整可能是由校长下令,但它将由教学部门协调,由系主任计划,最后由助理教师教授。在这个过程中,这个决定的成效是如何衡量的,责任是归于最高决策者还是全部的执行链条,更重要的是,一个领导者的愿景能否涵盖这样一个学校开展的所有教学活动。

布什(Bush,2003)的论点是,在任何专业型的组织中,员工对自治的渴望和领导者对实现目标的要求之间都会存在矛盾。教师在学校的等级制度中占有一席之地,但不一定会受其束缚,甚至可能会反对它。因此,在这种情况下,学校工作人员会不会故意忽略校长的决策,更不要提领导力的成效了。

这是部分学者对(以校长为核心的)教学型领导的批评,但实践的背景非常重要。例如,在面临危机或系统性失败时,组织的最高领导者展示出的系统性协调能力,还有以目标为导向的能力已显示出积极的效果(Harris,2002;Hallinger,2003)。在需要短期改善的地方,中央集权可以集中思想解决问题。能力再次成为问题:哈里斯(Harris,2002)认为,研究未能证明任何一种领导风格在所有情况下都有效。此外,一味认为积极改进会给组织带来稳定性的观点极大可能是错误的(March and Olsen,1976),这是因为组织变革卷入的影响因素太多,任何人都不可能能够控制所有的变数。

对领导力进行分配能够更好地满足学校领导力的需求(Silns and Mulford,2002)。对于许多学者来说,分布式领导可以充分利用教师的才能和领导能力(Harris,2008)。简言之,当教师在课程中追求的是他们的自我实现时,教学效果最好。这似乎让我们得出一个三段论的结论:教学人员在寻求自我发展的机会时可能会提高学生的学习表现,而分布式领导充分给予员工自我发展的机会，因此，分布式领导可以提高学生的学习表现。

不幸的是，这种逻辑远未得到实证研究的确认（Lumby，2013）。大量研究结果表明，分布式领导的主要影响是教育者，而不是受教育者。毫无疑问，这种领导力风格对教育工作者来说是一种赋权，但它与学生学习改善之间的因果链似乎缺少一些环节。虽然我们可以假设其对学生有间接的好处，但仍然难以检测，更不用说去实证了。

此外，斯皮兰（Spillane，2006）发现了一个危险，即分散的领导者可能无法实现"齐心协力"。虽然将领导力分配给一群专业人士是毫无疑问的，但我们不能忽略他们之间领导风格相容性的问题；共享一个共同的愿景或目标对于让一群分散的领导者如何协同实现似乎是远远不够的。因此，领导力的分配既可能促进个体领导力的发挥，也可能扼杀。此外，分布式领导力可能更容易在某些参与者身上显现出来（Brundrett，1998）。

最终，无论是教学型领导还是分布式领导，都无法为成功实施学校领导力提供理想的、包罗万象的模板。两者都有优点和缺点，并且在很大程度上取决于具体的实施背景，一个的优势往往是另一个的劣势（见表 17.2）。此外，尽管我们在理论上对它们进行了讨论，但它们在现实生活中的实例千差万别。

表 17.2　　　　　　**教学型领导力和分布式领导力的有效性对比**

教学型领导力	分布式领导力
优势： 可以较好地就愿景进行沟通 可以强有力地应对危机情境	优势： 促进教学活动更好发展 满足且激励教师 可以较好地发挥个人才干
劣势： 没有明确的领导风格 决策和执行之间缺乏明确的联系 对下属缺乏赋权 强调单一领导者	劣势： 对教学成效的实证不足 可能加剧"领导者们"之间的矛盾 组织中并非每个人都适合被赋权 适用于正常情境下的组织

因此，在教育机构中只偏爱它们其中之一有可能是错误的。学校"最佳契合"的领导力很可能囊括了教学型领导和分布式领导的元素。

教学型领导和分布式领导：替代还是互补？

在分布式领导的概念和实践中，存在着一个明显的矛盾。正如许多学者所评论的那样，它淡化了组织等级制度的概念，但学校中的组织等级制度是无法绕过的（Hatcher，2005）。因此，要实现分布式领导，就需要得到组织中正式领导者的许可。如果强调以校长为中心的强有力领导（教学型领导力）在某个教育机构中被视为必要的话，那么分布式领导可能会立即失效。同样，一个对民主参与兴趣不浓的校长可能会对他人参与决策，尤其是那些没有正式职务的人，表现出很少的容忍。

如果接受斯皮兰（Spillane，2005）的分布式领导的任务导向版本，那么组织结构就不再是一个问题；这是一个通过分布式领导发生的过程，并且分布式领导可能并非组织的永久特征，而只是在方便的时候采取的一种策略。合议制的模式涉及文化，并且更内化于组织。在这种情况下，校长的支持是必不可少的（Hatcher，2005）。

如何解决这种困境呢？一种选择是区分领导和管理（Moore et al.，2002）。通过这种方法，校长为学校设定总体愿景和战略，但对学校的日常运作采取相对疏远的立场，信任教师的专业知识能够提供所需的领导（Bush，1988）。但是这样做的危险在于，"分布式领导"可能会成为另一种控制机制，导致教师在一种自治的幻觉下更加努力地工作（Harris，2010）。

最新的教学型领导力概念提供了一个更好的解决方案。索斯沃斯（Southworth，2002）区分了这个概念的"广义"和"狭义"版本，前者与分布式领导许多特征相似，即"包括直接和间接效应，并增加了其他领导者发挥作用的空间，而不仅是校长或班主任"。换言之，校长不仅需要在其周围构建一个"管理框架"，让其他人发挥领导作用，而且还应发挥合作者的角色，尽管校长拥有比周围人更广泛的视野（Salo et al.，2015）。尽管这并不能解决分布式领导的所有缺点（它仍然是一种实践而不是政策），但它构建了一种让不同领导范式之间有效共存的方式，而这些范式过去一直是难以并存的。

无论如何，重要的是要意识到，分布式领导并不等同于领导的平等，即使领导负担由多个人分担，也不意味着他们都承担同样的重担。尽管如此，将教学领导从校长身上转移，是对角色和教育工作者的个性观点的积极变化，使校长变得不那么重要，而让整个教育过程变得更加重要。

章节小结

在讨论学校改进方案时，学习领导的使命绝不能被忽视。组织的存在目的是促进学生的成就，因此，所有的管理和领导活动都应该与这一目标保持一致。许多领导方法都被纳入学习领导的范畴，包括变革型领导和共享领导。本章讨论了两种比较流行的领导方式——教学型领导和分布式领导。尽管它们最初处于"领导光谱"的两个相对极端位置（教学领导广义上是"自上而下"，而分布式领导是"自下而上"），但事实证明它们随着时间的推移已经演变成了一种相互融合的状态。

良好的学校应该具备这两个领导力的关键品质：一个有信心信任自己所领导的教师专业能力和专业知识的强大校长，并给予他们真正领导的空间（见表 17.3）。这并不意味着简单地赋权，而是允许教师展现主动性，并体现在从构思到实现的整个过程中。被赋权的教师必须为自己的成功或失败负责，而不是为了组织或者上级的成功或失败而负责。通过恰当地结合教学型领导和分布式领导，学校可以有效地满足所有的学习需求并不断获得发展。

表 17.3   被有效领导的学校特征

教学型和分布式领导力的有效结合模型

一个被有效领导的学校应该具备：
1. 强有力的校长，是一个"宽广"的教学型领导者。
2. 培养领导能力的环境。
3. "领导"是校长与教职员之间的合作。
4. 认识到领导权的分配并不一定意味着领导平等。
5. 在各级建立问责制环境。
6. 具备专业学习社区的特点。

参考文献

［1］Adams，D.，Raman Kutty，G.，& Mohd Zabidi，Z.（2017）"Educational leadership for the 21st century. " International Online Journal of Educational Leadership, 1 (1): 1 – 4.

[2] Bell L. & Bolam R. (2010) "Teacher professionalism and continuing professional development: Contested concepts and their implications for school leaders. " In T. Bush, L. Bell and D. Middlewood (eds.) "The Principles of Educational Leadership and Management. " London: Sage Publications.

[3] Blase J. & Blase J. R. (2004) "Handbook of instructional leadership: How really good principals promote teaching and learning (2nd edition). " London: Sage Publications.

[4] Brundrett M. (1998) "What lies behind collegiality: Legitimation or control?" Educational Management and Administration, 26 (3): 305 – 316.

[5] Brundrett M. & Rhodes C. (2010) "Leadership for learning. " In T. Bush, L. Bell and D. Middlewood (eds.) "The Principles of Educational Leadership and Management. " London: Sage Publications.

[6] Bush T. (1988) "Action and theory in school management, E325 managing schools. " Buckingham: Open University Press.

[7] Bush T. (2003) "Theories of educational leadership and management. (3rd edition). " London: Sage Publications.

[8] Collinson D. (ed.) (2007) "Leadership and the learner voice. " Lancaster: Lancaster University Management School, Centre for Excellence in Leadership.

[9] Gronn P. (2000) "Distributed Properties: A new architecture for leadership. " Educational Management and Administration, 28 (3): 317 – 338.

[10] Hallinger, P. , Adams, D. , Harris, A. , & Suzette Jones, M. (2018) "Review of conceptual models and methodologies in research on principal instructional leadership in Malaysia: A case of knowledge construction in a developing society. " Journal of Educational Administration, 56 (1): 104 – 126.

[11] Hallinger P. (2003) "Leading educational change: Reflections on the practice of instructional and transformational leadership. " Cambridge Journal of Education, 33 (3): 329 – 352.

［12］ Hallinger P. （2005） "Instructional leadership and the school principal：A passing fancy that refuses to fade away." Leadership and Policy in Schools, 4 （3）：221 – 239.

［13］ Hallinger P. （2011） "Leadership for learning：Lessons from 40 years of empirical research." Journal of Educational Administration, 49 （2）：125 – 142.

［14］ Hallinger P. & Heck R. （1997） "Exploring the principal's contribution to school effectiveness." School Effectiveness and School Improvement, 8 （4）：1 – 35.

［15］ Hallinger P. & Murphy J. （1985） "Assessing the instructional leadership behaviour of principals." Elementary School Journal, 86 （2）：217 – 248.

［16］ Harris, A. , Jones, M. , Cheah, K. S. L. , Devadason, E. , & Adams, D. （2017）. "Exploring principals' instructional leadership practices in Malaysia：Insights and implications." Journal of Educational Administration, 55 （2）：207 – 221.

［17］ Harris A. （2002） "Effective leadership in schools facing challenging contexts." School Leadership and Management, 22 （1）：15 – 26.

［18］ Harris A. （2003） "Teacher leadership as distributed leadership：Heresy, fantasy or possibility?" School Leadership and Management, 23 （3）：313 – 324.

［19］ Harris A. （2010） "Distributed leadership：Evidence and implications." In T. Bush, Bell and D. Middlewood （eds. ） "The principles of educational leadership and management." London：Sage Publications.

［20］ Harris A. & Spillane. （2008） "Distributed leadership through the looking glass." Management in Education, 22 （1）：31 – 34.

［21］ Hatcher R. （2005） "The distribution of leadership and power in schools." British Journal of Sociology of Education, 26 （2）：253 – 267.

［22］ Horng E. & Loeb S. （2010） "New thinking about instructional leadership." Kappan Magazine, November.

［23］ Jarvis A. （2012） "The necessity for collegiality：Power, authority and influence in the middle." Educational Management Administration and Leadership, 40 （4）：480 – 493.

［24］ Leithwood K. , Jantzi D. & Steinbach R. （1999） "Changing leadership for changing times. " Buckingham： Open University Press.

［25］ Leithwood K. , Louis K. S. , Anderson S. & Wahlstrom K. （2004） "How leadership influences student learning. " Minneapolis, MN： University of Minnesota Centre for Applied Research and Educational Improvement.

［26］ Leverett L. （2002） "Distributive leadership to foster equity. " National Clearinghouse for Comprehensive School Reform （NCCSR） Newsletter, 3 （7）.

［27］ Lumby J. （2003） "Distributed leadership in colleges： Leading or misleading?" Educational Management and Administration, 31 （3）： 283 – 293.

［28］ Lumby J. （2013） "Distributed leadership： The uses and abuses of power. " Educational Management Administration and Leadership, 41 （5）： 581 – 597.

［29］ Macbeath J. （2005） "Leadership as distributed： A matter of practice. " School Leadership and Management, 25 （4）： 349 – 366.

［30］ MacBeath J. & Dempster N. （2009） "Connecting leadership and learning： Principles for practice. " The Netherlands： Routledge.

［31］ March J. G. & Olsen J. P. （1976） "Organisational choice under ambiguity. " In. G. Olsen & J. P. Olsen （eds. ） "Ambiguity and choice in organisations. " Bergen, Norway： Universitetsforlaget.

［32］ Moore A. , George R. & Halpin D. （2002） "The developing role of the headteacher in English schools. " Educational Management and Administration, 30 （2）： 173 – 188.

［33］ Murphy J. （1988） "Methodological, measurement, and conceptual problems in the study of instructional leadership. " Educational Evaluation and Policy Analysis, 10 （2）： 117 – 139.

［34］ OECD （Organisation for Economic Co-Operation and Development） （2001） "New School Management Approaches. " Paris： OECD.

［35］ Robinson V. M. J. （2010） "From instructional leadership to leadership capabilities： Empirical findings and methodological challenges. " Leadership and Policy in Schools, 9 （1）： 1 – 26.

［36］ Robinson V. M. J. , Lloyd C. , & Rowe K. J. （2008）"The impact of leadership on student outcomes: An analysis of the differential effects of leadership type. " Educational Administration Quarterly, 44 （5）: 635 – 674.

［37］ Salo P. , Nylund J. & Stjernstrom E. （2015）"On the practice architectures of instructional leadership. " Educational Management Administration and Leadership, 43 （4）: 490 – 506.

［38］ Seashore K. R. , Anderson A. R. & Riedel E. （2003）"Implementing arts for academic achievement: The impact of mental models, professional community and interdisciplinary teaming. " Paper presented at the 17th Conference of theInternational Congress for School Effectiveness and Improvement, Rotterdam, January.

［39］ Sergiovanni T. J. （1994）"Organisations or communities? Changing the metaphor changes the theory. " Paper presented at the Annual Meeting of the American Educational Research Association （Atlanta, Georgia, April 1993）.

［40］ Silns H. & Mulford B. （2002）"Leadership and school results. " In K. Leithwood & P. Hallinger （eds. ）"Second international handbook of educational leadership and administration. " New York: Springer.

［41］ Southworth G. （2000）"How primary schools learn. " Research Papers in Education, 15 （3）: 275 – 291.

［42］ Southworth G. （2002）"Instructional leadership in schools: Reflections and empirical evidence. " School Leadership and Management, 22 （1）: 73 – 91.

［43］ Spillane J. P. （2005）"Distributed leadership. " The Educational Forum, 69 （2）: 143 – 150.

［44］ Spillane J. P. （2006）"Distributed leadership. " San Francisco: Jossey-Bass.

［45］ Stoll L. , Bolam R. , McMahon A. , Wallace M. & Thomas S. （2006）"Professional learning communities: A review of the literature. " Journal of Educational Change, 7: 221 – 258.

［46］ Supovitz J. , Sirinides P. & May H. （2010）"How principals and peers influence teaching and learning. " Educational Administration Quarterly, 46 （1）:

31 – 56.

［47］Wahlstrom K. L. （2008）"Leadership and learning：What these articles tell us." Educational Administration Quarterly，44（4）：593 – 597.

［48］Woods P. A.，Bennett N.，Harvey J. A. & Wise C. （2004）"Variabilities and dualities educational management." Administration and Leadership，32（4）：439 – 457.

第十八章

变革型领导和分布式领导：互补还是对立？

变革型领导是一种强调提升组织成员能力和承诺的现代领导模式（Bush，2007）。因此，个人的承诺水平将随着既定的目标增加，以及实现这些目标所需的生产力的提高而提升（Leithwood et al.，1999；Bush，2007）。变革型领导被视为对"自上而下"的层级制的一种突破（Hallinger，2003）。这个概念因强调组织内鼓励、和谐和道德领导关系而变得流行（Bass，1998；Bass and Avolio 1994；Hasanvand et al.，2013）。教育中的变革型领导可以概括为个性化支持、共享目标、愿景、知识激励、文化建设、奖励、高期望和模范行为（Leithwood et al.，2000；Silins et al.，2002）。

分布式领导则重新定义了传统的领导力，认为这是一种在正式领导权和组织结构之间的实践（Harris，2013）。分布式领导不是一种个体的领导方式，而是一类可以分离、共享或交替使用的角色和行为（Jones et al.，2015）。分布式领导的一个核心是共同的目标、社会支持和领导者的影响力（Carson et al.，2007）。因此，分布式领导被视为一种团队层面的现象（Stewart et al.，2011；Anderson and Sun，2017）。

变革型领导和分布式领导：互补？

廷伯利（Timperley，2005）认为，变革型领导和分布式领导都赋予组织成员改善组织的能力，但提出了质疑："其中一个是另一个的子集，如果是的话，哪个是哪个的子集？"这两种领导方式在激发集体责任、发展学校能力、激励实现组织目标和建立领导者与追随者之间的联系等方面存在相似性。

（一）集体责任

分布式领导和变革型领导的一个相似之处是领导者和追随者的集体责任。哈里斯（Harris，2008）认为，领导实践应该在正式领导者（如校长和主管）和非正式领导者（如教师和家长）之间分布，非正式领导者虽然在学校内没有正式职务，但对学校同样具有影响力。此外，分布式领导是一种优先集体责任的领导模式（Jones et al.，2015；Harris，2003）。

领导力的分配可能对创造力或创新产生积极影响，因为它使团队有机会更好地应对复杂和模糊的环境。基本观点是，一个领导者可能无法独自完成所有必要的领导任务，因此领导的责任被分配给多个个体（Day et al.，2004）。集体责任也同样是变革型领导的核心，其目的是创造改善教育质量所需的条件，不仅限于学校领导者，还包括教师（Hallinger，2003）。此外，变革型领导的主要目的是提高组织内个人和集体能力，以应对新兴的挑战，这些能力被用于确定目标并有效地实现它们（Stewart，2006）。

（二）能力建设

学校领导者在分布式领导中扮演关键角色，他们通过塑造组织结构和文化条件，增强了分布式领导的机会，这对于学校的领导能力建设至关重要（Harris，2011）。此外，在分布式领导中，通过实践的协作，教师的卓越表现得到提高（Harris，2004）。分布式领导被用作增强组织中的人力资源能力的手段，重点是发展与参与领导活动相关的个体技能和能力（Menon，2013）。

此外，分布式领导要求在学校中最大限度地发挥领导能力，并利用未开发的领导潜力，例如，许多学校中没有正式领导职位的非正式学校领导的能力未得到充分利用（Harris，2008）。本质上，能力建设模型通过凝聚力和社会信任来分配领导（Mitchell and Sackney，2000）。从这个角度来看，分布式领导等同于组织内的人力潜能（Harris et al.，2007）。

同样地，变革型领导侧重于发展组织创新能力，而不是直接协调、控制和监督课程和教学（Hallinger，2003）。它旨在建立组织能力，并支持教学和学习实践的发展。

变革型领导优先发展共享愿景和对学校变革的承诺（Hallinger，2003）。校长通过制定智力愿景、建立参与式决策结构、建立对生产性学校文化的共识以及促进协作，从所有学校人员那里获得更高水平的承诺。

（三）动机

领导力分配给对问题或任务感兴趣且能够应对的成员（Harris，2008）。研究表明，广泛参与领导可以增强追随者的自我效能和动机（Harris，2013）。此外，邓普斯特（Dempster，2009）发现，分布式领导以多种方式有益于员工绩效，包括能力、动机和承诺。

同样地，为了培养追随者的承诺和动机，可以利用变革型领导的理念性影响和激发性动机（Bass and Riggio，2006）。通过创造支持性的组织环境，认识到追随者的需求，并考虑个体差异，变革型领导者可以激励追随者完成和超出预期的成就（Menon，2011）。伯恩斯（Burns，1978）描述领导作为对追随者进行激励的过程，通过呼吁理想和道德价值观，在组织内表达他们的观点，强调组织的愿景，创造有效的管理环境，激励他人超越预期，通过评估个体需求和差异，并尊重他们的观点。

在变革型领导中，当组织内出现联盟时，动机和伦理水平会增加。在这种情况下，组织成员相互支持以实现共同目标。这种领导模式促进和提升了领导者和领导的行为和道德愿望，因此对双方都有更重要的影响（Burns，1978）。一般来说，变革型领导者通过激励追随者从整体角度看待问题的方式来创造高绩效环境，从而帮助组织取得成功（Halaychik，2016）。此外，变革型领导者还促进追随者的自我激励（Whitford and Moss，2009）。

（四）相互关系

成功的领导者是那些能够分配领导力、理解关系并认识到互相学习过程对于达到共同目标的重要性的人（Harris and Lambert，2003）。人们认为，在组织中正式和非正式群体之间的持续互动将导致共同的沟通、学习和行动模式（Anderson and Sun，2017）。

在传统理论中，"领导者—追随者"关系占主导地位，涉及上下级之间的权力抗衡、权力制衡和权力失衡等关系。分布式领导扩大了不同领导者之间的互动，团队内部的互动导致了共同的沟通和经验学习模式（Spillane，2006；Bronsvoort，2015）。

分布式领导认识到学校内外的专业关系和相互作用，并且在任务的集体执行方式上保持一致（Harris，2008），是从一个团队或相互作用的个体网络中演变或出现的。这种描述与领导力源于个人的观点相矛盾（Bennett et al.，2003）。因此，领导必须被理解为一种相互关系的过程，而不是单向过程。有效的领导者是那些对其环境变化的需求作出响应的人。领导者的行为受到他们所处学校环境的影响（Hallinger et al.，2018；Hallinger，2003）。

在变革型领导中，相互关系发生在领导者增强组织内追随者创造力和动力之时（Burns，1978）。变革性变革的特点是领导者和追随者之间的动态和相互参与。领导者与追随者之间的关系是这样的：每个人都激励对方学习和适应，变革通过创新性的解决方案实现，这对于双方都具有变革性（Burns，1978）。在分布式领导和变革型领导中，领导者与他的追随者之间的相互作用是领导的一个核心和重要轴线。分布式领导和变革型领导的比较如图18.1所示。

变革型领导和分布式领导：对立？

（一）关注点

分布式领导关注的是领导过程，特别是在具体任务中的执行（Spillane et al.，1999）。它更注重领导实践，而不是职能上的分工。分布式领导强调人与人之间的互动，并承认在学校环境中领导是分散的（Harris，2005）。参与的程度通常受到组织需求和个人属性（如技能和行为）的影响（Woods，Bennett，Harvey and Wise，2004）。

变革型领导的主要焦点是领导者如何塑造追随者的承诺、价值观和道德目标。领导者关注整个组织，并通过赋予追随者实现这些目标的能力，建立追随者对组织目标的承诺（Yukl，1998；Bush，2011）。因此，变革型领导者试图影响追随者的情感水平，并激励团队成员提高他们的绩效水平（Trammell，2016）。

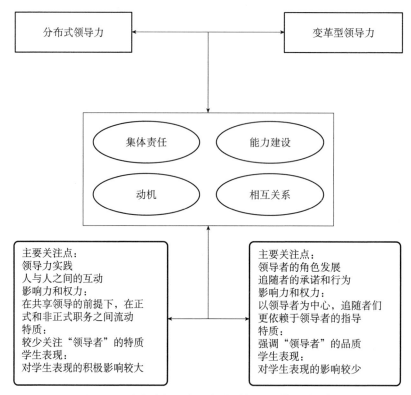

图 18.1　分布式领导力和变革型领导力模型的比较

（二）影响力和权力

　　哈里斯（Harris，2003）和拉什维（Lashway，2006）发现，组织中的每个成员都拥有一定的影响力，并可以利用这种影响力有效地领导学校。分布式领导的核心功能之一是放弃一部分权威或权力，这要求领导者认识到学校中还存在其他领导者，领导责任不仅是校长的责任。在分布式领导中，领导实践在正式的校长职位和非正式领导职位之间流动，体现出相互依赖和共享领导实践的性质（Spillane et al.，2001；Harris，2011）。

　　相比之下，变革型领导则通过自身魅力来促进个人影响力，这会对追随者产生很大的影响。实际上，领导者魅力的强度可能决定其领导的有效性。强大的魅力型领导者可以培养忠诚、热情的追随者，他们可能倾向于忽视领导者的负面特质。因此，如果领导者的动机或道德感较差，他们就可以操纵忠诚的追随者（Gregory Stone et al.，2004）。在这种领导实践中，领导者的主导地位和核心地位是主角，就像传统的领导方式一样，追随者们依赖于领导者的指导（Gronn，2002）。例如，如果追随者中的某人有关于变革的想法，但这些想法的实施和实现完全取决于领导者的批准。变革型领导者在影响追随者并将其与组织目标联系起来的过程中发挥着关键作用，这限制了追随者在发展个人领导力、获得经验和实践领导角色等方面的机会。

（三）特质

分布式领导更注重创造共同的学习氛围和发展领导能力的背景，而不是个别领导者的个人特质（Harris，2003）。班尼特和同事（Bennett et al.，2003）提出了一个广义的概念框架，将分布式领导定义为一种涉及具有基本专长的人的集体领导实践；他们总结说，分布式领导的过程是由人与人之间的互动产生的新兴特质。分布式领导强调组织成员之间的互动，而不仅是个体行为，领导超越职位，使经理、教师、学生、家长和其他社区参与者有机会成为领导者（Bennett et al.，2003）。根据他们的观点，领导不应局限于正式职位或特定领导角色，而应从实践中不断涌现。

然而，变革型模式过于依赖领导者的变革能力。相反，组织必须建立反馈机制，从中吸取经验教训（Stewart，2006）。变革型领导更关注追随者的能力、需求和愿望，并努力挑战他们的思维、假设和实践，最终在领导者层面上体现出灵感和魅力（Levine and Hogg，2010）。变革型领导仍然描绘了一个单一领导者的传统观点。变革型领导模型的几个方面被认为存在问题，该模型过于强调领导者的变革品质，从而强化了校长是学校领导的唯一源泉的观念（Small，1998）。

（四）学生表现

阿尔马沙德（Almarshad，2017）进行的一项元分析发现，分布式领导作为一种更有效的领导形式，可以带来学生更好的学业成果。这一发现与先前观点一致，即更加综合的领导形式对学校的学术成果更有益。该研究进一步指出，集体、参与式或分布式领导模式对学生成就有着强烈的影响（Almarshad，2017）。另一项关于分布式领导对学生成就影响的综述发现，这种领导形式对学生结果的影响比传统的自上而下模式更显著（Karadağ et al.，2015）。证据显示，某些形式的集体领导或分布式影响"对学生成就有适度但显著的间接影响"（Leithwood and Mascall，2008）。

目前的证据表明，虽然变革性领导对教师态度和满意度有适度的影响，但对学生表现的影响较弱（Robinson，2008）。罗宾逊等（Robinson et al.，2009）对定量经验研究进行的元分析显示，在教育情境下，与其他领导力模式相比，变革型领导对学生结果的影响最小，主要原因是变革性领导的主要关注点是建立员工关系，而不是强调学生的学术成就（Day et al.，2016）。此外，尽管变革型学校校长可以提高学生参与学习的程度，但研究已经证明对学生的学习成效没有直接影响（Leithwood，1994）。

章节小结

变革型领导和分布式领导模式都成功地克服了传统领导理论的许多缺点，在激励追随者和建立领导者与追随者之间的相互关系方面一定程度上互补。然而，模型在关注和重点、权力和影响的分配、特征以及学生结果的改进方面存在差异。

分布式领导是一种基于团队的领导方式（Stewart et al.，2011），而不是个人的领导风格。需要进一步研究在分布式领导模式下团队成员的领导风格。变革型领导者具有支持性（Rafferty and Griffin，2004）、良好的指导作用和个别关怀（Sosik et al.，2011）。同时，这些特性又是分布式领导的一个重要前提（Carson et al.，2007）：虽然现在针对分布式领导的实证研究越来越多，但今后的研究应考虑重点组织中领导者的领导风格（特别是那些实践变革型领导的领导者）是如何促进团队内的分布式领导实践的（Anderson and Suns，2017）。

参考文献

［1］Almarshad，Y. O.（2017）"The effects of instructional，transformation and distributed leadership on students' academic outcomes：A meta-analysis."International Journal of Education, 9（2）：1 – 15.

［2］Anderson, M. H. , & Sun, P. Y. （2017）"Reviewing leadership styles： Overlaps and the need for a new 'full-range' theory. " International Journal of Management Reviews, 19（1）：76 – 96.

［3］Bass, B. M. , & Riggio, R. E. （2006）"Transformational leadership. " Palo Alto, CA： Consulting Psychologists Press.

［4］Bass, B. M. , & Avolio, B. J. （1994）"Transformational leadership and organizational culture. " The International Journal of Public Administration, 17（3 – 4）：541 – 554.

［5］Bass, B. M. （1998）"Transformational leadership：Industry, military, and educational impact. " Mahwah, NJ： Lawrence Erlbaum.

［6］Bennett, N. , Wise, C. , Woods, P. , & Harvey, J. A. （2003）"Distributed leadership： A review of literature. " Nothingham： National College for School Leadership.

［7］Bronsvoort, S. （2015）"The effect of distributed and rotating leadership on collaborative innovation performance. " University of Twente, Netherlands.

［8］Burns, J. M. （1978）"Leadership New York. " New York： Harper and Row.

［9］Bush, T. （2007）"Educational leadership and management： Theory, policy and practice. " South African journal of education, 27（3）：391 – 406.

［10］Bush, T. （2011）"Theories of educational leadership and management. " London： Sage Publications.

［11］Carson, J. B. , Tesluk, P. E. and Marrone, J. A. （2007）"Shared leadership in teams： An invesitigation of antecedent conditions and performance. ' Academy of Management Journal, 50：1217 – 1234.

［12］Dempster, N. （2009）"Leadership for learning：A framework synthesizing recent research. " Deakin West： Australian College of Educators.

［13］Day, C. , Gu, Q. , & Sammons, P. （2016）"The impact of leadership on student outcomes： How successful school leaders use transformational and instructional strategies to make a difference. " Educational Administration Quarterly, 52 (2): 221 – 258.

[14] Day, D. V. , Gronn, P. , & Salas, E. (2004) "Leadership capacity in teams. " The Leadership Quarterly, 15 (6): 857 – 880.

[15] Gregory Stone, A. , Russell, R. F. , & Patterson, K. (2004) "Transformational versus servant leadership: A difference in leader focus. " Leadership & Organisation Development Journal, 25 (4): 349 – 361.

[16] Gronn, P. (2002a) "Distributed leadership. " Second international handbook of educational leadership and administration, 653 – 696.

[17] Gronn, P. (2002b) "Distributed leadership as a unit of analysis. " The Leadership Quarterly, 13 (4): 423 – 451.

[18] Halaychik, C. (2016) "Lessons in library leadership: A primer for library managers and unit leaders. " Cambridge: Chandos Publishing.

[19] Hallinger, P. , Adams, D. , Harris, A. , & Suzette Jones, M. (2018) "Review of conceptual models and methodologies in research on principal instructional leadership in Malaysia: A case of knowledge construction in a developing society. " Journal of Educational Administration, 56 (1): 104 – 126.

[20] Hallinger, P. (2003) "Leading educational change: Reflections on the practice of instructional and transformational leadership. " Cambridge Journal of education, 33 (3): 329 – 352.

[21] Harris, A. (2003a) "Distributed leadership in schools: Leading or misleading?" Management in Education, 16 (5): 10 – 13.

[22] Harris, A. (2003b) "Teacher leadership as distributed leadership: Heresy, fantasy or possibility?" School leadership & management, 23 (3): 313 – 324.

[23] Harris, A. (2004) "Distributed leadership and school improvement: Leading or misleading?" Educational Management Administration & Leadership, 32 (1): 11 – 24.

[24] Harris, A. (2005) "Crossing boundaries and breaking barriers: Distributing leadership in schools. " London: Specialist Schools Trust.

[25] Harris, A. (2008) "Distributed leadership: According to the evidence." Journal of Educational Administration, 46 (2): 172 – 188.

[26] Harris, A. (2011) "Distributed leadership: Implications for the role of the principal." Journal of Management Development, 31 (1): 7 – 17.

[27] Harris, A. (2013) "Distributed leadership: Friend or foe?" Educational Management Administration & Leadership, 41 (5): 545 – 554.

[28] Harris, A., & Lambert, L. (2003) "Building leadership capacity for school improvement." London: McGraw-Hill Education.

[29] Harris, A., Leithwood, K., Day, C., Sammons, P., & Hopkins, D. (2007) "Distributed leadership and organisational change: Reviewing the evidence." Journal of educational change, 8 (4): 337 – 347.

[30] Hasanvand, M. M., Zeinabadi, H. R., & Shomami, M. A. (2013) "The study of relationship between distributed leadership and principals' self-efficacy in high schools of Iran." International Journal of Learning and Development, 3 (2): 92 – 100.

[31] Jones, M., Adams, D., Hwee Joo, M. T., Muniandy, V., Perera, C. J., & Harris, A. (2015) "Contemporary challenges and changes: Principals' leadership practices in Malaysia." Asia Pacific Journal of Education, 35 (3): 353 – 365.

[32] Karadağ, E., Bektaş, F., Çoğaltay, N., & Yalçin, M. (2015) "The effect of educational leadership on students' achievement: A meta-analysis study." Asia Pacific Education Review, 16 (1): 79 – 93.

[33] Lashway, L. (2006) "The landscape of school leadership." School leadership: Handbook for excellence in student learning, 18 – 37.

[34] Levine, J. M., & Hogg, M. A. (2010) "Encyclopedia of group processes and intergroup." relations (Vol. 1). Thousand Oaks, CA: Sage.

[35] Leithwood, K., Jantzi, D., & Steinbach, R. (1999) "Changing leadership for changing times." Lomdon: McGraw-Hill Education.

[36] Leithwood, K., & Mascall, B. (2008) "Collective leadership effects on student achievement." Educational administration quarterly, 44 (4): 529 – 561.

[37] Leithwood, K., & Jantzi, D. (2000) "The effects of transformational leadership on organizational conditions and student engagement with school." Journal of Educational Administration, 38 (2): 112 – 129.

[38] Menon, M. E. (2011) "Leadership theory and educational outcomes: The case of distributed and transformational leadership." University of Cyprus.

[39] Menon, M. E. (2013) "The link between distributed leadership and educational outcomes: An overview of research." Paper presented at the Proceedings of World Academy of Science, Engineering and Technology.

[40] Mitchell, C., & Sackney, L. (2000) "Profound improvement: Building capacity for a learning environment." Downington, PA: Swets & Zeitlinger Publishers.

[41] Rafferty, A. E. and Griffin, M. A. (2004) "Dimensions of transformational leadership: Conceptual and empirical issues." Leadership Quarterly, 15: 329 – 354.

[42] Robinson, V. M. (2008) "Forging the links between distributed leadership and educational outcomes." Journal of Educational Administration, 46 (2): 241 – 256.

[43] Robinson, V., Hohepa, M., & Lloyd, C. (2009) "School leadership and studentoutcomes: Identifying what works and why. Best Evidence Syntheses Iteration." Wellington: Ministry of Education, New Zealand.

[44] Silins, H. C., Mulford, W. R., & Zarins, S. (2002) "Organizational learning and school change." Educational Administration Quarterly, 38 (5): 613 – 642.

[45] Small, R. (1998) "Exploring educational administration: Coherentist applications and critical debates." Leading And Managing, 4: 148 – 150.

[46] Sosik, J. J., Zhu, W. and Blair, A. L. (2011) "Felt-authenticity and demonstrating transformational leadership in faith communities." Journal of Behavioral and Applied Management, 12: 179 – 199.

[47] Spillane, J. P., Halverson, R., & Diamond, J. B. (1999) "To-

wards a theory of school leadership practice: Distributed leadership. (Institute for Policy Research working paper). " Evanston: Northwestern University.

[48] Spillane, J. (2006) "Distributed leadership. " San Francisco: Jossey-Bass.

[49] Spillane, J. P. , Halverson, R. , & Diamond, J. B. (2001) "Investigating school leadership practice: A distributed perspective. " Educational researcher, 30 (3): 23 – 28.

[50] Stewart, J. (2006) "Transformational leadership: An evolving concept examined through the works of Burns, Bass, Avolio, and Leithwood. " Canadian Journal of Educational Administration and Policy, 54: 1 – 29.

[51] Stewart, G. L. , Courtright, S. H. and Manz, C. C. (2011) "Self-leadership: A multilevel review. " Journal of Management, 37: 185 – 222.

[52] Sivasubramaniam, N. , Murry, W. D. , Avolio, B. J. , & Jung, D. I. (2002) "A longitudinal model of the effects of team leadership and group potency on group performance. " Group & Organization Management, 27 (1): 66 – 96.

[53] Timperley, H. S. (2005) "Distributed leadership: Developing theory from practice. " Journal of curriculum studies, 37 (4): 395 – 420.

[54] Trammell, J. M. (2016) "The relationship between distributed leadership and teacher affective commitment in public and private schools. " Carson Newman University, Tennessee.

[55] Whitford, T. , & Moss, S. A. (2009) "Transformational leadership in distributed work groups: The moderating role of follower regulatory focus and goal orientation. " Communication Research, 36 (6): 810 – 837.

[56] Woods, P. A. , Bennett, N. , Harvey, J. A. , & Wise, C. (2004) "Variabilities and dualities in distributed leadership: Findings from a systematic literature review. " Educational Management Administration & Leadership, 32 (4): 439457.

[57] Yukl, G. (1998) "Leadership in Organizations (4th ed.). " Upper Saddle River, N. Prentice-Hall.